21世纪全国高校应用人才培养规划教材

电视制作技术

主　编　刘建福
副主编　梁　锐　王　然　张晓艳

《电视制作技术》主要介绍了数字时代电视节目制作的基本知识与原理、电视制作设备的使用方法与操作技巧，主要包括电视制作技术基础、数字摄像机、磁带录像机及线性编辑、数字特技与视频切换、高清晰度摄像机、非线性编辑技术、虚拟演播室和数字演播室、电视录音技术等。全书注重理论与实践的结合，内容新颖、概念准确、条理清晰、文图并茂，易于读者自学。本书适用于大专院校影视类相关专业的本、专科学生使用，也可作为相关从业人员的参考资料。

图书在版编目(CIP)数据

电视制作技术/刘建福主编. —北京：北京大学出版社，2010.9
(21世纪全国高校应用人才培养规划教材)
ISBN 978-7-301-17278-0

Ⅰ.①电…　Ⅱ.①刘…　Ⅲ.电视节目—制作—高等学校—教材　Ⅳ.①G222.3

中国版本图书馆CIP数据核字(2010)第101605号

书　　　名：电视制作技术
著作责任者：刘建福　主　编
丛 书 主 持：栾　鸥
责 任 编 辑：桂　春
标 准 书 号：ISBN 978-7-301-17278-0/J・0316
出 版 发 行：北京大学出版社
地　　　址：北京市海淀区成府路205号　100871
网　　　址：http://www.pup.cn　　新浪官方微博：@北京大学出版社
电 子 信 箱：zyjy@pup.cn
电　　　话：邮购部62752015　发行部62750672　编辑部62765126　出版部62754962
印　刷　者：河北滦县鑫华书刊印刷厂
经　销　者：新华书店
787毫米×1092毫米　16开本　14.75印张　350千字
2010年9月第1版　2018年6月第7次印刷
定　　　价：29.00元

编写说明

教学是高等学校的中心任务，教材是完成中心任务的重要资源。因此，高等学校必须高度重视教材建设，既要科学使用全国统编教材和其他高校出版的优质教材，又要根据本校实际，编写体现学校特点的教材。

河北传媒学院是一所以传媒与艺术为主要特色，文、工、管兼容的全日制普通本科高等院校，多年来学院十分重视教材建设。2010年，学院在迎来建院十周年之际，专门设立了学术著作和教材建设出版基金，用以资助教师编著出版有一定学术价值的学术著作和适合传媒艺术专业教学需要的教材。

河北传媒学院第一批教材出版基金资助项目的申报、评审工作始于2009年，最终从各院系申报的六十项选题中评选出了十项，作为河北传媒学院第一批教材建设出版基金的资助项目和学院建院十周年的献礼工程。这十部教材包括《中国古代建筑及历史演变》、《全媒体新闻采写教程》、《营养保健学教程》、《影视非线性编辑》、《电视制作技术》、《影视剧作法》、《表演心理教程》、《经典电影作品赏析读解教程》、《管理学理论与方法》、《大学生心理健康辅导》。

自2009年5月至2010年4月，各编写组在繁重的教学工作之余分工协作、艰苦劳作，最终得以使这套教材与读者见面。这套教材既渗透着作者的心血与汗水，又凝聚着他们的经验与智慧，更彰显着河北传媒学院的师资水平。她既是精英教育集团领导、河北传媒学院领导与作者智慧的结晶，也是河北传媒学院与北京大学出版社合作的成果。她既可用作普通高校相关专业学生的教材，又可用作传媒与艺术工作者进修提高的学习资料和有关专家学者开展学术研究的参考书。我们相信，这套教材必定能够给广大学生和专家学者带来有益的启示和思考。

河北传媒学院教材建设出版基金项目的设立与第一批教材建设基金资助项目教材的出版，得到了精英教育传媒集团总裁和董事长翟志海先生、首席执行官张旭明先生、总督学邬德华教授等的大力支持，在此表示衷心感谢。

由于时间仓促，难免有疏漏乃至错误之处，期望各位读者、专家、学者提出批评指正。

河北传媒学院教材编审委员会

2010年5月

目 录

前 言

"电视制作技术"是国内各高校在影视类人才培养过程中必修的专业基础课，是广播电影电视行业技术类从业人员必须了解或掌握的技术基础之一。该课程涉及电视节目制作的原理、前期拍摄和后期制作相关设备的操作和使用，作为一个影视类专业的大学生，这些内容是必须掌握并熟练运用的。因此，它的基础性和重要性可见一斑。

作者曾在电视系统中工作多年，积累了丰富而宝贵的实践经验。在结合"电视制作技术"课程的教学经验的基础上，总结出了一套既有固定原理性知识又紧跟产业时代发展的教学成果。为了能让在校大学生更加实用地学习这门课程，特将这些经验和最新的知识汇编成书，以满足在校学生以及社会其他电视制作爱好者参考和学习的需要。

本书适用于大学本科三年级、大学专科二年级的摄影摄像专业、电视节目制作专业、广播电视编导专业的学生学习，也可以作为相关专业的参考书。

本书共分九个章节，分别向读者介绍了电视制作技术的发展、电视制作基本原理、数字摄像机、磁带录像机和高清晰度摄像机的操作及使用、视频特技切换、非线性编辑、虚拟演播室和电视录音技术。本书从理论到实践，从原理到使用技巧，基本涵盖了电视制作技术的各个方面，重点突出、条理清晰，讲解步骤完整、易懂，紧跟产业发展，突出时代特征，介绍了很多新知识、新趋势。

本书由刘建福主编、统稿和定稿。其中，第一章、第三章由梁锐编写，第二章由刘宁和梁锐编写，第四章、第八章由王然编写，第五章由张晓艳和宋超编写，第六章由王然和梁锐编写，第七章由张晓艳编写，第九章由段婉宁编写。

值此出版之际，我们衷心感谢河北传媒学院各级领导对本书出版的全力支持和鼓励，特别感谢河北师范大学的王润兰教授、河北青年干部管理学院的沈中禹老师对本书提出的宝贵意见。

囿于作者学识和经验水平，书中难免出现错误、纰漏之处，还望读者不吝赐教！以求在今后的再版中精益求精！

刘建福

2010 年 4 月

第一章
电视制作技术概述

本章提要

本章主要阐述了电视制作技术的发展历程、发展方向及特点，对电视节目制作手段、电视节目制作方式、电视节目制作流程以及人员素质进行了详细的介绍，从宏观整体上为读者展现了电视制作技术的专业特点和要求。

第一节　电视节目制作概论

一、电视制作技术的发展

（一）电视制作技术的发展历史

电视是20世纪人类最伟大的发明之一，它凝聚了无数科学家和电视人的智慧和心血。1925年，英国科学家贝尔德采用电视扫描盘成功地将一个人的面部清晰地成像在电视荧屏上并且实现了发送，因此他被称为“电视之父”。

1936年，英国广播公司（BBC）建立了世界上第一个电视发射台，并于当年11月2日在伦敦郊外的亚历山大宫开办世界上第一座正规的电视台并定期播出节目，使这一天成为世界公认的电视事业诞生日。

同样在1936年，柏林奥运会实现了第一次电视转播。

1939年2月，美国开始试播彩色电视信号，发达国家开始逐步淘汰黑白电视，彩色电视进入快速的普及成熟期。

1941年5月28日，美国哥伦比亚广播公司（CBS）开始播出彩色电视节目。

1954年，美国研制出第一台全晶体管电视接收机；1966年，美国又研制出集成电路电视机。电视朝着小型化的方向开始迈进。

1956年，磁带录像机成功问世，电视节目制作的方式从此发生了根本性的变化。

1962年，美国发射了“电星一号”通信卫星，并用它向世界49个国家转播了美国宇航员登月的全过程，约有7.2亿观众从电视上看到了这一伟大的时刻。

1964年，东京奥运会运用通信卫星首次实现了向全世界直播奥运会。

1964年，日本NHK科技实验室开始研究高清晰度电视。

1973年，数字技术开始运用于电视广播。

1979年，英国伦敦开播有线电视。

1981年，日本广播公司首次推出高清晰度电视，成为又一个电视发展史上的里程碑。

1987年，日本成功研发了世界上第一台液晶彩色电视，其色彩和清晰度都可以与显像管电视机媲美。

1998年，对高清电视的研究晚于日本的美国，最先开播高清晰度电视节目。进入21世纪，美国四大商业广播电视网都播出了高清晰度电视节目。至2009年，美国将终结模拟电视信号的历史，全部实现高清晰度电视节目的制作、传输和接收。日本将在2011年结束模拟电视信号的播出，完成对高清晰度电视节目的彻底普及。

进入20世纪90年代，电视向轻薄、高清晰度的方向继续发展。通信卫星技术的广泛运用，使得电视节目通过卫星直播越来越轻松。

中国电视业起步较晚，但是追赶的速度却是惊人的。

1958年，我国第一台黑白电视机在天津诞生。同年5月1日，北京电视台成立并开始试播节目；6月15日，播出了我国第一部电视剧《一口菜饼子》；6月19日，第一次成功地现场直播了一场篮球比赛。

1973年5月1日，北京电视台开始正式试播彩色电视节目。

1987年，中国电视机产量达到1934万台，超过日本成为世界第一大电视机生产国。全国电视机普及率也大幅提高。

1985—1993年，中国进行了大规模的黑白电视换彩色电视的变革。

1999年国庆节，中央电视台首次进行高清晰度电视试播，使我国成为继美、日、欧之后，第四个掌握高清技术并拥有自主知识产权的国家。

2008年8月，北京奥运会第一次全部使用高清技术拍摄和传输体育赛事，在奥运转播历史上具有里程碑的意义，成为中国高清电视发展的重要标志。我国正在努力普及高清电视节目的制作、传输和接收，虽然存在很多困难，但却是大势所趋。

（二）电视制作技术发展的特点

众所周知，广播电影电视的发展离不开现代科学技术的强大支持。随着当代电子科学技术的飞速进步，不断更新换代的影视制作手段和技术给观众带来了无限可能的视听新体验。模拟信号时代那种庞大、笨重的摄录编设备如今早已淡出人们的视线，取而代之的是日新月异的数字化技术设备。而随着计算机、电子等相关科学技术的进一步完善、深化，未来的电视制作技术也是朝着数字化、网络化和高清化方向发展。

1. 系统数字化

电视制作系统的数字化是指从前期拍摄到后期采集、编辑、制作、合成、切换、播出、存档管理这一整套系统中全部实现数字化。这就意味着从摄像机摄入图像信号之后的一系列环节中处理的视/音频信号全部是以0和1为代表的数字脉冲序列。它的出现摆脱了模拟电视信号逐级损失的固有缺点，以更清晰、更高效的面貌改变着电视节目制作系统的方方面面，也改变着大众观看电视的固有习惯。电视系统的数字化是21世纪各国电视事业发展史的重要课题和目标，它与信息技术和计算机技术的广泛融合为人们带去了多元化的视听享受和视听习惯，让更多的普通人进入了电视制作的领域，使视音频节目制作成为大众娱乐和消费的一部分。

在我国广电系统的数字化进程中，各种摄录设备不断推陈出新并向着体积小型化、清晰度不断提高的方向发展。数字产品大众化的代表DV摄像机不仅操作灵活，容易上手，更逐渐摆脱录像带的束缚，向着硬盘、光盘、存储卡等载体推进。这一巨大的变化使电视节目制作的素材来源更多样化、快捷化。很多家用DV拍摄的新闻现场资料成了多家媒体抢夺的对象。而在后期编、播节目的过程中，由于采用统一的数字设备，从而大大缩短了制作时间。数字电视技术从卫星、有线和地面三大媒体全面延伸，成为现今电视技术发展的主流方向。

数字电视是指从演播室到发射、传输和接收的所有环节都是使用数字电视信号或对该系统所有的信号传播都是通过由0、1数字串所构成的数字流来传播的电视类型，其传输速率为19.39Mbps，这极大地保证了数字电视信号的高清晰度，提高了电视画面质量。具体传输过程是：电视台播出的图像和声音信号经过数字压缩和调制后，形成数字电视信号，经过卫星、地面无线广播或有线电缆等方式传输，再由数字电视终端（机顶盒）接收，通过数字解调和数字视音频解码处理还原出原来的图像和声音。这种从设备到各项技术环节都统一改为数字化的方式，使得电视信号损失小，接收的画面质量高，效果好。

通过以上描述可知，数字电视并不是一个电视实体，而是一种将数字化引入电视系统的技术统称。我国在数字电视的发展上可谓是突飞猛进，从2006年开始，我国就已经着手实行全国的电视台及电视终端用户的数字化改造。到目前为止，全国一线及二线城市都已经实现了数字信号的传输和接收。数字电视信号在播出和传输通道上基本可以依赖技术和财力的强大支持来实现。困难比较多的在于电视终端的数字化改造。但是我国利用北京奥运会的契机，在用户自费购买机顶盒实现数字化改造的过程中比较顺利地完成了预期目标，目前已经能够收看数字电视的用户已经超过千万。

2. 系统网络化

采用数字技术后的电视制作播出系统出现了革命性的变化。数字摄录编设备、非线性编辑系统、硬盘存储管理下的全自动播出系统使节目制作效率和质量大大提高。虚拟演播室、数字视音频工作站的大量配备使用，使得电视节目的视觉效果和形式获得了空前的发展。广播电视设备生产厂商在激烈的竞争中为市场提供了丰富多彩的选择。数字化后的电视系统使不同平台下的媒体文件自由来往与组合成为可能，而这一切都依赖于网络化媒体管理方式。前期素材的摄录、后期的采集、编辑、播出以及存储，都是在严格、统一的网络中进行。不同的计算机平台之间，不同的制作单元之间都可以通过网络互相调用、制作节目，因此，节目制作水平、稳定性和工作效率获得了极大的提高。

网络与电信的结合也是未来发展的趋势。在演播室或户外制作的电视节目通过构建通信宽带网络，将数字化后的电视节目通过互联网进行在线视频直播、视频点播和提供下载等服务。电视台与通信运营商联合，实现手机在线观看视频已经不再是什么新鲜的事物。3G网络通信技术，在北京奥运会期间就已经向赛场各类需求人员提供了有效的服务，也有很多人选择通过互联网观看了北京奥运会开幕式盛况及各项赛事转播。

目前比较先进的节目制作网络系统一般都包含有收录系统、场记系统、节目制作系统、审片系统、网络监控、网络管理、远程审片等；兼容NTSC和PAL两种电视制式，支持多种视音频数据格式、优秀的非线性编辑板卡；兼容第三方软件，集中账户、权限、监控和统计管理。

对于要求更高的新闻制作网络系统，生产商利用与IT技术的结合，在节目采集、编辑、制作、播出和管理上都实现了网络化。网络系统能够将新闻的收录、文稿、制作和演播室等子模块进行无缝结合。记者可以先进行离线编辑，然后在网络条件允许的情况下，将节目通过自动或手动的方式将本地数据库中的节目传送到电视台总的新闻网，进入全台的新闻流程。新闻稿件可以自动归档到近线备份数据库，减轻了网络数据库的压力。

我国中央电视台的奥运会网络制播系统不仅是全球目前最大的制播网络，也是业界第一个全高清、全流程、分布式、多地址的大型新闻（比赛）制播网络。由我国索贝公司承担的这一项目实现了不同场所（CCTV现址、原址和IBC）的素材与节目的远程共享和协同编辑制作。网络还支持不同高清节目摄录格式的采集和混合编辑；并采用最新的多服务器集群系统实现节目信号的录制和演播室播出，即录播一体。分处于各个服务器的本地存储素材和节目可以在集群内部被任意地调用或改变路径，实现了集群内部的灵活共享。

3. 系统高清化

电视节目制作系统从拍摄、编辑、制作的各个环节都实现高清化制作。各大摄像机设备生产厂商对高清摄像机的研发可谓不遗余力。索尼和松下两大厂商分别开发的XDCAM

系列和P2HD系列在清晰度上都已达到很高的水平。出品的摄像机中，索尼PMW-EX1摄录一体机完成了拍摄北京奥运会纪录片的重任。它虽然体积小巧，但是在清晰度方面达到了1920×1080的有效像素。在北京奥运会上，中央电视台使用了14台索尼PDW-700型高清摄像机和19台松下AJ-HPX3000MC型P2存储卡式高清摄像机转播奥运比赛，从而在前期拍摄上极大地保证了全高清转播奥运会的目标。

拍摄好的素材通过高清上载渠道进入具有高清信号解码和编码能力的非线性编辑系统进行编辑。这些非线性编辑系统能完成多种高清压缩或非压缩视音频格式的采集、编辑和播放。高效能的渲染引擎保证了编辑效率，也保证了画面的质量。非线性编辑系统同前期摄像机、演播室切换及播出设备相配合，将高清节目信号高质、高效地传送出去。索尼、松下，以及我国的大洋、索贝，都有整套的从采集到上载，到编辑、制作，最后到播出的一体化高清节目制作系统方案。

中央电视台在北京奥运会转播期间，整个收录、采集到播出的制播系统都全部采用1920×1080像素的全高清格式，单路视频带宽占用量达到100Mbps以上。支持的高清摄录设备有索尼的XDCAM、松下的P2和汤姆逊的Infinity三家主流高清ENG设备，素材的上载和编辑都可以采用源格式、源码率。

2009年10月1日适逢我国国庆60周年，中央电视台在9月28日起对中央一套综合频道的节目实行高清标清电视信号同播。这样，家中安装了高清电视信号接收机顶盒的用户就可以观看高清信号的国庆阅兵仪式和联欢晚会了。而同样在这一天，北京电视台开播高清信号的电视节目，北京从而领先全国各大城市，成为我国第一个建立起覆盖城乡范围的高清交互式有线电视网络的城市。

目前，我国广播电视系统都有一个共同的目标，就是尽快实现高清电视的全面覆盖和普及。在这一目标的驱动下，我国自上而下各级电视台都在积极更换高清制作设备和整套制播方案。高清制播网络正在向全国各级电视台建设普及。从目前的发展趋势来看，高清电视节目在拍摄制作、播出传输的环节上正在有条不紊地进行着，问题比较复杂的接收端部分也已经开始卓有成效的普及。目前全国数字电视终端用户达到5000万户，大约占有线电视用户总数的1/3。随着电视工作者的进一步努力，我国预计将在2015年实现停播模拟电视信号，全部实现数字高清电视信号的传输和接收。

二、电视制作手段

电视传媒的欣欣向荣离不开其节目制作手段和方式的多样化、兼容性。正是由于这些基本的外在形式极大地丰富着人们的电视荧屏，充实着观众的文化生活。

电视节目制作手段包括：实况直播、电视影片制作、录像制作和电子制作等四种。

（一）实况直播

顾名思义，实况直播就是指在摄取图像、声音的同时就进行广播的方式，其特点是制作与广播这两个过程完全同步进行，所拍摄节目的现场感、即兴感、观众参与性都非常地强烈。实况直播的方式有两种：一种是采用多台摄像机和转播车，通过设在主控室或转播车内的切换台将同步切换好的图像、声音信号用微波传送给电视台，再由电视台的广播系统发射出去；另外一种是仅用一台摄像机的信号将实况图像和声音传送出去，不需要切换。

实况直播还可以分为现场转播和演播室直播两类。

1. 现场转播

北京奥运会开幕式及各项赛事的现场转播，BOB（北京奥运会转播公司）一共动用了一千余台摄像机、60 辆转播车，工作人员多达 4000 人。主控中心里的切换设备提供了多画面显示和多种接口，体现了强大的操控性和兼容性，极大地方便了导播的切换工作。摄像机中有无线摄像机、高速摄像机、跟踪摄像机，还配备了超广角镜头、微波设备等先进设备，让电视观众看到了很多平常用肉眼都难得一见的震撼画面。比如，射击比赛中运动员射出的箭正中靶心、跳水运动员在空中的慢动作、游泳运动员冲刺时的瞬间等，都给观众留下了非常深刻的印象。整个奥运会转播期间，前期拍摄和后期制作高效、协调完成，卫星通信技术为电视信号的全球转播提供了有力的支持。

现场转播工作对电视制作人员的业务能力、应变能力和统筹能力都提出了很高的要求。特别是重大的节庆晚会或活动的直播，正式演出前的彩排工作要非常重视。彩排不仅是演员的工作，也是电视制作人员为成功转播节目所必须经过的重要环节。要在严格的管理和指挥下对摄像机位、镜头调度、灯光效果、音响调试、舞美设计、舞台监督、剧务工作等进行排练。在彩排中，各部门之间的协调、有序和统一是重点。现场演出时往往会出现一些“意外”，比如忽然下大雨、传输线路故障、火灾等，所以在演出前还要制订一份应急预案，以防万一。而在体育比赛、重大会议的转播中，不可能彩排，所以更加考验一个节目制作团队的能力和水平。这种情况只能根据经验安排上述事宜，把可能出现的情况都估计到位，做好万无一失。

单机拍摄的实况直播多见于电视新闻报道，尤其是以重大、突发事件的新闻报道为主。比如体育比赛的现场新闻采访直播，重大会议的现场采访直播等。这种节目制作手段相对比较轻松，但需要保障的是传输信号的畅通无阻。

2. 演播室直播

演播室直播是实况直播的另外一种制作手段。在众多节目类型中，绝大多数节目都是在演播室中摄制完成的，比如电视新闻节目、电视文艺节目、电视访谈节目、电视综艺节目等。每年一届的中央电视台春节联欢晚会就是这种直播方式最好的体现。

演播室直播制作手段可以最大限度地将节目内容运用多种方式展现给观众。像知识问答、竞猜、综艺表演、教育、访谈等内容都几乎只在演播室内完成拍摄。现场电话采访、现场与场外视频的互动等方式相对于户外的直播，演播室的节目制作更容易让观众参与到节目中来，还可以使用电话和网络反馈系统，及时获取收视率和观众意见等信息。

（二）电视影片制作

电视影片制作是以电影胶片为拍摄介质的一种通过电视台制作、播出的电视节目制作手段，节目类型多为纪录片、MV 和广告等。在电视录像技术没有出现之前，电视影片制作是主要的电视制作方法，被广泛地应用于纪录片、新闻报道、电视剧、科教节目的制作中。20 世纪 30 年代至 70 年代，很多的电视节目都是用电影摄影的方法来记录，用胶片来保存的。特别是 16 毫米电影胶片的问世为灵活性高、现场感强的电视节目制作提供了更加便利的技术支持。

如果说，那个年代使用胶片制作电视节目是不得已而为之，那么在数字录像技术日新月异的今天还有很多电视工作者钟情于胶片，则说明胶片自有它存在的原因和价值。

电影胶片有着录像技术至今难以媲美的画面高清晰度，而且它的色彩还原性好，宽容度大。所以一些投资高、规模庞大的电视节目仍然热衷于采用胶片拍摄，例如为流行歌手拍摄的MV、商业广告、大型的纪录片。无论从清晰度还是色彩感染力上，胶片都体现了其无与伦比的优势。

我国曾与日本合作拍摄的大型纪录片《话说长江》、《丝绸之路》都是采用16毫米或35毫米电影摄影方式拍摄，再经过胶转磁的工序将底片洗印后直接转成磁带。可以说，电视影片的制作手段仍然会在电视制作领域里占有非常重要的位置。

（三）录像制作

使用电影胶片拍摄的电视节目不仅制作工艺复杂，需要大量的人力、物力、财力，而且还影响节目制作的效率。尤其是对于突发性极强的新闻节目来讲，拿着摄影机在户外到处奔波拍摄，成为新闻节目制作的一大瓶颈。

为了解决这个难题，电子录像技术应运而生。20世纪70年代，随着科学技术的飞速发展，电视节目从拍摄、制作到播出都有了质的飞跃。磁性录制技术在十几年内获得了空前的发展，全球许多国家的电视台纷纷装备了电子制播系统，并将计算机技术引入影视制作行业，使得节目的制作、管理和播出实现了全自动控制。技术的进步随即为节目的艺术创作提供了极大的便利，这尤其体现在新闻节目的制作上。过去常用的胶片新闻摄影，逐渐被磁带摄像所代替，为新闻节目的制播工作带来了革命性的变化。其优点如下。

第一，节约经费。使用胶片拍摄节目一般的耗片率在3∶1到10∶1之间，而购买胶片和洗印胶片的费用是比较昂贵的。这对于新闻节目的拍摄来说是笔巨大的经费开支。像电视影片还需要印制拷贝进行播出，又是一笔不小的开支。但是使用磁带进行录制，可以重复记录多次，与复杂的胶片摄影比起来，拍摄的经费就大大减少了。

第二，提高节目制作效率。使用胶片拍摄的节目要想看到拍摄的效果必须等到后期胶片洗印加工好了之后才能观看，但是磁带录像不需要这些工艺，就可以实时在电子监视器上监看节目录制的质量和艺术效果。这极大地提高了录像节目制作的效率，为满足新闻节目的时效性提供了技术上的便利；同时对节目制作的质量和水平也有实时的把握，可以机动地再做灵活调整，保证节目的顺利播出。另外，磁带记录的节目可以通过微波等方式将新闻节目的信号立刻传送回电视台进行编辑制作，或直接在录像编辑机上进行编辑，将剪辑完成的电视节目送回电视台直接播出。

第三，环保。洗印胶片需要使用大量的化学药剂，这会产生有毒物质污染环境，使用磁带则可以避免对环境的危害。

第四，机构精简。采用电影摄制的手段需要配套很多人力、物力和财力，采用录像制作后，电视台削减了大批的配套设备和人员，减轻了不少经费上的压力。

第五，用途广泛。录像制作系统基于其成本和使用上的优势在大众娱乐、电化教育、网络视频制作等方面都有广泛的应用。

（四）电子制作

电子制作就是数字技术、计算机技术和电视技术的融合。其制作过程完全通过计算机及相关软件完成，节目中的人物、道具或背景全部是计算机虚拟合成的。这种新型的节目制作手段摆脱了对人、物的物质依赖，编导可以随心所欲地设计理想的节目。而观众对这种全新的制作手段颇多好奇。但是这种制作手段由于受到技术条件和制作水平的限制，目前的发展趋势并不尽如人意。而且这种手法制作出的节目究竟能有多大的吸引力是策划者最担心的问题。

目前我国成功播出的全三维虚拟电视节目有《光影周刊》，它是由中央电视台第六套节目电影频道制作的，给观众留下深刻印象。这个节目从主持人到背景、道具都是计算机制作合成的虚拟事物。尽管现在它已经停播，但是在我国的电视节目制作历史中，也是重要的一笔。

三、电视制作方式

经过摄像机拍摄后，电视节目根据摄、录像手段和播出方式还可以分出三种制作方式。采用这样的分类，可方便制作者根据节目的类型或需要做出正确的判断和选择。这三种方式分别介绍如下。

（一）ENG方式

ENG（Electronic News Gathering，电子新闻采集）是使用便携式摄像、录像设备来采集电视新闻的一种方式。它有两个制作阶段：在前期拍摄素材，到后期再进行剪辑、节目合成后播出。其特点是设备轻便，摄像人员自由，灵活性大，运动性强；最常应用于电视新闻节目的拍摄和制作。ENG所使用的摄录设备一般都是摄录一体机，采用单机拍摄。鉴于以上的优点，ENG制作方式也常被用来拍摄制作电视专题片、电视纪录片，甚至是电视剧。它也是最易向大众普及的一种制作方式，大众热衷使用的家用DV摄像机就是采用的ENG制作方式。

ENG制作方式与微波或卫星通信技术相结合，就实现了无线传输电视信号、直播电视信号等功能，为电视新闻节目的实时传播提供了更有力的武器。中央电视台新闻频道制作的大量的新闻直播节目，都是依靠这种技术实现的节目实时传输。

而随着录像技术和录像载体的不断更新，后期节目剪辑、制作的工序已越来越方便、简约，ENG制作方式将会更加快捷便利地为电视工作者服务。

（二）EFP方式

EFP（Electronic Field Production，电子现场制作）中的Field含有“野外”之意，所以可将这种方式直接理解为电视台在户外（演播室之外）制作节目的一整套电视设备的统称。这套设备中应至少包括3台以上摄像机、1台视频切换台、1个调音台、若干灯光照明设备及其他附属设备（如话筒、连接线等）。它将拍摄、剪辑（现场切换）和录制集中制作，系统完成，一气呵成，故而节目现场感极强，大大简化了节目制作的工艺。但也正因为如此，这种制作方式需要各制作部门的密切配合，对每个环节都要求很高。摄像、灯光、录音、切换以及舞美等环节的工作人员不仅要有很高的业务素质，更要有团队合作精神。导播更要具备娴熟的切换技巧、高超的指挥、调度能力。摄像师要对画面负责，在景别、构图、角度等方面力求变化丰富又完美无瑕。

EFP方式也可以通俗地理解为“多机同步拍摄与记录”，不论是现场直播还是现场录像，EFP方式都是摄录过程与事件发展同步进行的，现场性强的优点使得这一方式常用来制作户外演出的晚会、演唱会、竞技娱乐节目等。

EFP方式是最具有电视传播特点、最能发挥电视媒体传播优势的制作方式，是每一个成熟的电视台必须具备的制作能力。

（三）ESP方式

ESP（Electronic Studio Production，电视演播室制作）是指在演播室内进行节目录制工作。好的演播室（演播厅）会具备全自动灯光系统、高清晰度的广播级摄像机系统、高保真环绕立体声系统、超大LCD显示器、计算机虚拟技术等代表高端制作能力的设备系统。ESP方式既可以分前、后期先摄录再编辑，也可以同步拍摄、剪辑、播出、记录。所以这种制作方式承担着电视台大部分节目的录制工作，例如新闻类节目、生活类节目、文艺节目等，是电视台制作节目的主要手段。

最典型的ESP方式代表节目类型是文艺晚会。较大型的文艺晚会一般情况下都会在演播厅内演出，而一个电视台有没有制作一台大型演播厅晚会的能力是考验其综合实力的试金石。一个1200m^{2}演播厅一般会分为3～4个演出区域，每个演出区的灯光、舞美、舞台设计都不一样，都会根据在该区域表演的节目做出适当的调整。所以灯光和舞美设计的灵活性和统一性要协调好。摄像机的机位设计要合理，导播也同样要具备很高的业务能力和综合素质。彩排工作要细致进行，演职人员及各部门都要协调好。制作一台大型晚会是对电视台各部门人力、物力、财力的考验，是一项庞杂又细致的工作。

第二节　电视节目制作工作

一、电视节目制作流程

电视节目制作包含着节目生产过程中的艺术创作与技术支持两个部分。这两个部分是相辅相成，互为条件、相互依存的。一个优秀的电视节目既要有好的艺术构思与创意，又要有恰当的技术予以完美地实现。两者在内容与形式上构成了一个辩证的整体，是很多电视节目成功的必备条件。

作为一个电视制作人员，熟悉和了解相关的节目制作流程是非常必要的。这些流程看似繁文缛节，但却是保证节目制作质量与效率，艺术与技术完美结合的基础。在制作节目的伊始，就必须要对节目制作的进程有计划性的安排。要遵循制作流程中的先后环节，避免不必要的损失和麻烦。电视节目制作的流程不能生搬硬套，有些个别情况还要个别对待，不能一概而论。所以要求制作人员要根据节目制作的实际情况来确定流程方案。

电视节目制作的整个过程分为两个基本阶段：一是“前期制作阶段”，二是“后期制作阶段”。在这两个基本的阶段内部还可以再根据不同的节目类型做更详细的流程划分。这里主要探讨在前期与后期这两个基本阶段中需要做的工作及顺序安排。

（一）前期制作阶段

前期工作一般包含节目策划、艺术构思、拍摄录制等环节，其工作流程示意图如图1-1所示。

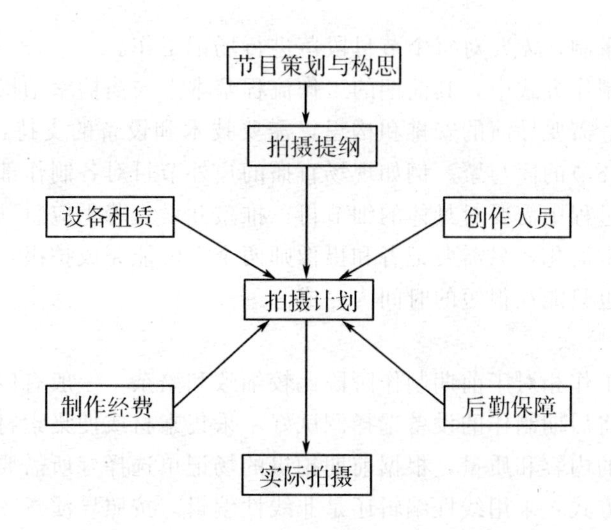

图 1-1 前期制作工作流程

1. 第一环节：节目策划与艺术构思

第一环节的工作包括：确定节目定位与主题，目标与对象；搜集相关资料，初步拟定节目脚本，完成策划书；主创人员对节目的整体进行构思和讨论，写出分镜头本，拟定拍摄提纲。

2. 第二环节：拍摄计划

有计划地进行拍摄工作才能做到有条不紊、成竹在胸，所以拍摄计划的恰当拟定关系到整个节目制作过程高效、顺利的进行。计划拟订得越详细，构思想法越完善，对拍摄中的困难和问题考虑得越周全，制作过程就会越顺利。在这个计划中，人员的选择需要根据节目策划制订的方案来进行，例如导演、演员、主持人等。同时该计划要向制片部门报告经费及所需设备，确定前期拍摄的规格和档次，制片部门要根据计划确定拍摄场地和给予后勤保障。计划还要对灯光、舞美、服装、道具、化妆提出初步的要求。按照导演组要求配备摄像、灯光、录音、化妆等人员，摄制组主要创作人员要开创作讨论会议，讨论计划中的具体问题和相关细节。

各组成员要根据计划及详细讨论的细节做好落实工作，例如租赁合同的签订、摄录设备的调试安装、道具服装的选择、收集图片或视频资料等工作。

3. 第三环节：现场拍摄与录制

在这个环节中，不同类型的节目有不同的制作方式。以最常见的演播室制作方式为例。①初次排练：演员练习走位、动作、表情、交流，舞美和灯光设计按照导演意图确定完毕；节目所需音响、视频资料确定完毕，音乐处理确定完毕。②分镜头本排练：确定镜头序列，机位、景别、角度、拍摄技巧、摄像机编号、切换台按钮编号；提词器准备。③演播室准备工作：摄像机、录像机、录音设备、灯光效果调试完成；摇臂、轨道车、音响等设备调试完毕；布景、道具、舞美制作、配备服装等工作最终完成；其他附属设备准备就绪；通信联络调试完毕；切换台调试特技效果，检查字幕机。④走场：将上述工作完成后，各制作部门统一调试一次。⑤带机彩排：演员带妆正式彩排，演播室各制作部门全部按照导演意图进行摄、录工作；做到各部门统一、协调、完美地完成节目拍摄。⑥正式录制：节目正式开始录制，需要对每个节目段落进行场记工作。

在其他的节目制作方式中，其前期的工作流程基本上与演播室拍摄是一致的，都需要节目的策划和创意，需要导演的安排和构思，需要技术和设备的支持，需要人员的敬业。所不同的只是个别环节的简与繁。例如现场直播的户外节目对各制作部门的应变能力要求很高，故而在彩排过程中需要对具体的细节再三推敲并设立若干应急预案。而新闻节目的前期制作阶段则非常简化，只需要记者和摄像师两个人就能完成拍摄，且没有“走场”等预备性环节。排练也只能在很短的时间内完成。

（二）后期制作阶段

后期制作阶段工作相对于前期制作阶段比较细致和繁杂，一般有以下几个环节必须完成。①准备工作：将后期制作的设备选择调试好，采集素材或搜集素材到位。②素材审看与筛选：检查镜头的内容和质量，根据前期拍摄的场记单选择好所需要的镜头并重新记录场记。③选择编辑方式：采用线性编辑还是非线性编辑。按照导演意图先进行粗编，将确定不需要的素材去除掉，将基本的节目脉络和思路剪辑出来。④编辑素材：根据导演的细致要求对粗编后的素材进行精编。初审编辑后的效果，反复进行修改，直到满意为止。⑤录制解说词、音乐（或编配音乐）、编配音效：在专门的音频制作部门中为剪辑完成的片子录制解说词，编配合适的音乐和音效。⑥音频混录：将所含音频内容如解说词、同期声、音乐、音效等进行缩混，完成音频的处理与制作。⑦字幕制作：使用字幕机为画面或解说词上字幕。⑧特技制作：选择合适的特效软件为节目制作需要的特技。⑨成片审查：完成后的节目送该节目负责人或节目审查部门做审查。提出修改意见后，要拿回片子再做修改。⑩存档：通过审查后的成片在播出前要复制一版存入档案，以备后需。⑪播出：做好播出带后，按节目单播出。

流程可以通过图表看得更加清楚：

准备工作⟶审看与筛选⟶选择编辑方式⟶编辑素材⟶录制（或编配）解说词、音乐和音效⟶音频混录⟶字幕制作⟶特技制作⟶成片审查⟶节目存档⟶节目播出。

这些后期制作阶段中的环节一般情况都要按部就班，否则出现问题既牵扯精力又浪费时间。制作人员应该对这些环节了然于胸，对具体的节目要做具体的分析，使节目制作在高质量、高效率中完成。

二、电视工作者应具备的素质

（一）敬业

每一个电视节目都凝聚着所有参与制作者的心血和汗水。不论专业和工作为何，电视从业人员都应该具备一个最基本的素质，那就是敬业。电视节目制作工作不仅是一项高强度的体力劳动和脑力劳动，而且工作压力巨大。这种压力有来自领导的压力，有来自观众的压力，还有来自社会的压力。节目稍有失误就有可能会导致很严重的后果。因此，没有一种严谨、认真的敬业态度，是无法干好这项工作的。必须以百倍的热情和努力，一丝不苟地对待任何一个环节和细节，对节目制作过程中遇到的任何一个问题都要认真解决。很多优秀的电视节目都是靠着全体电视工作者的拼搏和智慧才收获了成功的喜悦。一个好的敬业态度决定了一个好的开始，只有在这种精神的指引下，整个节目制作过程才能顺利，问题才能得到较好的解决，作品才能成功。抱着“差不多”的心态去工作的人很可能会在制作过程中出现问题，节目也肯定会出现瑕疵甚至是重大的错误。而基于电视媒体的特点，一个错误很可能会让全国观众骂声四起，甚至产生不良的社会影响。因此，敬业精神是一个电视工作者应具备的最基础的素质，是职业生涯的保证，也是对节目制作的负责。

（二）过硬的业务水平

作为一个电视工作者，除了要具备敬业精神之外，还要有过硬的业务本领。这是一个电视从业人员的立业之本，也是节目制作水平的重要保证。在电视工作者的大家庭里，有很多细致的分工。大家各司其职，各显神通，共同为制作一个优秀的电视节目而努力。无数的事实证明，一个被观众喜爱的节目背后，一定有一群各行业的业务精英在支撑。过硬的业务水平，包含着以下几个含义：技术上掌握当代先进的制作设备和制作技巧，艺术上不断创造新思路、新想法的能力，勇于开拓、绝不墨守成规的精神。电视节目制作就是一个技术和艺术紧密结合的工作，所谓“术业有专攻”，广大的电视工作者不论从事着哪项分工，都应该兢兢业业、刻苦钻研、勤于实践，争取成为本行业内的佼佼者。

（三）团队合作精神

制作电视节目是一个团队合作的结果，是集体智慧的结晶。一个人不可能精通各项电视业务，更不可能独自完成一个作品。它需要方方面面的配合和一个统一、高效的指挥系统，从人力、物力、财力、社会关系等各方面都需要有专门的人员来做这些工作。大家各司其职，在充分发挥自己聪明才智的同时不忘与其他人的构思相配合。一个节目最终确立的主题往往是众多想法的混合体，在确立的过程中，有割舍的无奈，也有争吵的痛苦。每个人都想把自己的想法实施进节目中，但是在节目宗旨和主题的约束下，都有可能再做调整甚至取消。另外，优秀的团队意识还要求个人高质、高效地完成团队布置给其的任务。个人是集体的重要部分，一个人的工作质量和效率会影响其他人的进度。因此，作为一个成熟的电视节目制作者，拥有顾全大局的团队合作精神是十分必要的素质之一。

（四）创新意识

电视节目是艺术与技术结合的统一体。同其他事物一样，电视节目不论是艺术构思、艺术表现手法，还是技术手段、技术水平，都需要不断地摸索和创新。加之当代观众对电视节目质量的要求不断提高，电视工作者更应该不断充实自己、提高自己，在实际工作中不断开拓自己的头脑和意识，不断开创新想法、新技术，不断为节目提供新的营养和血液，给观众耳目一新的视听享受。唯有如此，人的艺术生命才能常青，观众才会喜爱其作品。墨守成规只会让节目遭到淘汰，逐渐走向死亡。因此，创新意识是不断推动人们前进的动力，也是提高人们能力和水平的源泉，应当是电视工作者必须具备的素质之一。

（五）良好的表达和沟通能力

前面叙述的几项素质，都需要一个有效的载体或桥梁来服务，这就是良好的表达和沟通能力。一个导演有再好的想法，一个摄像师有再好的创意，如果没有表达清楚，就根本无法得到组员的理解，从而影响节目的制作效果；摄制组或剧组成员众多，难免有意见相左的时候；制作一个节目也往往会和很多剧组之外的人打交道……这些情况都需要人们有一个端正的心态和较强的沟通能力去调解、解决。这种能力不是每个人都具备，但却需要从事电视工作的人去锻炼、培养。拥有这样的能力对职业本身和作品质量来讲，都是非常重要的。

（六）健康的身心

俗语说：身体是革命的本钱。在当代这个竞争激烈的社会，没有一个健康的体魄和心理，是无法应对各种挑战的。电视行业是一个高负荷、高要求、高效率的行业，从业者不仅压力大，而且责任重。没日没夜拍摄节目、彻夜伏案工作是经常的事情。所以拥有一个健康的身心，不论是对电视工作者的自身还是对电视事业，都是一个基础的保证。前文所述的各项素质要求都要在此条件的满足下才能进行，否则一切皆空谈。

三、电视节目制作成员

电视节目制作是由一个完整的分工体系构成的。根据节目类型或需要的不同，这个分工可粗可细，成员可多可少。一般的电视节目摄制组都由以下分工及相关成员组成。这些成员在各自的岗位上各尽其能，共同完成一个节目。

(1) 制片人：掌握剧组或摄制组财务状况，负责或参与节目策划，制订拍摄计划，选聘部分演职人员，领导、监督和管理制作全过程，协调各部门的关系，解决各种复杂情况，协助导演完成拍摄任务。

(2) 编剧（撰稿人）：影视剧的文学剧本创造者，电视节目的文案写作者，一般不参与摄制工作，仅从事文字工作。

(3) 导演：将策划的节目或影视剧具体实施的人，影视节目创作的具体负责人和剧组领导人、组织者。负责塑造具体的视觉形象和听觉形象，指导演员按照既定构思表演。全体成员需要服从导演安排和调遣。导演的工作从分镜头本创作、搜集素材、选择演员、组织拍摄到后期制作都要负责。

(4) 现场导演：演播室制作中的工作。负责节目的现场调度和各项工作的安排。始终与身处控制室的导演保持联系，传达并落实导演指令。给演员或主持人提示或帮助，并有决定权。

(5) 导演助理：导演的助手。协助导演找寻演员、安排道具、选择服装、收集素材、现场调度。

(6) 技术导演：对技术上的各项工作负责。保证设备正常运行，技术人员到位，保证节目质量；在技术上协助导演工作。

(7) 视频切换：主要负责多个信号源的切换工作。大型节目中需要专人负责此工作，一般都是由经验丰富的导播担任。

(8) 摄像师：根据影视作品的内容和导演要求拍摄画面，正确地选择机位、景别、角度等，保证画面质量和技术水平，是非常重要的工作，是导演意图的物质实现者。需要精通摄像机的原理、操作和使用技巧。

(9) 灯光师：根据导演要求负责灯光的设计、布置和调整使用，满足导演的艺术构思，这是一项艺术性很强的技术工作。

(10) 录音师：根据导演的要求选择合适的拾音设备，拾取同期声和音效，负责后期的音频制作与合成工作。

(11) 场记：在拍摄现场准确登记摄像工作，详细记录每一个镜头的信息，包括镜头顺序、次数、时间码、提示内容、失误镜头的内容和原因等。场记也是很重要的一项工作，需要耐心和细心，是导演的得力助手。

（12）美术：负责道具、场景、服装的美术设计，是导演艺术构思的重要组成部分，在剧组成立时就与导演进行讨论，画出设计草图。

（13）服装：根据美术设计的要求制作服装。

（14）化妆：根据导演要求为演员进行造型设计和化妆。

（15）道具：根据美术设计的要求制作布景、道具。

以上所列举的只是电视节目制作工作的一部分，还有很多细致的分工这里就不再一一列出。比如现场拍摄时的烟火、剧务工作，演播室制作时的舞台监督、字幕制作、特技制作等工作，都是非常重要且必不可少的。正是全体工作人员的共同努力才能制作出优秀的电视节目。

数字化时代给人们的思维方式带来很大的变化，人们已经不习惯单纯只用一种思维去思考或认识事物。在电子技术、信息技术日益影响着人们的普通生活的今天，人们对各种信息来源和视听刺激都有自己的判断，艺术欣赏水平也随着文化生活水平的提高而提升。因此，作为电视制作人员不仅要对自身的业务水平不断要求、不断提高，还要有敏感的神经来观察观众的欣赏口味，随时准备对创作手法和节目构思做新的调整和尝试。只有充分利用各种视听媒介和信息渠道来吸引观众，在艺术和技术两个层面上提高自身的创作水平，才能适应这个数字化的视听时代对电视从业者的要求。

通过对电视节目制作的描述，相信读者对这一行业已经有了比较全面的了解和认识。其实究其本质而言，电视节目制作是一个复杂而细致的工业生产系统。它是一个流水线，在这条快速流动的生产线上，每一种制作方式或手段，每一个制作环节都有其特殊而专业的技巧，都是不可替代、不可含糊的。特别是现代科学技术在电视节目制作领域里广泛深入地影响着每一个部门，人们更要对这个庞大的系统做认真而细致的学习。这不仅是对一个合格的电视节目制作人员的要求，也是紧跟电视业发展的步伐不断前进的基础。

本章思考题

1. 电视制作技术发展的特点是什么？
2. 电视节目制作手段有哪些？
3. 电视节目制作方式有哪些？
4. 请介绍电视节目制作的主要流程。

第二章
电视制作技术基础

本章提要

本章主要介绍了电视制作技术的基础原理性内容。以电视信号的定义为出发点，阐释了电视信号的分类、传输、压缩与存储。此外还介绍了彩色电视的成像原理、电视制式、电视图像的技术指标等相关内容。

电视系统是将活动图像和声音变换成电视信号并记录或存储下来，然后通过后期制作将记录或存储的素材制作成完整的节目带，经传输设备传送至一定的区域，并在该区域内重现播出的活动图像和声音的技术。它主要包括电视制作、传输、接收三部分。

(1) 电视制作部分：主要包括前期策划，拍摄；后期编辑、特技、现场切换、录制（存储）等部分，是将需要传送的图像和声音转换成符合电视制式和格式要求的视频和音频电信号。

(2) 传输部分：将制作好的电视节目通过地面传输、有线网络传输、微波/光纤网络传输、卫星传输等，将视音频电视信号传送至一定的区域。

(3) 接收部分：将传输来的电视信号再转换成光（视频）和声音，即电视接收机，是将视频和音频信号恢复成可视、可听的光图像和声音。

第一节　电视信号

电视节目包括活动画面和声音，即眼睛所看到的视频信号（频率为 0～6MHz）和耳朵能听到的音频信号（频率为 20～20000Hz）。通常把视频信号（包括亮度信号、色彩信号、同步信号、消隐信号等）叫做图像信号或电视信号。

电视信号从技术角度来划分，有模拟电视信号和数字电视信号两类。按照电视信号的格式来划分，又有复合电视信号和分量电视信号。

一、模拟电视信号

模拟电视信号是用电压（或电流）来表示光信号及声音信号，在时间和幅度上都是连续的。

电视机上显示的图像实际上是由一系列单独的光图像组成的，每幅图像称为一帧。这每帧画面又是由许多个小单元组成的，这些组成图像的最小单元称为像素。若干像素组成一行，每幅图像就是由若干的像素行组成的。对每个像素进行光电转换，能相应得到代表每个像素亮度、色彩信息的三个电平值。然后，将这些电平值按照一定的顺序传送出去，这样就构成了电视信号从形成到传输的一个过程。

在这个过程中，顺序传送像素信息的过程被称为扫描。电视图像的扫描顺序实际上是按照从左到右、从上到下一行一行地进行。扫描完第一帧后，再扫描第二帧。电视系统中有两种扫描方式：逐行扫描和隔行扫描。

逐行扫描是指在图像上从上到下一行紧跟一行进行扫描的方式。由于人眼有“视觉暂留”的视觉特性，为了保证成像的连续性，一秒传送约 20 帧图像（即换幅频率 20Hz）就可以使画面动作看起来流畅。但是为了使重现的画面没有闪烁感，换幅频率应该高于临界闪烁频率，考虑到很多国家（包括我国）使用的交流电源频率为 50Hz，所以换幅的频率就定位为 50Hz。虽然换幅频率高对保证图像不闪烁很有利，但是同时也带来传输频带宽，不利于传输的难题。

隔行扫描是先从上到下扫描画面上的 1，3，5，7，9…奇数行，然后再从上到下扫描画面上的 2，4，6，8…偶数行。这样的扫描方式将一帧画面分成了两场来分别扫描，相当于一幅图像亮两次。这样，逐行扫描需要 50Hz 的换幅频率才能不闪烁，而隔行扫描只需要它的一半 25Hz。因此，隔行扫描可以在保证每帧分解的像素数不下降和画面无大面积闪烁的情况下，使换幅频率降低一半，有利于传输。

模拟电视信号还有三个需要了解的术语：

帧频：单位时间内扫描、传递和接收的帧数称为帧频；

场频：单位时间内扫描、传递和接收的场数称为场频；

行频：单位时间内电子枪在屏幕上从左到右扫描的次数称为行频，又称屏幕的水平扫描频率。

我国的电视制式为 PAL 制。规定的标清电视图像每帧共有 625 行，有效像素行（正程）为 576 行，亮度信号的取样频率为 13.5MHz，每行有 864 个取样点，其中正程为 720 个，图像信号由 25 帧画面组成，即帧频 25Hz，隔行扫描，即场频为 50Hz，行频为 15.625KHz；高清电视规定的每帧扫描行数共 1125 行，有效像素行（正程）为 1080 行，亮度信号的取样频率为 74.25MHz，每行有 2640 个取样点，其中正程为 1920 个，图像信号由 25 帧画面组成，即帧频 25Hz，隔行扫描，即场频为 50Hz，行频为 28.125KHz。

早期的电视机中，由电视信号到光信号的转换使用的是阴极射线管（Cathode-Ray Tube，CRT），通称显像管。在显像管中，由电子枪发射电子束，轰击涂在荧光屏上的荧光粉使其发光实现电—光转换。电信号来控制电子束的强度。电子束从左到右移位称为行（或水平）扫描正程，显示图像。电子束扫描到右侧后，还要瞬间回扫到左侧去。所以把电子束从右到左的移位称为行扫描逆程，它的用时大大少于行扫描正程，且不显示图像（电子束截至）。除了从左到右的扫描外，电子束还要从上到下扫描。电子束从上到下的移位称为场扫描正程（也称垂直扫描正程），显示图像。从下返回到上的移位成为场扫描逆程，它所用的时间大大少于正程，而且也不显示图像。

在电视信号的形成过程中，只由电子束扫描形成的扫描线结构称为扫描光栅。扫描光栅的水平宽度和垂直的高度之比称为光栅的宽高比。根据人眼的清晰视觉视场范围的要求，国际上对光栅的宽高比做了统一的规定，即 4∶3 的比例。

二、数字电视信号

数字电视信号是用数字编码来表示光信号及声音信号，其在时间、幅度上是离散的。

1. 数字电视信号的优点

随着计算机技术和视音频数字压缩技术的不断发展，整个电视系统发生了翻天覆地的变化，电视系统进入了全面数字化、网络化的时代。数字电视信号有着模拟信号所没有的优势。

（1）极大地提高了电视的图像质量和伴音质量。

（2）能收看更多的电视节目。电视信号数字化后进行数据压缩，使数据量大大减少，加上采用了先进的数字调制技术，一个模拟电视频道（8MHz）可以传输 4 到 6 套标准数字电视节目，极大地提高了频带的利用率。

（3）服务多元化。家庭银行、电视购物、电视遥诊、多路立体声广播、信息服务、游戏等。

（4）交互电视使人们真正成为电视的主人，可以实时点播想看的电视节目。

（5）电视信号的存储、处理过程不会影响信噪比。

（6）多代复制成为可能，避免了模拟信号复制的质量损失问题。

（7）数字信号经过压缩后可以在互联网上传输，实现资源共享、视频点播功能。

（8）数字信号可以使制作手法、特技效果更加丰富多彩。

（9）利用数字图像处理技术可以方便地对图像进行艺术加工或处理。

2. 视频信号的数字化

模拟电视信号进行数字化的过程简单来说要经过取样、量化和编码三个环节。数字化之后的电视信号变成由 0 和 1 组成的离散脉冲序列。

对一个有固定周期的模拟信号的幅度进行有规律的抽取，使在时间上连续变化的模拟信号变为在时间上离散的模拟信号，这就是取样的过程。它相当于是把一个连续变化的波形信号切割成若干份，作为样本进行下一步。取样后，将每个取样点的电平值用离散的有限个电平值表示，也就是说，使幅度上的连续变化的模拟值变为幅度上离散变化的模拟值。这个过程叫做量化。量化采用四舍五入的方式，将样本值用有限的电平值表示，所以这是有误差的。量化形成的间距是相等的，所以又称为均匀量化或线性量化。量化电平值越高，数字化后的信号杂波越少，信号质量越高。将量化后的每个样本值用一个与其对应的二进制数表示，即为编码的过程。形象一点说，就是要把经过取样和量化之后的每个有限样本值用 0 和 1 来代表。那么实际运算过程中，这些数字就组成了一系列的数字脉冲信号，即模拟信号就变成了数字信号。这个过程概括来说就是：模拟信号经取样保持、量化、编码就形成数字信号。

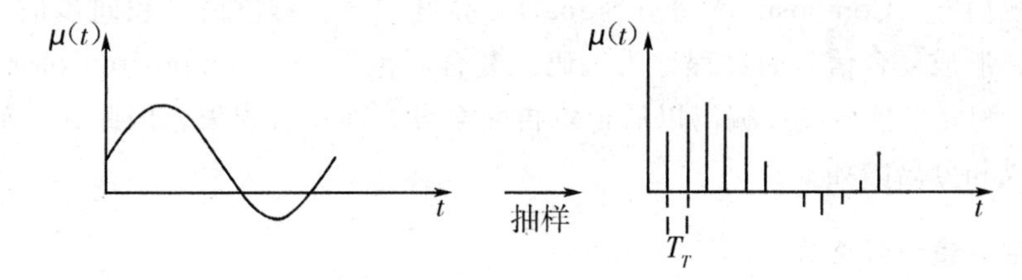

图 2-1　模拟信号转换数字信号

通常把模拟信号转换成数字信号的器件叫做 A/D 转换器。

数据率（即码率）是数字信号的一个重要参数，它是指数字信号在每秒钟内所传输的二进制位数（bit 数），单位是 kbps 或 Mbps，数据率是衡量数字信号最高频率（带宽）的参数，是衡量一个数字设备传输效率的重要参考标准之一。数据率等于量化 bit 数乘以取样频率。

彩色数字信号在对 RGB 三基色进行色彩编码的过程中，将这三个颜色分为亮度信号和色差信号。人眼对光亮是非常敏感的，所以在对亮度信号（Y）进行编码时使用的带宽最多，取样频率也最多。色差信号分为红色差信号（R-Y）和蓝色差信号（B-Y），编码后所占用的带宽和取样频率都比亮度信号小。这是因为人眼对色度信号的敏感程度要比亮度信号小很多，所以对色差信号的取样就比亮度信号要小。国际无线电咨询委员会（CCIR，现已并入国际电信联盟 ITU）在 1982 年的第 15 次全会上通过了 601 号建议书（现已改为 ITU-R BT. 601），对数字演播室的各项标准都做了详细的规定。基于这个规定，目前世界上就只有 525/60 和 625/50 两种电视制式的区别了。

三、分量电视信号与复合电视信号

1. 分量电视信号

分量电视信号（Component Video Signal）是指电视三基色：红（R）、绿（G）、蓝

(B)分别作为独立的电视信号进行传输、处理，三个基色既可以分别用R（红色）、G（绿色）和B（蓝色）信号表示，也可以用“亮度-色差”信号表示，即Y、R-Y、B-Y或Y、Pr、Pb或Y、U、V。

原始的彩色信号是红、绿、蓝三基色，即RGB信号。因为需要同步在绿信号上，所以为了节省带宽并与黑白电视兼容，彩色信号还常表示为亮度和两个色差信号的形式。色差信号中有多种表述方式，最基本的一种是Y、R-Y、B-Y，$Y=0.299R+0.587G+0.114B$。但是，这样的色差信号与原RGB三色信号的幅度不同，为了让亮度信号和色差信号与原RGB幅度相同，需要对色差信号R-Y、B-Y进行修正，修正后的信号就是Pr，Pb［$Pr=0.71327(R-Y)$，$Pb=0.56433(B-Y)$］。

为了能够在与黑白电视信号传输相同的带宽内传送彩色电视信号，需要对色差信号进行正交调制，使其在副载波上与亮度信号一起传送。此时，亮度信号电平加上色度信号电平一起有时会大大超过黑电平或白电平。为了使其限制在一定范围内，就用U、V来表示幅度经压缩的色差信号。

上述R、G、B；Y、(R-Y)、(B-Y)；Y、Pr、Pb；Y、U、V信号都称为分量信号，只不过根据不同情况，采用的信号不一样。

2. 复合电视信号

复合电视信号（Composite Video Signal）：亮度信号、彩色信号和同步信号的合成称为复合信号。形成复合信号的过程称为编码。复合彩色信号（Composite Color Video Signal，CCVS）和亮度信号经过编码以后很难再完全分开而没有损失，因此在编码过程中应尽量减少合成和分离的环节。

四、数字分量信号格式

数字电视系统仍然是基于三基色原理工作：把图像转换为红（R）、绿（G）、蓝（B）三个模拟基色视频信号，将这三个基色信号经过数字化处理后，传送给终端；由显示终端重新组合红绿蓝信号，显示图像。

数字电视图像都是由一系列像素构成，像素是组成数字图像的最小单位。所以，数字电视图像帧由二维空间排列的像素点阵组成，运动图像序列则由时间上一系列数字图像帧组成。根据三基色原理，每一个像素都对应RGB三个分量信号。为了节省传输带宽，依据人的视觉特性，发送端把每个像素对应的RGB分量信号变换成一个宽带的亮度信号Y和两个窄带的色差信号C_B、C_R，并称之为4∶4∶4信号格式。

为了节省传输信道带宽，数字电视系统利用人的视觉对图像彩色细节不如亮度细节敏感的特点，可以只为亮度信号保证整个视频信号带宽，而将两个色差信号的带宽缩减为亮度信号带宽的一半。于是，图像水平方向上，两个色差信号C_B、C_R两个取样点数减少到亮度信号Y取样点数的一半。按标准规定，C_B、C_R取样点在空间上彼此重合，并与相应的亮度信号奇数位置取样点对应，这种信号格式称之为4∶2∶2信号格式。

在垂直方向上，人的视觉对彩色细节也不如对亮度细节敏感，为了减轻带宽，也可以把两个色差信号在垂直方向上的取样点数减少到亮度信号取样点数的一半。标准规定，两色差信号取样点在垂直方向上均与相应的奇数行亮度信号取样点对应，这种信号格式称之为4∶2∶0。

数字电视信号格式如图 2-2 所示。

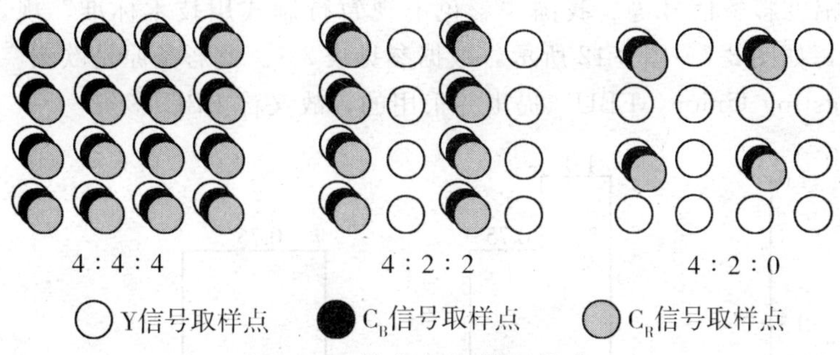

图 2-2　数字电视信号格式

五、标准彩条信号

标准彩条信号是由彩条信号发生器产生的一种测试信号，常用来对彩色电视系统的传输特性进行测试和调整。标准彩条信号是用电的方法形成的一种电信号，它可以在接收机或监视器屏幕上显示出八条等宽的竖条，八种颜色自左至右依次为白、黄、青、绿、品、红、蓝、黑，如图 2-3 所示。

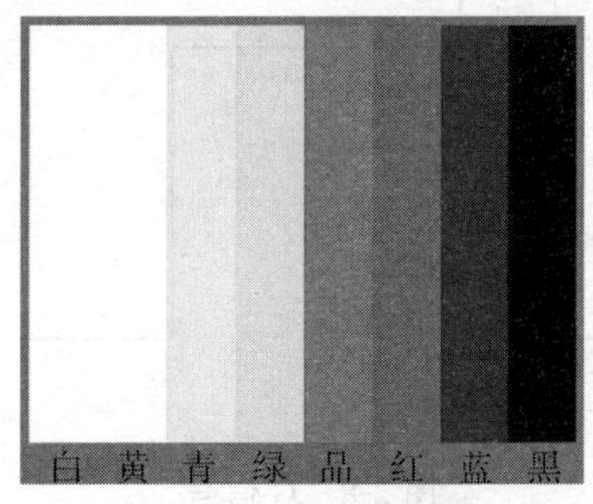

图 2-3　标准彩条信号

标准彩条信号可以有不同的规范。图 2-4～图 2-6 表示了一种规范的彩条三基色信号波形图。如果把它们与白条对应的电平定为 1；与黑条对应的电平定为 0，则三基色信号的电平不是 1 就是 0，由其显示的彩色均为饱和色。比如，从左至右第三条，$G_0=B_0=1$、$R_0=0$，显示饱和青色；第四条 $G_0=1$、$R_0=B_0=0$，显示饱和绿色；第五条 $G_0=0$、$R_0=B_0=1$，显示饱和品红色。因此称为 100％饱和度、100％幅度彩条信号。

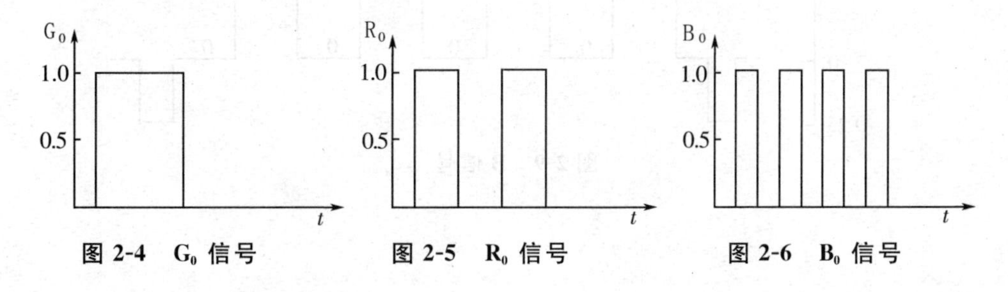

图 2-4　G_0 信号　　**图 2-5　R_0 信号**　　**图 2-6　B_0 信号**

如果三基色信号的最大值为 1，最小值为 0.05，则各基色和补色条中，均含有 5％的白光，称为95%饱和度、100%幅度信号。此外，还有其他规范的彩条信号，例如100%饱和度、75%幅度彩条信号等。我国“彩色电视暂行制式用技术标准”规定采用100-0-75-0彩条信号，如图2-7～图2-12所示，数据参见表2-1。此彩条原是欧洲广播联盟（European Broadcasting Union，EBU）提出并采用的，故又称EBU彩条。

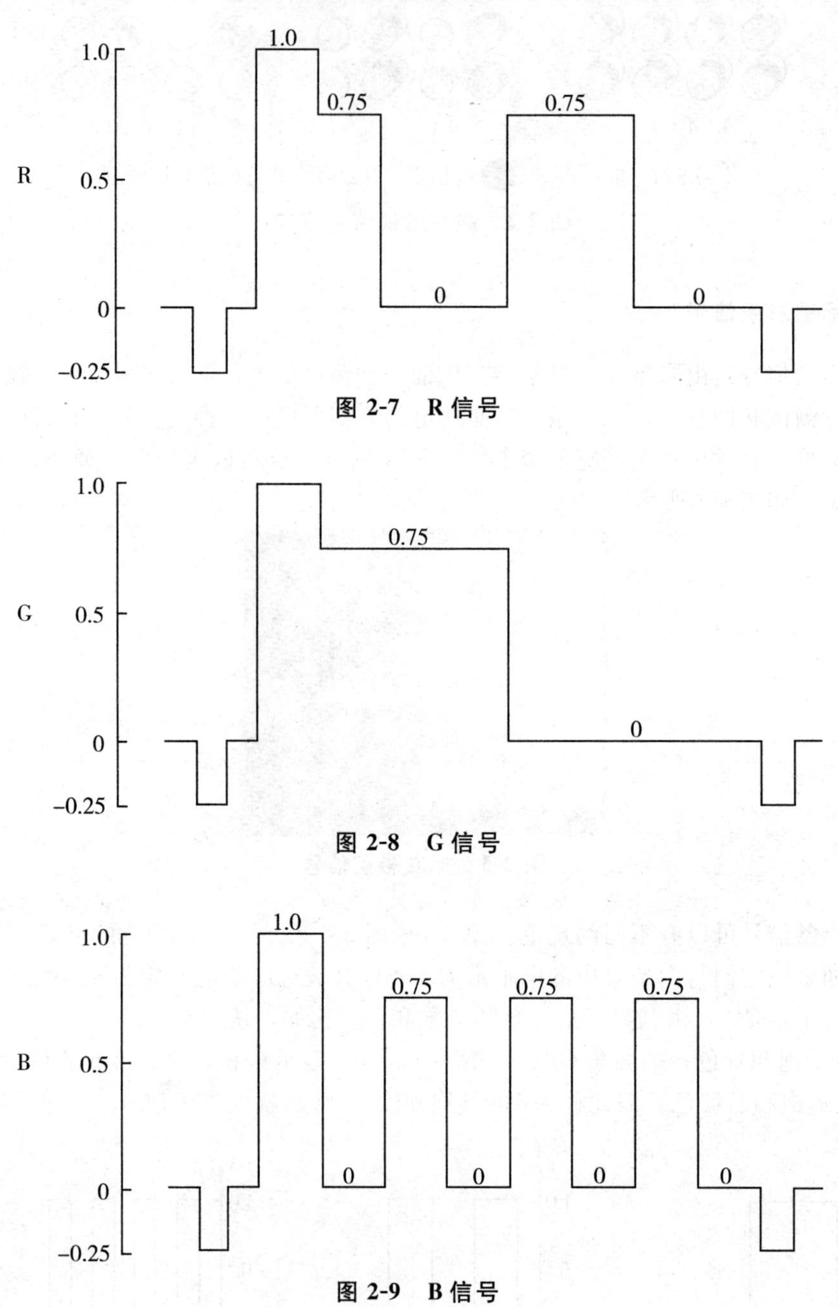

图 2-7　R 信号

图 2-8　G 信号

图 2-9　B 信号

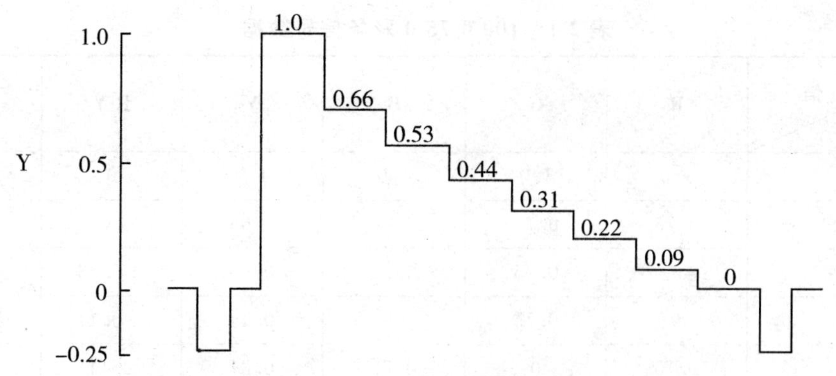

图 2-10　Y 信号

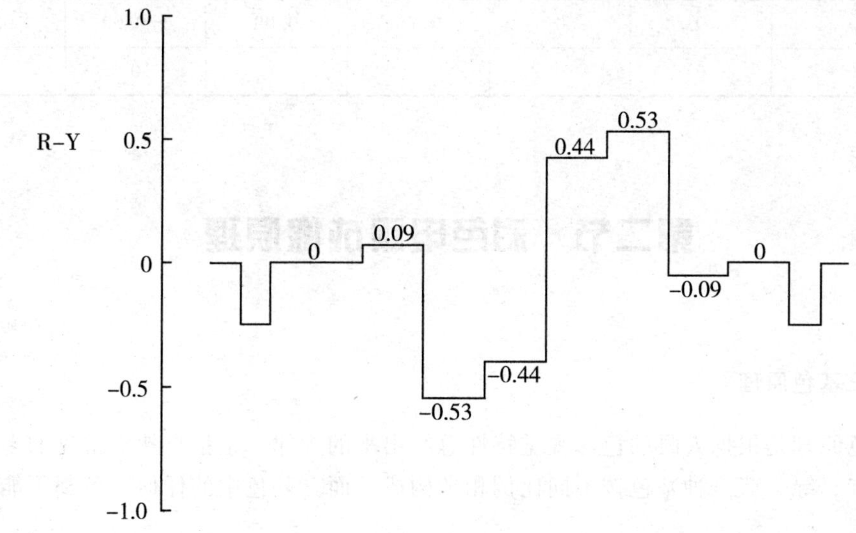

图 2-11　R-Y 信号

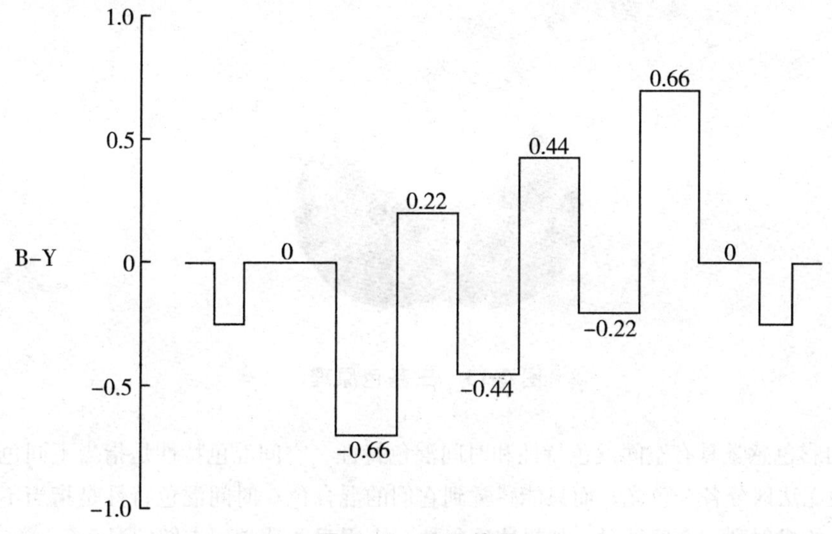

图 2-12　B-Y 信号

表 2-1 100-0-75-0 彩条信号数据

色别 \ 信号	R	G	B	Y	R-Y	B-Y
白	1.0	1.0	1.0	1.0	0	0
黄	0.75	0.75	0	0.66	0.09	−0.66
青	0	0.75	0.75	0.53	−0.53	0.22
绿	0	0.75	0	0.44	−0.44	−0.44
品	0.75	0	0.75	0.31	0.44	0.44
红	0.75	0	0	0.22	0.53	−0.22
蓝	0	0	0.75	0.09	−0.09	0.66
黑	0	0	0	0	0	0

第二节　彩色电视成像原理

一、三基色原理

三基色原理是根据人眼的色彩视觉特性总结出来的规律，是指自然界常见的多数彩色都可以用红、绿、蓝三种基色按不同比例相加构成。而三基色中的任何一色都不能由另外两色组成。

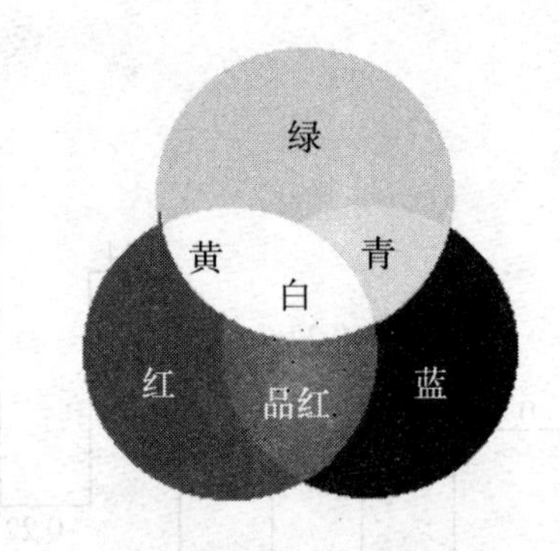

图 2-13　三基色原理

人眼的彩色感觉具有空间混色特性和时间混色特性。空间混色特性是指当不同色光间隔很近时，人眼无法区分各个色光，而只能感觉到它们的混合色；时间混色特性是指当不同色光同时轮流快速的投射到一个区域时，如果速度很快，人眼只能感觉到它们的混合色。

颜色的色彩种类称为色调（又称色相），分别是红色、橙色、黄色、绿色、青色、蓝色、紫色。这几种颜色头尾相接，形成一个闭合的环，成为色彩的色相环（又称色相谱）。如图 2-14 所示。

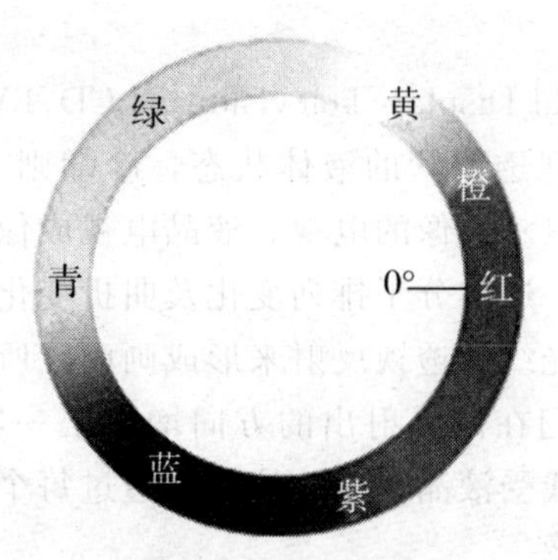

图 2-14　色相环

在色相环中，位于 180 度夹角的两种颜色，称为反转色，亦称互补色（如图 2-15 所示）。红绿蓝三基色的互补色分别是青色、品红和黄色。

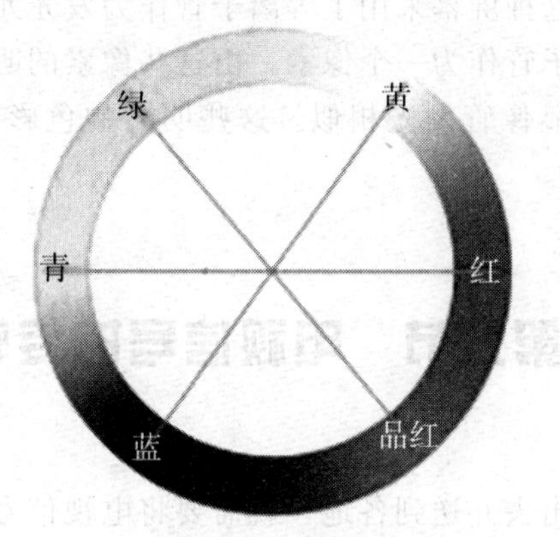

图 2-15　互补色

二、彩色电视原理

由三基色原理得知，自然界中人眼所能看到的颜色都可以由红、绿、蓝三种色光混合调配出来。三基色原理对于电视有着及其重要的意义，使得在传送图像信号的时候，只要传送三基色信号即可。

1. 阴极射线管成像原理

阴极射线管（Cathode-Ray Tube，CRT）：彩色电视就是通过红、绿、蓝三种基色混配出各种颜色的。根据三基色原理，一幅彩色图像可以被分解成红、绿、蓝三幅基色图像进行传输，每幅单纯的基色图像同黑白电视相似，也要进行像素分解和光电转换。通过扫描顺序读出后得到三个电信号，这三个电信号就是三基色信号，用 R、G、B 表示。一种彩色显像管有 R、G、B 三支电子枪，分别发射三条电子束；也有一个电子枪发射 R、G、B 三条电子束的彩色显像管。那三条电子束分别轰击各自的像素单元的荧光粉，这样就使三基色电子信号控制电子束强度产生了彩色图像。电视图像的重现端（即电视机）的每个像素由红、绿、蓝三个发光单元组成，电信号分别控制它们的亮度，即显出彩色电视信号。

2. 液晶电视的成像原理

液晶电视（Liquid Crystal Display Television，LCD TV）：是利用液晶（一种固态和液态之间的物质，加热会呈现透明状的液体状态，冷却则会出现结晶颗粒的混浊固体状态）制作成的液晶显示屏来显示图像的电视。液晶电视成像的原理是在液晶电视两张玻璃基板之间的液晶内加入电压，通过分子排列变化及曲折变化再现画面，屏幕通过电子群的冲撞制造画面，并通过外部光线的透视反射来形成画面，所以实际上并不是这些液晶在发光。液晶本身没有色彩，人们在液晶射出的方向增加了一层彩色滤光膜，薄膜上有很多红、绿、蓝三基色像素；光线受液晶分子的控制，透过每个像素的光线强度也不同，三原色通过混合才得到最后的图像。

3. 等离子电视的成像原理

等离子电视（Plasma Display Panel Television，PDP TV）是利用两块玻璃基板之间的气体（而非液晶）来显现出色彩丰富而生动的画面。等离子显示屏 PDP 是一种利用惰性气体放电的显示装置，这种屏幕采用了等离子管作为发光元件。大量的等离子管排列在一起构成屏幕。每个等离子管作为一个像素，由这些像素的明暗和颜色变化组合，产生各种灰度和色彩的图像，与显像管发光相似。这些明暗的色彩变化就形成了等离子电视的画面。

第三节　电视信号的传输

电视图像信号要发射出去并送到各地，就需要将电视信号进行一定的调制。我国地面开路广播和有线电视标准规定，模拟视频信号采用调幅方式，伴音信号采用调频方式。彩色电视视频信号频带宽度为 0 到 6MHz，伴音信号频带宽度为 40Hz 到 15kHz。将图像信号和伴音信号在两个通道分别对各自的载波进行调幅和调频后，通过一个发射天线发射出去。发射出去的信号是射频信号（RF），电视终端接收的无线或有线电视信号都是射频信号。一路调幅的图像信号和其调频的伴音信号组成一路电视广播信号，占用 8MHz 的带宽，这样就构成了一个频道。荧屏上丰富多彩的节目都是由该节目占用的频道发射出来才能使千家万户看得到。

信号的传输方式主要分为超短波传输、卫星传输、微波传输和有线网络传输。

一、超短波传输

超短波，又称米波或甚高频无线电波，主要传播方式是直射波传播。超短波的频率为 30～300 000MHz，波长为 0.001～10m，传播距离不远，一般为几十公里。

电视的超短波传输分为米波电视（1～12 频道，VHF-甚高频）、分米波电视（13～68 频道，UHF-特高频）。米波和分米波电视的发射频率为 48.5～958MHz。这两个频段用于有线电视网络和地面传播。

二、卫星传输

在地球赤道上空 36 000km 的地方，物体与地球同步运行，称为地球同步轨道。从理论上来说，在地球同步轨道上设置三颗卫星即可以实现全球卫星通信。

广义上说，卫星传输是指利用同步卫星上所设的空间无线电台发送广播信号或其他信息供地面接收的广播电视传播方式。这种传播方式大体分为两种。

一是卫星传送。它是一种将卫星转发作为远距离信号中继传送的手段。卫星收到来自地面的信号后，再转发回地面作为其他地面无线转播台、有线网络接收的节目信号源，再由地面转播台、有线网络转发，供用户接收。

二是卫星直播。它是一种利用地球同步卫星转发电视信号的手段，供用户直接接收，是解决山区、偏远地区电视覆盖率的重要方式之一。

三、微波传输

波长在 1m 以下的超短波又称为微波，主要是直射波传输。微波的天线辐射波束可做得很窄，因而天线的增益较高，有利于定向传播；又因其频率高，信道容量大，故应用范围很广。

在现场直播时，节目拍摄现场距离电视播控中心比较远的情况下，一般采用微波传送或微波接力传送。

四、有线网络传输

有线网络主要分为电缆电视网络和光缆电视网络两类。

1. 电缆电视

电缆电视是通过高频电缆连接众多的电视接收机组成信号传输分配系统，将电视节目直接传送给用户的一种区域性的电视广播。同无线电视相比，电缆电视传输节目容量大，不易受到外界干扰，易控制。

2. 光缆电视

光缆电视是 20 世纪 70 年代后期在激光通信手段发展的基础上产生的一种电视传输新技术。它的内部是光导玻璃纤维，传输的是可载送电视信号的激光。光缆传输频带更宽，容量更大，抗干扰性能极强，信号损失很小。

第四节　电视制式

世界范围内有三大模拟彩色电视制式，即 NTSC 制、PAL 制和 SECAM 制。

一、NTSC 制

NTSC 制是 1953 年在美国研制成功并被广泛采用的一种彩色电视制式。它对两个色差信号采用正交平衡调幅后，与亮度信号一起传送。每帧有像素行 525 行，帧频 30Hz，采用隔行扫描。NTSC 制的优点是接收机简单，信号处理方便；缺点是由于传输通道的非线性引起的微分相位失真，导致接收端彩色失真。美国、加拿大、日本、中国台湾等国家和地区采用这种制式。

二、PAL 制

PAL 制是 1962 年在德国研制成功并被广泛采用的一种彩色电视制式。它采用相位逐行交变的方式，克服了 NTSC 制对相位变化过于敏感的缺点。每帧由 625 行组成，帧频为 25Hz，采用隔行扫描。中国、德国等国家采用这种制式。

三、SECAM 制

SECAM 制是 1966 年由法国制定的一种彩色电视制式。在该制式下，色差信号 R-Y 和 B-Y 是逐行顺序传送的。每帧有 525 行，帧频为 25Hz。

第五节　电视制作技术中的常用接口

一、BNC 型接口

BNC 型接口（俗称 Q9 头）又称同轴电缆卡环形接口，特性阻抗为 75Ω，用于工作站和同轴电缆连接的连接器，是标准专业视频设备输入、输出端口。BNC 接头使用高质量的电缆，有效地降低了信号间互相干扰，保证了视频信号的传输质量，达到最佳信号响应效果。BNC 常用于复合视频信号的连接；在连接分量信号时，5 个一组连接头，分别接收红、绿、蓝、行同步、场同步信号（如图 2-16 所示）。此外，由于 BNC 接口的特殊设计，连接非常紧，不必担心接口松动而产生接触不良。

图 2-16　BNC 型接口

二、XLR 型接口

XLR 型接口的英文名字为 CANNON，俗称卡侬头，特性阻抗为 600Ω，平衡式（如图 2-17 所示）。XLR 型接口用于专业音频信号的连接；特点是插头设计可以保证连接牢固可靠，并有较好的屏蔽效果，是完美的平衡连接方式。

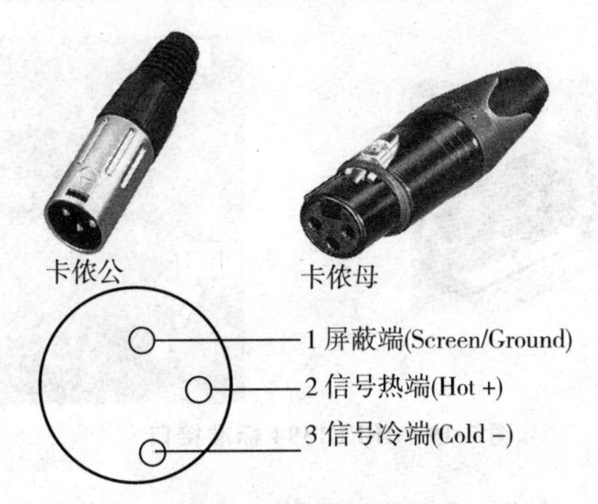

图 2-17　XLR 型接口

卡侬接口上都有标记 1、2、3，我国音频连线分别为：1 屏蔽端（Ground），2 信号热端（Hot），3 信号冷端（Cold）。

三、TSR 型接口

在音频信号连接时，常使用 TSR 型接口（如图 2-18 所示）。它有三芯或两芯两种，按插头直径可分为大三芯、小三芯、微型三芯等；其连接分别为：T（Tip）顶端，信号热端（Hot）；R（Ring）环端，信号冷端（Cold）；S（Sleeve）屏蔽端（Screen/Ground）。

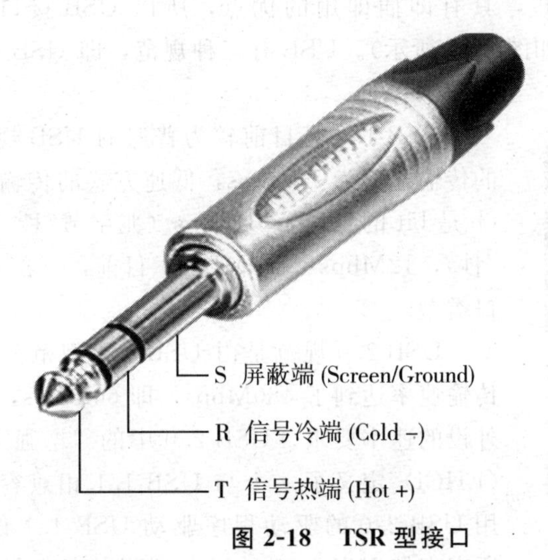

图 2-18　TSR 型接口

四、IEEE1394 标准接口

1995 年美国电气和电子工程师学会（IEEE）制定了 IEEE1394 标准，苹果公司称之为火线（FireWire），而 Sony 公司称之为 i. Link。IEEE1394 接口是一个串行接口（如图 2-19 所示），传输速率为 400Mbps，可望提高到 800Mbps、1. 6Gbps、3. 2Gbps。它能够传输数字视频和音频及其控制信号，具有较高的带宽和十分稳定的性能。

图 2-19 IEEE1394 标准接口

作为一种数据传输的开放式技术标准，IEEE1394 被应用在众多的领域，包括数码摄像机、录像机、DVD、高速外接硬盘、打印机和扫描仪等多种设备。IEEE1394 接口主要有两种类型：6 针的六角形接口和 4 针的小型四角形接口，也有 6 针转 4 针的传输线缆。6 针的六角形接口可向所连接的设备供电，而 4 针的四角形接口则不能。

由于 IEEE1394 接口的传输速率很快，因此其连接线缆对屏蔽性的要求非常高，故市面上见到的 IEEE1394 线都不长，最长的大概也就是 3 米多一些。

五、USB 型接口

USB（Universal Serial Bus，通用串行总线）接口可以直接播送移动存储器设备中的视、音频文件，支持热插/拔，具有即插即用的优点，所以 USB 接口已经成为 MP3、JPEG 的最主要接口方式（如图 2-20 所示）。USB 有三种规范，即 USB 1.1、USB 2.0 和 USB 3.0。

图 2-20 USB 型接口

USB 1.1 是目前较为普遍的 USB 规范，其高速方式的传输速率为 12Mbps，低速方式的传输速率为 1.5Mbps（b 是 bit 的意思），1MBps（兆字节/秒）＝8Mbps（兆位/秒），12Mbps＝1.5MBps。目前，大部分 MP3 为此类接口类型。

USB 2.0 规范是由 USB 1.1 规范演变而来的。它的传输速率达到了 480Mbps，即 60MBps，足以满足大多数外设的速率要求。USB 2.0 中的“增强主机控制器接口”(EHCI) 定义了一个与 USB 1.1 相兼容的架构。它可以用 USB 2.0 的驱动程序驱动 USB 1.1 设备。也就是说，所有支持 USB 1.1 的设备都可以直接在 USB 2.0 的接口上使用而不必担心兼容性问题，而且像 USB 线、插头等附件也都可以直接使用。

USB 3.0 规范技术是由英特尔，惠普（HP）、NEC、NXP 半导体以及德州仪器（Texas Instruments）等公司共同开发的，传输速率为 4.8Gbps，外形和现在的 USB 接口基本一致，向下兼容 USB 2.0 和 USB 1.1 设备。

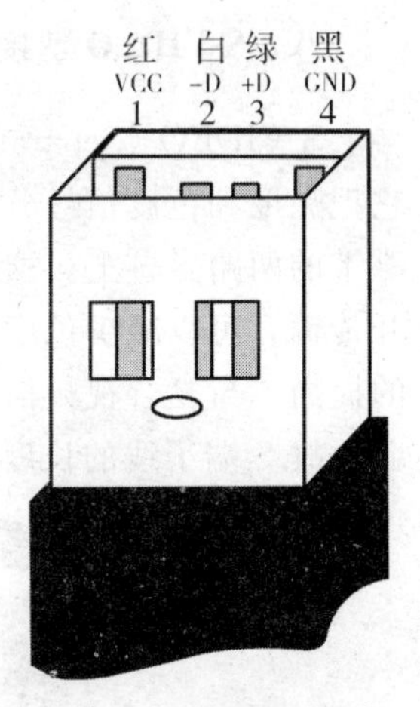

图 2-21　USB 接口构造

USB 接口的排列方式（如图 2-21 所示）是红、白、绿、黑（从左到右）：

红色—USB 电源：标有 VCC、Power、5V、5VSB 字样；

白色—USB 数据线：（负）标有 DATA －、USBD－、PD－、USBDT＋字样；

绿色—USB 数据线：（正）标有 DATA ＋、USBD＋、PD＋、USBDT＋字样；

黑色—地线：标有 GND、Ground 字样。

六、RCA 型接口

RCA（Radio Corporation of American），俗称莲花接头，其端子采用同轴传输信号的方式，内导体接信号，外导体接地。它并不是专门为哪一种接口而设计的，既可以用在音频信号，又可以用在射频信号。

RCA 端子一般用几根电缆做成一组，用不同颜色标注。俗称 AV 电缆的，是用黄色接头连接复合视频信号，用白色接头连接左声道（L）的音频信号，用红色接头连接右声道（R）的音频信号（如图 2-22 所示）。

在连接 R、G、B 分量信号时，用红色接头连接红色（R）信号，用绿色接头连接绿色（G）信号，用蓝色接头连接蓝色（B）信号。

在连接色差信号时，用绿色接头连接亮度（Y）信号，用红色接头连接（R-Y 或 Pr、Cr）信号，用绿色接头连接（B-Y 或 Pb、Cb）信号。

图 2-22　RCA 接口

七、射频接口

天线和模拟闭路连接电视机就是采用射频（RF）接口（如图 2-23 所示）。作为最常见的视频连接方式，射频接品可同时传输模拟视频以及音频信号。RF 接口传输的是视频和音频混合编码后的信号，显示设备的电路将混合编码信号进行一系列分离、解码再输出成像。由于需要进行视频、音频混合编码，信号会互相干扰，所以其画面输出质量是所有接口中最差的。有线电视和卫星电视接收设备也常用 RF 连接，但这种情况下，它们传输的是数字信号。

图 2-23　射频接口

八、S-VIDEO 型接口

S-VIDEO (Separate Video /Super Video)，俗称 S 端子，是一种两分量的视频信号，它把亮度和色度信号分成两路独立的模拟信号，用两路导线分别传输，并可以分别记录在磁带的两路磁迹上。这种信号不仅亮度和色度都具有较宽的带宽，而且由于亮度和色度分开传输，可以减少色度信号对亮度信号的干扰，水平分解率可达 420 线，清晰度有了较大的提高。与复合视频信号相比，S 端子可以更好地重现色彩。不过 S 端子的抗干扰能力较弱，故 S 端子线的长度最好不要超过 7 米。S 端子接口如图 2—24 所示。

图 2-24 S 端子接口

S 端子接口为四针接口，其中两针接地，另外两针分别传输亮度和色度信号。

九、RS232C 标准接口

RS232C 标准（协议）的全称是 EIA-RS-232C 标准，其中 EIA（Electronic Industry Association）代表美国电子工业协会，RS（Recommended standard）代表推荐标准，232 是标志号，C 代表 RS232 的最新一次修改（1969），是最为常见的串行接口。RS232C 接口在制作系统中，用作控制信号接口，通常还用于将计算机信号输入控制 LED 显示屏。

RS232C 标准接口有 25 条线，4 条数据线，11 条控制线，3 条定时线、7 条备用和未定义线，常用的只有 9 根，常用于与 25-pin D-sub 端口一同使用，其最大传输速率为 20kbps，线缆最长为 15 米。RS232C 标准接口如图 2-25 所示。

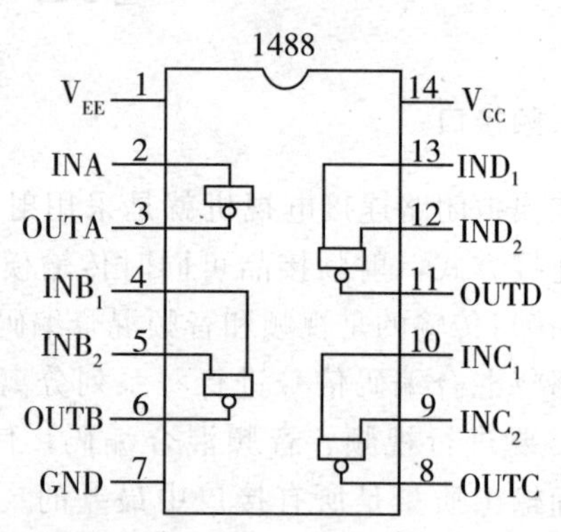

图 2-25 RS232C 标准接口

RS232C 标准接口的外形如图 2-26 所示：

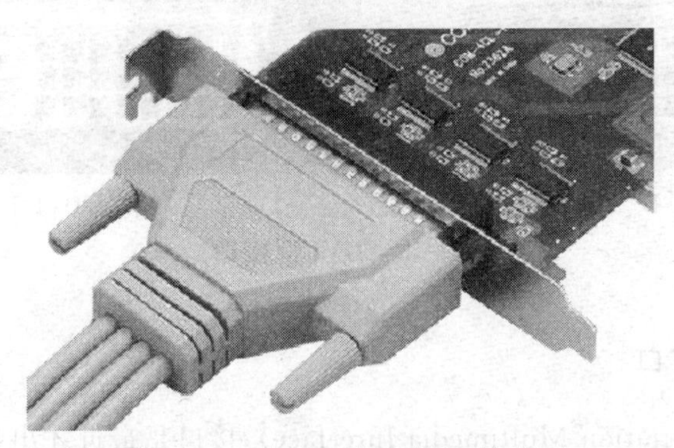

图 2-26　RS232C 标准接口的外形

十、VGA 型接口

VGA（Video Graphics Array）又称 D-Sub，该接口共有 15 针，分成 3 排，每排 5 个孔，是显卡上应用最为广泛的接口类型，绝大多数显卡都带有此种接口（如图 2-27 所示）。VGA 接口传输红、绿、蓝模拟信号以及同步信号（水平和垂直信号）。使用 VGA 连接设备，线缆长度最好不要超过 10 米，而且要注意接头是否安装牢固，否则可能引起图像中出现虚影。

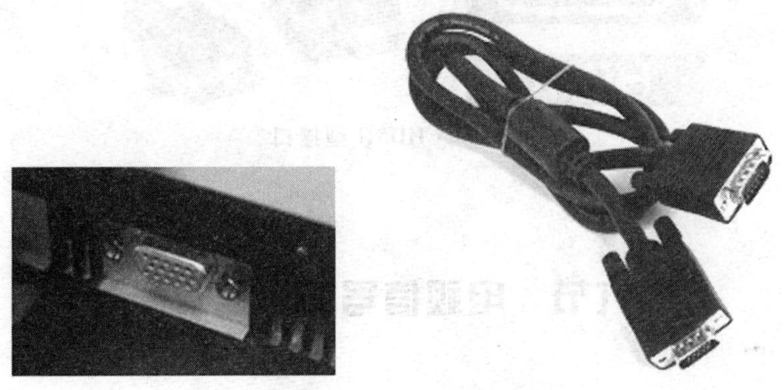

图 2-27　VGA 型接口

十一、DVI 型接口

DVI（Digital Visual Interface）接口与 VGA 接口都是电脑中最常用的接口。与 VGA 不同的是，DVI 可以传输数字信号，不用再经过数模转换，所以画面质量非常高。目前，很多高清电视上也提供了 DVI 接口。需要注意的是，DVI 接口有多种规范，常见的是 DVI-D（Digital）和 DVI-I（Intergrated）两种（如图 2-28 所示）。DVI-D 只能传输数字信号，可用来连接显卡和平板电视；DVI-I 能同时兼容模拟和数字信号，也就是说既可接 DVI-D 设备，也可通过转换接头接 VGA 设备。

图 2-28　DVI 型接口

十二、HDMI 型接口

HDMI（High Definition Multimedia Interface）接口是最近才出现的接口，它同 DVI 一样是传输全数字信号的。不同的是，HDMI 接口不仅能传输高清数字视频信号，还可以同时传输高质量的音频信号。同时，HDMI 接口的功能与射频接口相同，不过由于采用了全数字化的信号传输，不会像射频接口那样出现画质不佳的情况。对于没有 HDMI 接口的用户，可以用适配器将 HDMI 接口转换为 DVI 接口，但是这样就失去了音频信号。高质量的 HDMI 线材，即使长达 20 米，也能保证优质的画质。HDMI 接口如图 2-29 所示。

图 2-29　HDMI 型接口

第六节　电视信号的存储介质

一、磁带

磁带是一种用于记录声音、图像、数字或其他信号的载有磁层的带状材料，是产量最大和用途最广的一种磁记录材料。磁带通常是在塑料薄膜带基（支持体）上涂覆一层颗粒状磁性材料（如针状 γ-Fe_2O_3 磁粉或金属磁粉）或蒸发沉积上一层磁性氧化物或合金薄膜而成。最早曾使用用纸和赛璐珞等做带基，现在则主要用强度高、稳定性好和不易变形的聚酯薄膜。

磁带可储存的内容多种多样。同样的，磁带也多种多样，比如：用于储存视频的录像带；用于储存音频的录音带，包括 reel-to-reel tape、高密度音频盒带（Compact Audio Cassette）、数字音频带（DAT）、数字线性带（DAT）、8 轨软片（8-Track Cartridges）等各种格式的磁带。

二、光盘

光盘，即高密度光盘（Compact Disc），是近代发展起来不同于磁性载体的光学存储介质，它用聚焦的氢离子激光束处理记录介质的方法存储和再生信息，故又称激光光盘。

根据光盘结构，光盘主要分为CD、DVD、蓝光光盘等几种类型。

1. CD

CD代表小型激光盘，是一个用于所有CD媒体格式的一般术语。现在市场上可见的CD格式包括声频CD，CD-ROM，CD-ROM XA，照片CD，CD-I和视频CD等等。在这多样的CD格式中，最为人们熟悉的是声频CD，它是一个用于存储声音信号轨道（如音乐和歌）的标准CD格式。CD盘的容量为650～730MB。

2. DVD

DVD全称数字多功能光盘（Digital Versatile Disc），是一种光盘存储器，通常用来播放标准电视机清晰度的电影、高质量的音乐或是做大容量存储数据用途。DVD与CD的外观极为相似，它们的直径都是120毫米左右。DVD有DVD-5和DVD-9之分。DVD-5是容量为4.7GB的单面单层DVD片，DVD-9则是容量为8.5GB的单面双层DVD片。

3. 蓝光DVD（BD）

蓝光（Blue-ray），或称蓝光盘（Blue-ray Disc，BD），是利用波长较短（405nm）的蓝色激光读取和写入数据的，并因此而得名。蓝光DVD单面单层盘片的存储容量有23.3GB、25GB和27GB三种，其中最高容量（27GB）是当前普通DVD单面单层盘片容量（4.7GB）的近6倍，这足以存储超过2小时播放时间的高清晰度数字视频内容，或超过13小时播放时间的标准电视节目（VHS制式图像质量，即Video Home System，传统录像机的视频标准）。而蓝光单面双层的容量已经达到了50GB。

三、U盘

U盘，全称“USB闪存盘”，英文名“USB flash disk”。U盘的称呼最早来源于朗科公司生产的一种新型存储设备，名曰“优盘”，使用USB接口进行连接。U盘最大的优点就是：小巧便于携带、存储容量大、价格便宜，是移动存储设备之一。一般的U盘容量有1GB、2GB、4GB、8GB、16GB等。

四、硬盘

硬盘（Hard Disc Drive，HDD），全名温彻斯特式硬盘，是电脑主要的存储媒介之一，由一个或者多个铝制或者玻璃制的碟片组成。这些碟片外覆盖有铁磁性材料。绝大多数硬盘都是固定硬盘，被永久性地密封固定在硬盘驱动器中。目前，硬盘容量已经达到TB级别（1TB=1024GB），是性价比较高的存储器。

五、P2卡

P2卡是一种数码存储卡，是为专业音视频而设计的小型固态存储卡。P2卡符合PC卡标准（2型），可以直接插入到笔记本的卡槽中。P2卡上的音视频数据即刻就可以装载，每一段剪辑都是MXF和元数据文件。这些数据不需要数字化处理就可以立即用于非线性编辑，或是在网络上进行传送。目前64G的P2卡大约要七八千元，价格极为昂贵。

第七节 电视图像的技术指标

一、亮度、饱和度和色调

亮度、饱和度和色度是彩色的三要素。彩色是指黑白（灰）系列以外的各种颜色。

亮度（Luminance）是指色光的明暗程度，它与色光所含的能量有关。对于彩色光而言，彩色光的亮度正比于它的光通量（光功率）。对物体而言，物体各点的亮度正比于该点反射（或透射）色光的光通量大小。一般而言，照射光源功率越大，物体反射（或透射）的能力越强，则物体越亮；反之，越暗。

色调（Hue）：指颜色的类别，通常所说的红色、绿色、蓝色等，就是指色调。光源的色调由其光谱分布P（l）决定；物体的色调由照射光源的光谱P（l）和物体本身反射特性r（l）或者透射特性t（l）决定，即取决P（l）r（l）或P（l）t（l）。例如蓝布在日光照射下，只反射蓝光而吸收其他成分；如果分别在红光、黄光或绿光的照射下，它会呈现黑色。又如红玻璃在日光照射下，只透射红光，所以是红色。

饱和度（Chroma /Saturation）：是指色调深浅的程度。各种单色光饱和度最高；单色光中掺入的白光愈多，饱和度愈低；白光占绝大部分时，饱和度接近于零；白光的饱和度等于零。物体色调的饱和度决定于该物体表面反射光谱辐射的选择性程度。物体对光谱某一较窄波段的反射率很高，而对其他波长的反射率很低或不反射，表明它有很高的光谱选择性，物体这一颜色的饱和度就高。

色调与饱和度合称为色度（Chromaticity），它既说明彩色光的颜色类别，又说明颜色的深浅程度。色度再加上亮度，就能对颜色做完整的说明。

二、对比度

对比度指的是一幅图像中明暗区域最亮的白和最暗的黑之间不同亮度层级的测量，差异范围越大代表对比越大，差异范围越小代表对比越小。好的对比率120∶1就可容易地显示生动、丰富的色彩；当对比率高达300∶1时，便可支持各阶的颜色。但对比率遭受和亮度相同的困境，现今尚无一套有效又公正的标准来衡量对比率，所以最好的辨识方式还是依靠使用者的眼睛。

三、图像清晰度

图像清晰度是人眼能觉察到的电视图像细节的清晰程度，可用电视线（TV Line）表示。它是从视觉角度出发，通过看重放图像的清晰程度来比较图像质量，所以常用清晰度一词。

我国数字电视规定的图像清晰度值参见表2-2。

表 2-2　数字电视图像清晰度

数字电视图像		固有分辨率显示器件	CRT	
			中　心	边　角
SDTV	水平	≥450	≥450	≥400
	垂直	≥450	≥450	≥400
HDTV	水平	≥720	≥620	≥450
	垂直	≥720	≥620	≥450

我国把大于等于720电视线作为高清电视的图像清晰度标准。

四、图像分解力

图像分解力是数字电视系统中分解图像细节的能力，以水平和垂直方向有效像素数，即组成一幅图像的像素点阵数衡量。

我国的标准清晰度电视（SDTV）采用的图像格式为720×576，即画面在水平和垂直方向分别由720和576个有效像素组成的阵列构成。高清晰度电视（HDTV）采用的图像格式为1920×1080，即画面在水平和垂直方向分别由1920和1080个有效像素组成的阵列构成。

对数字电视系统而言，图像分解力指相关标准规定的整个数字电视系统的电视节目制作、处理、传输、显示图像细节的能力。

摄像机一般使用分辨力一词来衡量其“分解被摄景物细节”的能力。意思是从水平方向上看，相当于将每行扫描线竖立起来，然后乘上4/3（宽高比），构成水平方向的总线，称水平分辨力。它会随CCD像素数的多少和视频带宽而变化，像素愈多、带宽愈宽，分解力就愈高。PAL制电视机625行是标称垂直分解力，除去逆程的50行外，实际的有效垂直分解力为575线，故其水平分解力最高可达575×4/3=766电视线。但是限制线数的主要因素之一还有带宽。经验数据表明可用80线/MHz来计算能再现的电视行（线数）。如6MHz带宽可通过水平分解力为480线的图像质量。低档家用录像机，如VHS，最多能有240线的清晰度；高档家用摄录机，如S-VHS（为Super-VHS录像机的简称，是在VHS家用录像机的基础上开发出来的新机种）数码摄录机的记录方式是数码信号的格式，清晰度在500线以上。传统普通电视的清晰度大约为280线，VCD的清晰度是230线。

现在，随着高清数字电视机的出现，清晰度有了大幅度的提升。美国电影电视工程师协会（SMPTE）制定了高等级高清数字电视的格式标准，有效显示格式为：1280×720。SMPTE将数字高清信号电视扫描线的不同分为720p、1080i、1080p，其中i是interlace（隔行）的意思，p是progressive（逐行）的意思。720p表示在光栅的垂直方向由720行逐行扫描线合成一帧图像，1080i表示在光栅的垂直方向由1080行隔行扫描线合成一帧图像，1080p表示在光栅的垂直方向由1080行逐行扫描线合成一帧图像。1080i和720p是国际认可的数字高清晰度电视标准。原NTSC制国家采用的是1080i/60Hz格式，与NTSC模拟电视场频相同。而欧洲以及中国等一些原PAL制国家则采用了1080i/50Hz模式，场频与 PAL 模拟电视相同。

第八节 电视制作技术中常见的视频编码压缩标准

由于数字化后产生的视频数据流非常大，例如 4：2：2 标准的视频数据率达到 270Mbps，所以在实现视频的传输和存储上都非常困难，要占用很大的资源空间。为了解决这个问题，数字压缩技术应运而生。

压缩技术采用各种有效的编码方式，去掉数据中重复和冗余的信息，丢弃不太重要的数据，将数据压缩在一定的容量范围内，所以又叫做数字音频、视频编码标准。

采用压缩技术之后，视频数据的容量明显小了很多，但同时也损失了一定的画面质量。所以现在在数据量和画面质量之间，各种压缩格式都是有所侧重的，尽量取其平衡点。虽然压缩技术占据了后期制作的半壁江山，但是现在有很多非线性编辑和动画制作工作站都依然在使用无压缩格式的文件和视频数据，以求最大限度地保证画面质量。

国际上音视频编码主要有两大系列，一个系列由国际化标准组织（ISO）和国际电工委员会（IEC）制定，另一个系列由国际电信联盟（ITU）制定。主要的数字压缩编码标准有：JPEG、MPEG、AVS、H. 264、VC-1 五种。

一、JPEG（Joint Picture Group）系列标准

ISO 的 JPEG（联合图像专家组）主要针对静止图像的存储领域，主要制定了以下几个标准。

（1）JPEG 标准：静止图像存储压缩标准。

（2）JPEG-2000 标准：面向静止图像的压缩标准，比 JPEG 标准压缩效率高 2 倍以上，性能也更好。

（3）MJPEG 标准：面向视频序列，将各帧分别编码成 JPEG 图像，成为 JPEG 图像序列，但它们均为帧内编码帧，不进行预测编码。

二、MPEG（Moving Picture Experts Group）标准

ISO/IEC 的 MPEG（运动图像专家组）针对运动图像而制定了一系列标准，主要包括 MPEG-1、MPEG-2、MPEG-4、MPEG-7 和 MPEG-21 五个格式。

（1）MPEG-1 标准于 1992 年正式出版，标准的编号为 ISO/IEC11172，其标题为“码率约为 1. 5Mbps 用于数字存贮媒体活动图像及其伴音的编码”，主要应用于 CD-ROM、VCD 等存储介质，也应用于互联网等领域。

（2）MPEG-2 制定于 1994 年，标准的编号为 ISO/IEC13818，设计目标是高级工业标准的图像质量以及更高的传输率。MPEG-2 所能提供的传输率为 3～10Mbps，其在 NTSC 制式下的分辨率可达 720×486。MPEG-2 也能够提供广播级的视像和 CD 级的音质，主要用于 DTV 和 DVD 等。

（3）MPEG-4 标准的编号为 ISO/IEC14496，其更加注重多媒体系统的交互性和灵活性。利用 MPEG-4 的高压缩率和高的图像还原质量可以把 DVD 里面的 MPEG-2 视频文件转换为体积更小的视频文件。经过这样的处理，图像的视频质量下降不大但体积却可缩小几倍，可以很方便地用 CD-ROM 来保存 DVD 上面的节目。另外，MPEG-4 在家庭摄影录像、网络实时影像播放也大有用武之地。

（4）MPEG-7 标准：多媒体内容描述接口。

（5）MPEG-21 标准：建立在 MPEG-4 编码工具和 MPEG-7 内容描述工具之上，提供多媒体通信框架。

MPEG 系列标准的序号并不连续，其原因是随着技术的发展和需求，一些序列号被合并或撤销。

三、AVS（Audio Video coding Standard）

AVS 是由我国数字式音频编解码技术标准工作组拟定的，国家标准化管理委员会于 2006 年 2 月正式颁布了 AVS 标准中的视频部分：GB/T20090.2—2006《信息技术　先进音视频编码　第二部分：视频》，并于 2006 年 3 月 1 日起实施。它是基于我国创新技术和公开技术自主开发、制定的编码标准，编码效率与 H.264/AVC 相近，技术较简洁，芯片复杂程度较低。

四、H.264 标准

H.264 是由 ITU-T 视频编码专家组（VCEG）和 ISO/IEC 动态图像专家组（MPEG）联合组成的联合视频组（Joint Video Team，JVT）提出的高度压缩数字视频编解码器标准。它既是 ITU-T 的 H.264，又是 ISO/IEC 的 MPEG-4 高级视频编码（Advanced Video Coding，AVC），而且它将成为 MPEG-4 标准的第 10 部分。因此，不论是 MPEG-4 AVC、MPEG-4 Part 10，还是 ISO/IEC 14496-10，都是指 H.264。

H.264 最大的优势是具有很高的数据压缩比率，在同等图像质量的条件下，H.264 的压缩比是 MPEG-2 的 2 倍以上，是 MPEG-4 的 1.5～2 倍。

五、VC-1 标准

VC-1 是美国电影和电视工程师协会 SMPTE 的标准，主要是由微软开发，但是并非微软独家垄断控制。它基于微软 Windows Media Video 9（WMV9）格式，而 WMV9 格式现在已经成为 VC-1 标准的实际执行部分。VC-1 被 HD DVD 和蓝光 DVD 都写入支持规格中。

在 MPEG-2 和 H.264 之后，VC-1 是最后被认可的高清编码格式。相对于 MPEG-2，VC-1 的压缩比更高；但相对于 H.264 而言，其编码解码的计算则要稍小一些。与 H.264 相比，H.264 的压缩比率更高一些，也就是同样的视频，通过 H.264 编码算法压缩出来的视频容量要比 VC-1 的更小，但是 VC-1 格式的视频在解码计算方面则更小一些，一般通过高性能的 CPU 就可以很流畅地观看高清视频。

本章思考题

1. 模拟电视信号和数字电视信号有何不同？什么是复合电视信号与分量电视信号？
2. 简述彩色电视机的成像原理。
3. 简述电视信号的传输方式。
4. 电视信号的常见存储介质有哪些？
5. 简述电视制式的种类。
6. 电视图像的技术指标有哪些？
7. 电视制作中常见的压缩格式有哪些？

第三章
数字摄像机

本章提要

本章详细介绍了数字摄像机的操作和使用，对摄像机分类、技术性能、功能原理、操作原理和操作技巧都做了详细的阐述；以松下 AJ-D400E 型摄录一体机为例，重点介绍了数字摄像机的镜头部分、寻像器部分、机身部分、音频部分等关键环节；强化了调节白平衡、光圈、电子快门等操作的原理介绍和技巧培养。

第一节　数字摄像机概述

拍摄节目所需素材在整个电视节目制作过程中处于先导地位，没有相当数量的节目素材是无法完成电视节目的编辑、制作的；而电视摄像机又是先导中的关键设备，摄像机的技术性能、质量优劣在一定程度上决定了节目技术质量的高低。当前市场上出品的摄像机种类丰富、花样繁多，令人应接不暇。作为电视节目制作的专业人员，应该学一而通百，熟练掌握摄像机的使用和操作方法，拍摄出好的电视画面，为后续的工作准备一个良好的开端。

一、数字摄像机的分类

数字摄像机种类繁多，用途广泛，分类方法也多种多样。本书按照传统分类方法做简要介绍。

1. 按性能和用途分类

（1）广播级摄像机。

广播级摄像机主要用于专业电视制作机构（如图 3-1 所示）。其拍摄的图像质量最好，色彩、灰度、清晰度指标很高；画面及各项性能稳定，几乎无几何失真；自动化程度高，遥控功能全面，都具有 CCU 遥控接口。但同时，广播级摄像机的机身体积都比较大，价格也比较昂贵。即使是在环境恶劣的情况下，广播级摄像机也能拍出比较好的图像。

图 3-1　广播级摄像机

（2）专业级摄像机。

专业级摄像机主要用于业余的电视制作部门，如电教馆、闭路电视、各种小型演出机构、中小型电视制作公司等。专业级摄像机的图像质量低于广播级摄像机，自动化程度和遥控功能均不及广播级摄像机，但其体积小巧。轻便、价格适中。

（3）家用级摄像机。

家用级摄像机主要用于家庭娱乐，如拍摄旅游、婚礼、聚会等场合，其图像质量一般，稳定性、自动化程度等性能均有所欠缺；但其体积最小、价格低廉。在当代电视新闻业中，使用家用级摄像机拍摄的突发事件经常被当做第一手资料播出，在节目制作中也占有一席之地。家用级摄像机如图 3-2 所示。

图 3-2　家用级摄像机

（4）特殊用途摄像机。

特殊用途摄像机是指除了广播电视用摄像机之外，还有工业、医疗、交通、刑侦、通信、商业监视等行业所使用的摄像机。这类摄像机都要求体积小巧轻便，但不同行业对摄像机的要求也不一样，往往有比较特殊的功能。如夜间监视交通情况的摄像机都具有红外线夜视功能；刑侦监视用摄像机的镜头都很小，便于隐蔽；医疗方面的摄像机对 X 光有高敏感度。这些摄像机所拍摄的画面同样能运用于电视节目制作。监视用摄像机如图 3-3 所示。

图 3-3　监视用摄像机

2. 按摄像器件分类

摄像器件是摄像机的关键部件，它完成光电转换这一重要环节。拍摄画面质量的好坏与摄像器件的转换性能有重要的联系。

（1）摄像管摄像机。

摄像管摄像机即使用摄像管来实现光电转换的摄像机。广播级摄像机的摄像管靶面材料一般为氧化铝，其光电转换性能好，图像质量高。专业级摄像机的摄像管经常使用硒、砷、碲三种硫属化合物作为靶面材料，所以也称为硒砷碲管摄像机，它的光电转换性能和图像质量等指标也都不错，价格也便宜。

（2）固体器件摄像机。

固体器件摄像机的材料是半导体，是摄像机重要的感光元件。市场上目前广泛生产的感光元件有由电荷耦合器件（CCD）构成的，而且以 CCD 元件的摄像机居多。它主要有三种方式：行间转移方式（IT）、帧间转移方式（FT）和帧一行间转移方式（FIT）。

3. 按摄像器件数量分类

(1) 三管和三片摄像机：即采用三只摄像管或三个 CCD 芯片的摄像机，这三个器件分别对应产生红、绿、蓝三基色信号，图像质量好，色彩还原性高，信噪比高，主要用于广播级和专业级摄像机。

(2) 两管和两片摄像机：即采用两只摄像管或两个 CCD 芯片的摄像机，它仅作为过渡机型在使用，并不便宜，目前已逐渐淡出市场。

(3) 单管和单片摄像机：只有一只摄像管或一个 CCD 芯片的摄像机，使用特殊的方法产生红、绿、蓝三个基色信号，图像质量相对较差，适用于家庭、监视系统等民用需求。

4. 按摄像器件的尺寸分类

摄像器件的尺寸大小与其形成的图像质量有直接的关系，尺寸越大，清晰度越高，灵敏度也越高，体积自然也随之变大。摄像管摄像机以管的直径为衡量标准，CCD 摄像机则以感光元件感光区面积的大小来衡量。

(1) 5/4 英寸摄像管摄像机：尺寸最大、体积也比较庞大的摄像机，图像质量和灵敏度等指标都很优秀，只作为演播室用摄像机。

(2) 1 英寸摄像管摄像机：体积稍小，图像质量和灵敏度等指标不及 5/4 英寸摄像管摄像机，常作为演播室和现场节目制作用的摄像机。

(3) 2/3 英寸摄像管摄像机：体积小，重量也比较轻，图像质量也很好，多用于演播室和现场节目制作，也较常用于新闻采集。

(4) 1/2 英寸摄像管摄像机：多为单管机，图像质量较低，但体积和重量都很小，适用于家用级摄像机。

(5) 2/3 英寸 CCD 摄像机：图像质量较高，灵敏度等指标也很高。一般只在广播级和专业级摄像机中使用。

(6) 1/2 英寸 CCD 摄像机：在专业级和家用级摄像机制造领域都有涉及，其图像质量要看芯片数量。三片的图像质量较好；单片的则较差，仅适用于家用摄像机。

二、电视信号存储媒介的发展

长期以来，电视信号的记录载体一直是磁带这种介质。不论采用各种压缩方式和压缩算法，磁带都是主流的记录载体。但是随着电视节目制作人员对节目图像质量、节目存储容量、节目传输效率的要求越来越高，传统的磁带已经不能满足人们的需求。现在使用的民用 DV 的记录码流为 25Mbps，HDCAM 格式的磁带记录码流为 140Mbps，最高的 HD-CAM-SP 格式的记录码流为 440Mbps，这些已经达到了磁带记录媒体的技术顶峰。当今的电视节目制作需求已经远远超过了设备提供的能力。随着科学技术的不断发展，特别是半导体、IT 行业的飞速进步，各大广播电视设备生产商纷纷投入了对新的存储媒体的开发。经过几年的行业和市场考验，索尼和松下两大厂商推出的两种不同的存储载体，已经成为各大、小电视台节目制作设备的主力。

1. 蓝光盘存储媒体

2002 年 2 月，由日本索尼、松下、日立、夏普、韩国三星、LG、美国先锋、荷兰飞利浦、法国汤姆逊多媒体等 9 家国际电子巨头联合宣布，将制定并使用蓝色激光作为光源统一的新一代可重写光盘标准。从2002年春季开始提供有关标准的使用授权。这种新式光盘被称为蓝光盘（Blue-ray Disc，BD），直径120mm，采用波长为405nm的蓝激光，其激光束聚焦后的焦点直径更小，因此可以进一步缩小信息坑的长度和光道的间距，提高了记录密度。常见的DVD光盘采用的是波长650nm的红色激光，记录容量单面为4.7GB；蓝光盘则可以将容量扩充至单面23.3GB、25GB和27GB三种容量，可以录制两个多小时的高清数字电视信号。索尼公司将这种新的存储技术应用于自身的数字摄录一体机，研发投产了型号为XDCAM的蓝光盘摄像机（如图3-4所示），并配套开发了一整套采、编、播电视制作系统。目前国内已有多家电视台采用索尼的蓝光盘制播系统开始制作节目了。

图3-4　蓝光盘摄像机

蓝光盘有非常突出的优点使得其相应的广电设备得到广泛的认可。

（1）IT型记录载体：记录的素材以文件方式存在，支持多种数字格式，可以根据需要适配不同的应用环境。

（2）记录容量大，读写速率高。

（3）可以多次重复擦写。蓝光盘可以达到数千次以上的重复记录，而一般的磁带根据其不同厂家的质量和规格，可以重复200次到300次，但实际上擦写20次以上，记录质量就开始下降了；有的磁带质量则更差。

（4）信息记录安全可靠：通过采用特殊合金物质与激光系统实现“相变技术”记录信息，材料的物理变化只有在600℃的环境中进行，所以在常规的高温和低温环境下极为稳定。这作为一种通用的记录载体是十分重要的。

（5）消除了磁带类别的固有限制。磁带类别往往会限制不同媒体用户的资源调用与共享，这成为电视节目制作中的一大瓶颈。而采用光盘记录后，不同的视频、音频数据格式作为“数据文件”都可以被存储，方便调用。光盘还能记录多种元数据，如时间码、日期等。

2. 半导体存储媒体

2003年，日本松下公司单独推出了使用半导体存储卡作为广播电视专业用视音频信号的记录载体，命名为P2卡（Professional Plug-In Card，专业内插式）。它将4块SD卡（Secure Digital Memory Card）封装进一张PCMCIA卡中，初期设计有4GB容量，可以记录16分钟的DVCPRO或8分钟的DVCPRO50的电视节目，此外还有8GB和16GB容量的存储卡。而随着半导体存储技术的不断推进，目前P2卡的存储容量已经达到64GB，可以记录存储 2 个小时的 AVC-I50M 高清节目。2009 年，P2 卡的最大存储容量已达到 128GB。为了适应高清化的节目制作趋势，松下公司还适时推出了高清晰度半导体存储式摄像机——P2 HD，它能够达到 1920×1080 的全高清标准，14bit 模/数转换能力，为北京奥运会的高清赛事转播立下汗马功劳。P2 存储卡摄像机（如图 3-5 所示）一般配备 5 个卡槽，可以按顺序连续记录素材，而且还具有数据保护功能，每次启动记录只在空白区进行，不会误删已经存在的数据。此外它还具有热插拔的功能，可以不用关机更换新卡，也可以指定区域循环记录；其最大数据传输速度达到了 640Mbps，已经超过了现有录像机的技术能力；它的重写次数达到 10 万次以上，可以不间断地重复记录而没有丝毫损失；卡内记录的剪辑片段的格式是 MXF 和元数据文件，当一张 P2 卡写满之后，可以直接从摄像机的卡槽中取出，插进带有 PCMCIA 或 SD 卡槽的计算机上，就可以直接读取、传输数据文件；进入非线性编辑系统后可以直接进行编辑、制作，免去了采集的工作环节。另外，P2 卡向网络服务器传输数据也非常地方便和迅速。

图 3-5 P2 存储卡摄像机

P2 存储卡编辑录像机类似于磁带录像机的录、放、编辑功能和操作方式，包括带有步进功能的搜索盘。将卡插入后，可以进行比正常速度快 100 倍的搜索，可以在－2 到＋2倍的正常速度范围内进行无杂波慢动作和快动作重放。它一般都支持 USB2.0 和 IEEE1394 接口，可以对素材进行简单的非线性编辑。P2 存储卡存储容量与时间参见表 3-1。

表 3-1 P2 存储卡存储容量与时间

类 别	型 号	近似记录时间			数据传输速度（最大）
		DVCPRO HD	DVCPRO 50	DVCPRO	
4GB P2 卡	AJ-P2C004HMC	4 分钟	8 分钟	16 分钟	640Mbps
8GB P2 卡	AJ-P2C008HMC	8 分钟	16 分钟	32 分钟	
16GB P2 卡	AJ-P2C016RMC	16 分钟	32 分钟	64 分钟	
32GB P2 卡	AJ-P2C032RMC	32 分钟	64 分钟	128 分钟	

松下公司推出的这一半导体存储媒体，极大地促进了广播电视设备和 IT 技术的结合。现有的磁带存储模式在视频、音频信号的采集和传输上都存在一些固有限制，如格式的不统一、接口的不统一、设备性能的不统一等等，而采用了 P2 卡之后，这些问题都能

迎刃而解。P2 卡的出现，也使摄录一体机的系统构成出现了变化，它省掉了原来复杂的录像机机械系统，无须机械维护和更换零件，大大降低了使用成本。总结起来，半导体存储卡的优点如下：

（1）设备可靠性高，由于省掉了机械系统，可以在高震动、碰撞、温度变化、灰尘及其他的恶劣环境中采集图像且节约使用成本；

（2）设备重量轻，可以构成机动性、灵活性更好的摄录一体机；

（3）使用寿命长，可以重复擦写 10 万次以上；

（4）数据传输速率高，640Mbps 的速率已经非磁带载体所能及；

（5）录制启动和访问速度快：由于采用固态存储，故其动作响应要比磁带、光盘都快；

（6）能更好地与计算机相结合，减少了采集的工作流程，大大提高了工作效率。

松下公司向北京奥运会提供的 P2 HD 高清摄像机的机型为 AJ-HPX3000 和 AJ-HPX2100。它们是松下公司 P2 HD 高清系列摄像机的主打机型，是 1920×1080 像素的高分辨率摄录一体机，并且包含 1080/25P、1080/59.94 等多种高清格式，以满足不同的制作需要；同时配置 AVC-Intra 编解码板，具有超高的灵敏度、动态伽玛校正功能、对应电影镜头功能和完备的 AV 接口。

第二节　数字摄像机的原理与构成

摄像机是将光信号转换为电视信号的设备。它利用三基色原理，通过镜头，利用摄像器件把彩色景物的光像分解为红、绿、蓝三种基色光，再进行信号处理，最后编码形成彩色全电视信号。

数字摄像机的摄像器件是决定画面质量、电视系统性能优劣的关键器件。目前在市场上广泛使用的摄像器件是采用电荷耦合器件（CCD）。CCD 器件（如图 3-6 所示）是基于半导体集成电路技术的固体摄像器件，因其性能好、体积小、重量轻、工作稳定、结构简单而得到业界广泛的肯定。

图 3-6　CCD 器件

CCD 摄像器件是金属—氧化物—半导体（MOS）结构的有序排列，也就是以具有光敏特性的半导体硅为衬底，在其上生成一层约 100nm 的 SiO_2 绝缘层，再在绝缘层上按一定排列方式沉积一组（几十万个）金属铝电极，每一个金属电极（也称为栅极）部分为一个 CCD 单元。它有两种加工工艺，一种是 TTL 工艺，一种则是 CMOS 工艺。这些半导体上的电极通过一定的电荷运动产生电荷包，将光转变成电荷，通过模/数转换器转换成数字信号进入记录载体。

CCD 摄像器件主要有三种类型：行间转移方式（IT）、帧间转移方式（FT）和帧行间转移方式（FIT）。

1. 行间转移方式

行间转移方式在每一列感光单元的左侧有遮光的垂直移位寄存器，它是不感光的，并加有存储脉冲电压和存储电子。每个感光单元的右侧是溢出漏，当光照过强时，多余的电子就从感光单元流到溢出漏中排出。由于溢出漏的作用，CCD 摄像机拍摄的画面在高光点处不会产生“开花”和“拖尾”的现象。

水平方向放置的水平转移寄存器加上驱动脉冲后，可以使电荷经过它向输出端转移。在输出端，电荷转变成信号电压后送到放大器。行间转移方式如图 3-7 所示。

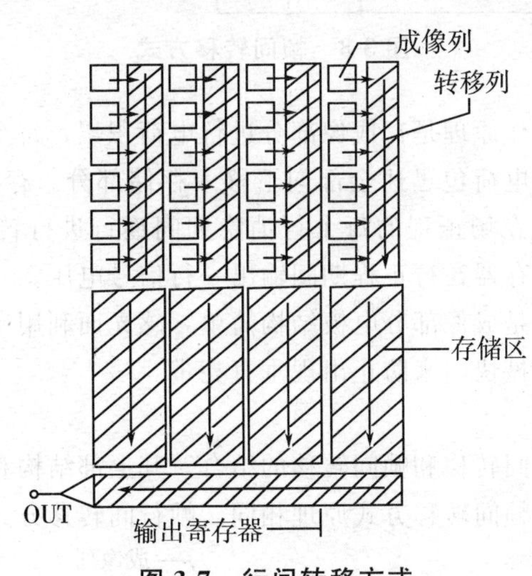

图 3-7 行间转移方式

行间转移方式的工作过程是：在场正程，每个感光单元积累光电荷从而形成电荷包，在场消隐期间用极短的时间将电荷包转移到垂直移位寄存器中；与此同时，在场正程的每个行消隐期间，每个垂直移位寄存器受时钟脉冲驱动，将上、下每两个电荷包相加后，逐行移入水平移位寄存器。在行正程期间，水平移位寄存器在时钟脉冲的控制下输出一行图像信号。

行间转移方式的 CCD 器件的最大优点是结构简单，但缺点也很明显，就是灵敏度低，感光面积只有总面积的 35%左右；且垂直亮带严重。

垂直亮带也称垂直拖道，是指在传输的图像中有一个高亮度像点时，在电荷转移期间会形成电荷积累，产生垂直方向的白色拖尾。电荷积累越多，垂直亮带现象越严重。

2. 帧间转移方式

帧间转移方式如图 3-8 所示。这种方式将 CCD 分成三个部分：图像（感光）部分、存储（遮光）部分、输出寄存器（水平移位寄存器）部分。这三个部分在同一硅片上。

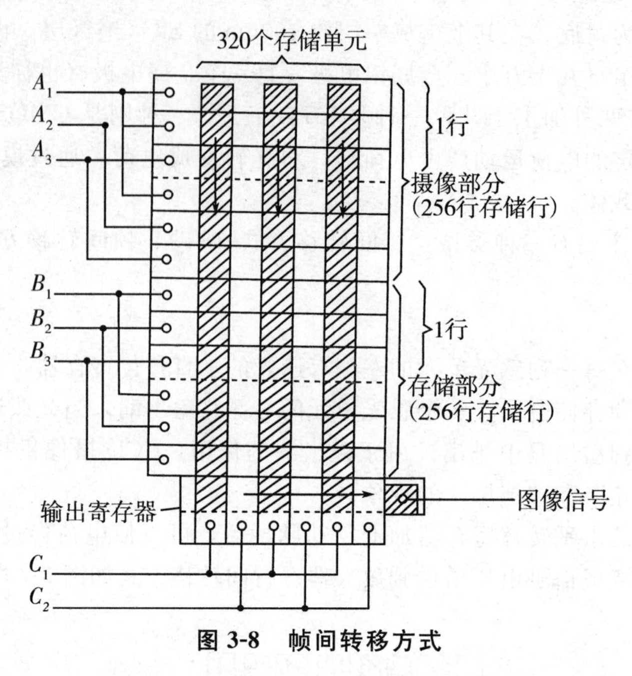

图 3-8　帧间转移方式

帧间的转移方式的工作原理是：成像部分进行电荷积累，每个像素都形成电荷包，在场消隐期间，成像部分的电荷包迅速全部向下移入存储部分。存储部分和行间转移 CCD 的垂直移位寄存器相同，在场正程的每个行消隐期间逐行进行转移，到达读出移位寄存器。最后，由读出移位寄存器在行正程期间输出一行信号电压。

帧间转移方式的优点是成像部分电极结构简单，感光面利用率高；缺点则是摄像器件总面积较大，并需增设机械快门来防止出现垂直亮带。

3. 帧行间转移方式

帧行间转移方式是行间转移和帧间转移的结合。其上部结构和行间转移方式相同，而下部遮光的存储部分则和帧间转移方式原理相同。帧行间转移方式如图 3-9 所示。

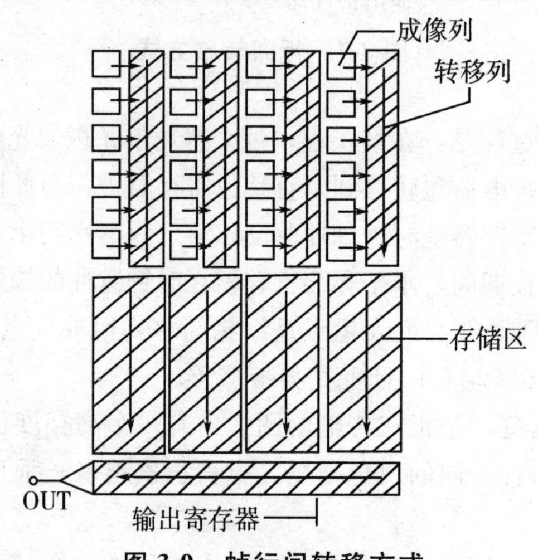

图 3-9　帧行间转移方式

在这种方式下，光转移成电荷的过程与行间转移方式完全相同，只是在场消隐期间，电荷包从感光单元转移到垂直寄存器后，以极快的速度转移到存储区。在垂直寄存器中停留的时间很短。

帧行间转移方式的优点是不需要机械快门，垂直亮带比 IT 方式小很多，灵敏度优越，是这三种方式中性能最佳的一种，故而也是高端摄像机产品经常使用的一种方式。

数字摄像机一般是由光电转换系统、音视频信号数字处理系统、调整与控制系统、周边辅助系统等部分构成。从外观上看，摄像机包含了摄像机镜头、机身和周边辅助设备。本书将从前向后，依次学习这些系统的操作和使用方法。需要注意的是，本书所学习的摄像机从严格意义上来讲，应该称为摄录一体机，是摄像机和录像机合二为一的产物。

第三节　数字摄录一体机的使用操作

数字摄录一体机一般都包含以下部分：镜头部分、寻像器部分、机身部分、话筒部分。本书以松下公司 DVCPRO 的 AJ-D400E 型摄录一体机为例，向读者详细介绍该摄像机的各部分名称及相关操作方法。DVCPRO 即为 DVC（Digital Video Cassette，数字视频盒带）＋PRO（Professional，专业的）。

DVCPRO 的磁带是所有录像机里尺寸最小的，只有 1/4 英寸；磁鼓只有 21.7mm；转速每分钟达到 9000 转（DVCPRO HD 每分钟达到 18000 转）；录像机重量只有 6 磅。另外，从磁头数来看，DVCPRO 是 6 个磁头，DVCPRO 50 有 12 个磁头，DVCPRO HD 达到 16 个磁头。该机型具有较好的典型性，读者在学习这款摄像机的同时可以举一反三。

一、镜头各部分的名称、功能及操作方法

1. 镜头各部分的组成、名称及功能

镜头各部分组成如图 3-10、图 3-11 所示，各部件详细介绍如下。

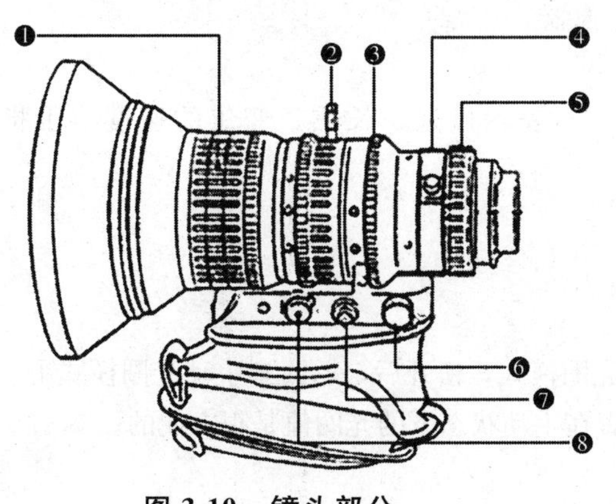

图 3-10　镜头部分一

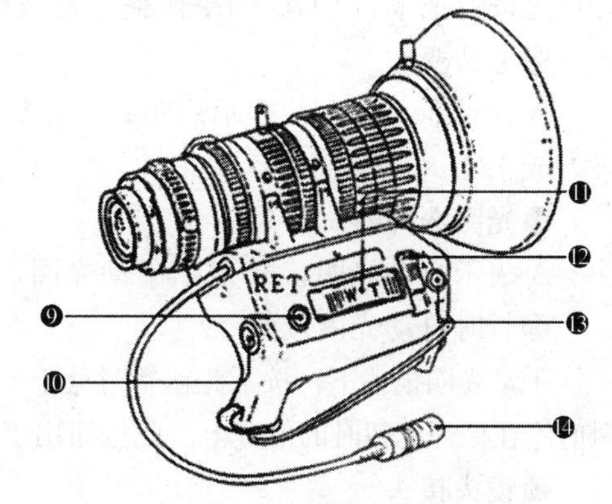

图 3-11　镜头部分二

❶聚焦环（FOCUS）

转动此环将焦点对准被摄物体，即使图像聚实。

❷手动变焦控制环（ZOOM）

将变焦选择开关设于“M”位置后，手动控制该环，改变画幅的大小。

❸光圈环（IRIS）

将光圈选择器设于“M”位置，转动此环，改变进光量。

❹后焦环（FLANGE FOCUS，Ff）

将镜头推到头，调整聚焦环，使图像聚实；再拉到广角，若图像变虚，则意味着后焦没有调准，需要做调整。

❺近摄钮（MACRO）

需要近距离（小于 90cm）摄像时，按下此钮的同时转动 MACRO 环。

❻变焦遥控接头

需要遥控变焦功能时使用此接口。

❼聚焦遥控接头

需要遥控聚焦功能时使用此接口。

❽变焦选择器（ZOOM）

选择变焦镜头的操作模式。S（Serve）表示伺服系统，电动变焦；M（Manual）表示手动系统，手动变焦。

❾RET（RETURN）回看键

在拍摄暂停期间，按此键，就能回看最后几秒录制的图像。即检查图像是否记录在存储介质上。与便携式录像机连接时，当 VTR 在“暂停”状态时，按此按钮，将录像信号从 VTR 传到寻像器。与 CCU 连接时，按此按钮将返回的录像信号从 CCU 传到寻像器。在拍摄期间，寻像器显示摄像机的电视信号（即 E-E 信号）。

CCU（Camera Control Unit）是指摄像机控制单元。它通过多芯电缆与摄像机相连，对摄像机具有遥控功能。

❿VTR（录像机）按钮

按下该按钮是启动录制；再按一次，则停止录制。在与摄像机控制单元 CCU 相连接时，此按钮把来自 CCU 的录像信号返送给寻像器。

⓫电动变焦

W（Wide Angle）表示广角；T（Toward）表示摄远、长焦。变焦的速度与手指的压力成正比。

⓬光圈选择器

A 表示自动光圈，M 表示手动光圈。

⓭暂时自动光圈按钮

手动光圈模式下，按下此钮暂时处于自动光圈模式，松开后，返回到手动光圈模式下，光圈值停在松开此钮时的位置上。此按钮用于检查在手动状态下的光圈值是很方便的。

⓮镜头接头

2. 镜头部分功能的原理

（1）聚焦（FOCUS）。

聚焦的一般方法是将画面推到头，成特写后，转动聚焦环直到图像清晰（使焦点处在被摄物体上）为止。然后再拉开成所需要的景别进行拍摄。这是一种防止画面虚焦的最普遍使用的方法。

在这一功能中需要了解一个知识点，就是景深。景深是指在摄影机镜头前沿着能够取得清晰图像的轴线所测定的物体距离范围。换句话说，就是在聚焦完成后，在焦点前后的范围内都能形成清晰的像，这一前一后的距离范围，叫做景深。从聚焦点 A 到最近清晰点的清晰范围称为前景深，从 A 点到距离最远的清晰点的清晰范围称后景深，后景深大于前景深，二者之和则为全景深。焦深是焦点深度的简称。景深的原理如图 3-12 所示。

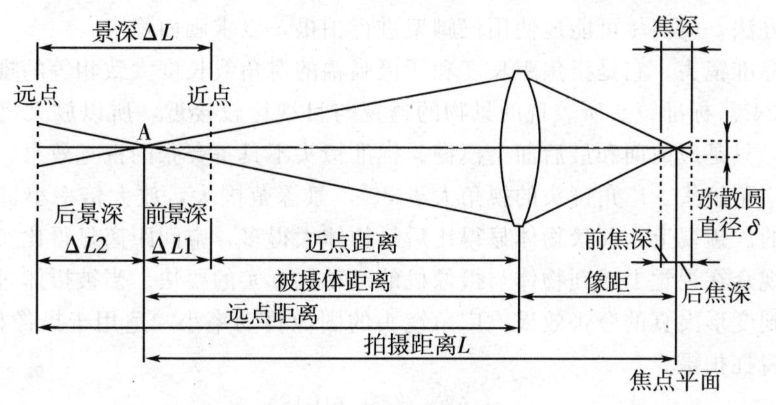

图 3-12　景深的原理

景深的范围可以调节，根据节目的不同需要，可以通过使用聚焦环来完成创作。景深的范围大小与以下因素有关。

①镜头的焦距：摄像机与被摄物体之间的物距固定，光圈相同时，镜头的焦距越短，景深范围越大；镜头焦距越长，景深范围越小。

②光圈的大小：摄像机与被摄物体之间的物距固定，镜头焦距相同时，光圈越小，景深范围越大；光圈越大，景深范围越小。

③物距的长短：当镜头光圈相同、焦距也相同时，物距越长，景深范围越大；物距越短，景深范围越小。

根据这些影响因素调节摄像机的相关按钮，进行艺术创作，就能得到前实后虚等艺术效果。

（2）变焦（ZOOM）。

变焦都是由带有变焦功能的镜头来完成的。变焦镜头具备在一定范围内连续变化焦距而成像位置不变的性能，在拍摄中对景物画面取景的大小可相应的连续变化，即人们视觉上看到的景别从大到小、从小到大的连续变化。

变焦镜头的变焦倍数是指镜头的最长焦距和最短焦距之间的比值。常用的倍数有 14 倍、16 倍、18 倍，甚至更大。根据焦距长短的不同，可将变焦镜头做如下分类。

第一，长焦距镜头。它是指比标准镜头的焦距长的摄影镜头。长焦距镜头分为普通远摄镜头和超远摄镜头两类。普通远摄镜头的焦距长度接近标准镜头，而超远摄镜头的焦距却远远大于标准镜头。以 135 相机为例，其镜头焦距为 85～300mm 的摄影镜头为普通远摄镜头，300mm 以上的为超远摄镜头。长焦距镜头的视角小，景深短，透视效果差，放大倍率大。由于这些特点的存在，长焦距镜头拍摄的画面景物空间范围小，前、后景均模糊，且前后物体看上去差别不大，缩短了空间距离，物体显得拥挤，从而难以判断真实的空间距离。而对于运动的拍摄对象来说，长焦距镜头观看的感觉要比真实的速度慢，会给观众带来时间上的错觉。利用长焦距镜头拍摄的电影、电视作品不胜枚举，它可以帮助导演完成一些艺术构思和设想，收到良好的艺术效果。

长焦距镜头适用于拍摄远距离局部放大的画面，或是对背景、环境要求不高的特写，以及拍摄局部细节清晰的带有虚实效果的画面，还可以拍摄带有空气流动感的画面。

由于放大的画面对任何的抖动和虚焦现象都非常敏感，所以长焦距镜头不宜用手持或肩扛等拍摄方法，应当尽可能地使用三脚架进行拍摄，以求画面稳定。

第二，标准镜头。它是指焦距长度和所摄画幅的对角线长度大致相等的摄影镜头，其视角一般为 24°。标准镜头所表现的景物的透视与目视比较接近，所以放大倍数中等，景深范围中等，只是最前面和最后面会模糊。标准镜头不具备夸张的视觉效果。

第三，广角镜头。广角镜头的视角大于 30°，景深范围大，放大倍率小，画面中几乎全部是清晰的。透视上，前景物体显得比后景物体大得多，空间距离显得比实际大，夸张了纵深感。观众在视觉上感到物体与摄像机的运动比真实的要快。当被摄体过分靠近镜头时，可以得到变形失真的夸张效果。广角镜头的图像抖动率小，适用于摄像机运动拍摄，也可以采用肩扛拍摄。

(3) 光圈（IRIS）。

光圈是一个由许多互相重叠的金属片组成的张开度可调的圆形光阑，是能在一个很大的范围内变化的有效孔径，能控制镜头的透光能力。光圈能在图像上改变亮度，改变景深。亮度高的场景需减小光圈，亮度低的场景则需要加大光圈，使得拍摄的画面亮度平衡，层次清晰。光圈示意图如图 3-13 所示。

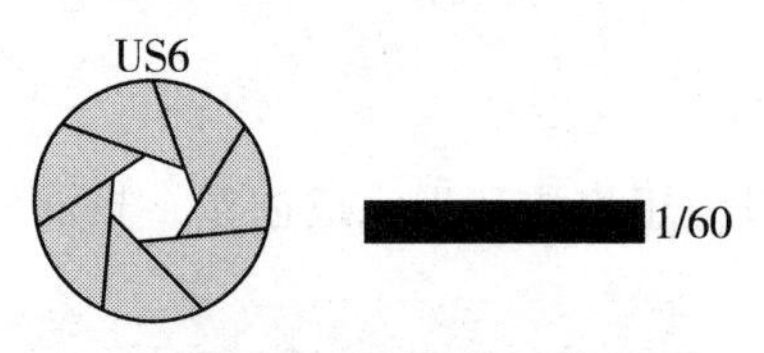

图 3-13　光圈示意图

3. 镜头部分功能的操作方法

(1) 变焦镜头。

变焦镜头有两种操作模式，分别是 S（电动变焦）和 M（手动变焦）。

采用电动变焦后，用手指按住电动变焦杆，向 W 方向按下，镜头向广角变焦；向 T 方向按下，镜头则向摄远变焦。电动变焦的最大好处是变焦均匀。电动变焦开关其实是一个跷跷板式的开关，它控制着一个微型无级变速马达的运转。手按的压力轻重可以控制马达速率，进而控制电动变焦的速度，操作时要注意平稳。

采用手动变焦需要按住手动变焦杆旋转变焦镜头，此模式常用于创造急拉急推的效果。

(2) 光圈。

光圈调节有下列三种方法。

①自动光圈调节：将光圈选择开关设定在 A 处，进入自动光圈模式。这是根据光照强度下被摄物体的亮度自动调节光圈大小的。

②手动光圈调节：当拍摄环境现场光照强度过强或过暗时，或者要拍摄光照强度对比极强的镜头时，适合采用这种方法。将光圈选择开关设定于 M 处，根据光圈环上所标的 F 数来调节光圈大小。

③暂时自动调节：当处于手动光圈调节的模式时，利用这个功能可以临时性地进入自

动调节，满足有特殊情况的需要。在光圈选择开关处于M处时，持续按该按钮，光圈即处于自动调节状态；手松开后，马上回到手动光圈状态并锁定于松手时的光圈值。

在自动光圈模式下，可以选择其基准电平，从而使摄像机有更广范围的选择。摄像机提供了3种设定方式：标准逆光和聚光灯。

①标准方式即为处于标准光线条件下，以图像电平的平均值作为调整自动光圈的基准电平。

②逆光方式则以图像电平的最暗部值作为调整基准。按下AUTO IRIS（BACK）按钮，指示灯变亮即可。

③聚光灯方式以图像峰值电平为调整基准电平，适于拍摄有聚光灯照明、亮度过高的情况。按下AUTO IRIS（SPOTI）按钮，指示灯变亮即可。

察看画面是否亮度过高的有效方法是使用斑马纹功能。在机身上打开ZEBRA开关，寻像器屏幕上会出现类似斑马身上的条纹。条纹出现的地方是明暗度相当于65%～75%录像输出水平的部分。拍摄人物时，斑马纹会显示在人物面部光亮的部分；拍摄景物时，斑马纹会显示在景物最重要的部分。

（3）近摄（MACRO）。

当拍摄对象距离镜头小于90cm时，需要使用近摄功能来拍摄画面。这项功能可以拍摄的最近距离为10mm。具体操作步骤如下：

①将镜头靠近被摄对象直到所希望的大小；

②使用聚焦环将焦点调节到最近处；

③将MACRO按钮向摄像机本体的后方扳动，把MACRO环沿顺时针方向旋到底；

④将变焦（ZOOM）选择开关调节到M处（手动变焦）后，调节手动变焦环使画面聚焦成像；

⑤如果想缩小拍摄对象的尺寸，将MACRO环调回后再手动聚焦成像。

需要特别注意的是，在近摄功能使用后，务必将MACRO环调回原始位置，否则会出现画面虚焦的现象。

（4）后焦的调节。

后焦的调节方法如图3-14所示。

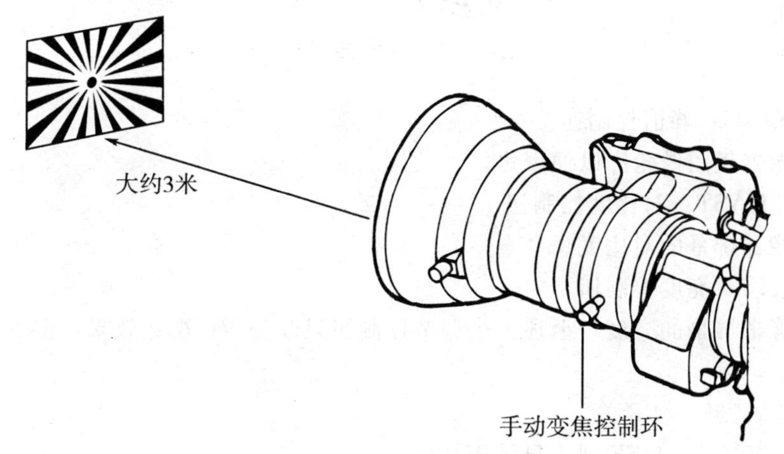

图3-14 后焦的调节方法

后焦有三种情况需要调节：一是当第一次安装镜头时；二是更换新镜头之后；三是进行变焦操作时，长焦镜头和广角镜头的焦点不能吻合（即出现推上调实拉开后又虚焦的现象）。

具体调节方法如下。

①设置镜头为手动变焦，打开标准星形测试卡，放置在距离镜头大于 3m 的地方，调节合适的光圈以获得正常的图像。拧松 Ff 环的固定螺丝。

②将镜头推到长焦位置（推到头）；转动聚焦环，使图像清晰。

③将镜头拉到广角位置（拉到底），转动 Ff 环使图像清晰。（小心不要移动调焦环）。

④重复第二步和第三步，直到在长焦和广角位置的图像都清晰。

⑤拧紧 Ff 环的固定螺丝。

二、寻像器部分的名称、功能

1. 寻像器相关部分的名称及功能

VF（Viewfound）是摄像师用来监看拍摄的图像，取景、构图等创作的重要器件。（成像一般为黑白图像。）

录像器相关部分如图 3-15 所示，各部件详细介绍如下。

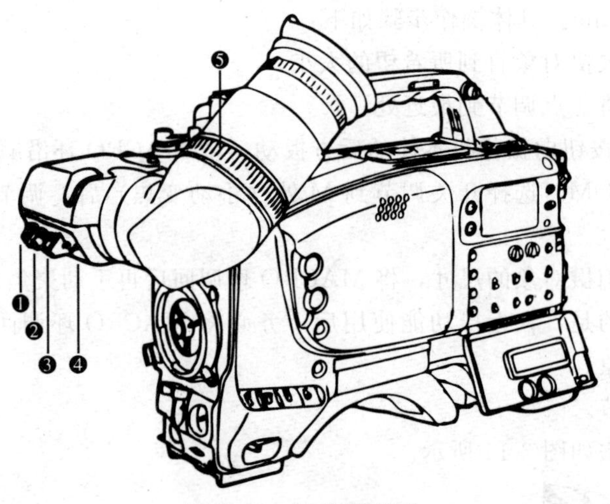

图 3-15　寻像器部分

❶PEAKING：峰值控制钮

调节寻像器里图像轮廓以便聚焦。

❷CONTRAST：对比度控制钮

调节寻像器屏幕的对比度。

❸BRIGHT：亮度控制钮

调节寻像器屏幕的亮度，上述三个调节控制钮只改变 VF 视觉效果，都不影响摄像机的输出信号。

❹ZEBRA：斑马纹开关

ON 显示斑马纹，OFF 则不显示斑马纹。

❺屈光度控制旋钮

可以调整，使得寻像器屏幕里的图像最清晰，以便适应操作者眼睛的屈光度。

2. 寻像器的屏内显示

摄像机的工作状态和设置会在寻像器屏幕内显示，其显示内容如图 3-16 所示，各部分详细介绍如下。

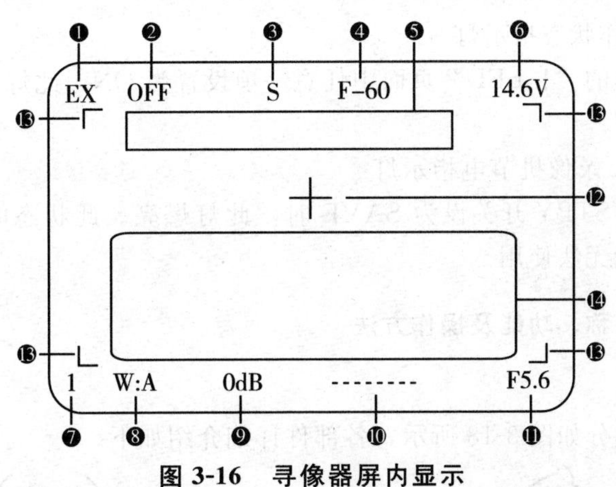

图 3-16　寻像器屏内显示

❶EX：扩展镜显示

❷OFF：快门速度、模式显示（OFF：快门速度的设置为标准状态）

❸S：逆光补偿（Super Iris：超级光圈），ON 显示

❹F-60：剩余磁带长度显示

❺TCG（时码发生器）显示：磁迹所对应的时间码显示区域

❻14. 6V：剩余电池电平显示

❼1：滤色片的位置显示

❽W：A：白平衡存储位置显示

❾0dB：增益设置显示

❿………：CH1 音频电平显示

⓫F5. 6：光圈值显示

⓬＋：中心标记

⓭：安全框标记

⓮告警显示：当设备出现故障或设置出现错误时，此区域内会有相应的文字提示

寻像器屏外显示如图 3-17 所示。

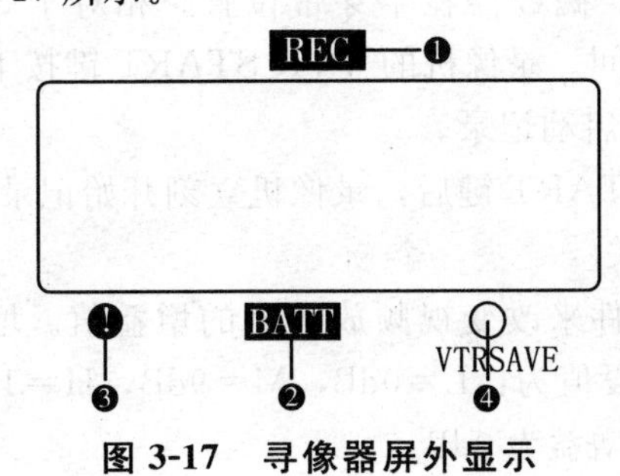

图 3-17　寻像器屏外显示

❶REC：记录指示灯

暂停时此灯不亮，记录时此灯燃亮（红色），告警时闪烁。

❷BATT：电池指示灯

电池电压降低到摄像机无法操作之前几分钟，此灯开始闪烁。电量越低闪烁的频率越高。

❸!：非正常操作状态指示灯

将“设置”菜单的“！LED”页面中任意一项设置为ON，此灯即会在摄像机进入非正常操作状态时点亮。

❹VTR SAVE：录像机节电指示灯

当VTR SAVE/STBY开关设为SAVE时，此灯燃亮。此状态时开始录制的几帧信号在后期编辑中可能无法使用。

三、机身部分名称、功能及操作方法

1. 机身前部分

摄像机机身前部分如图3-18所示，各部件详细介绍如下。

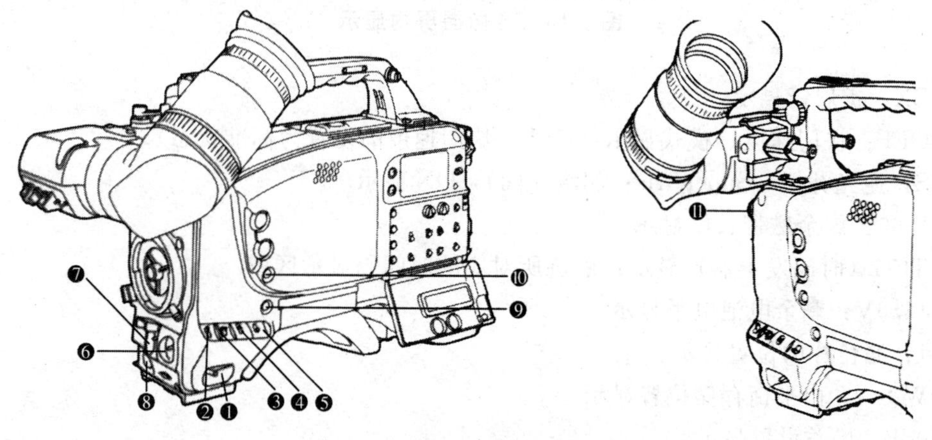

图3-18　机身前部分

❶POWER：电源开关（ON/OFF）

❷VTR SAVE/STBY：录像机节电/等待

此模式也有磁带保护功能。当录像机记录暂停时，可用来选择电源供给的状态。它有以下两种状态。

SAVE：磁带保护模式。磁鼓停在半穿带位置。相对于STBY位置，SAVE消耗更少，电池也能使用更长的时间。录像机的VTR START键按下以后，在SAVE位置将比在STBY花更长的时间才能启动记录。

STBY：当按下VTR START键后，录像机立刻开始记录。

❸GAIN：增益选择开关

应根据拍摄时的照明条件来改变视频放大器的增益值。增益值分为低、中、高（L、M、H）三挡。出厂菜单预设值为：L＝0dB，M＝9dB，H＝18dB。可根据菜单进行自定义设置。一般拍摄情况下，增益为0dB。

❹OUTPUT/AUTO KNEE：输出信号选择/自动拐点选择开关

此开关用于选择信号从摄像机输出到录像机后，寻像器和视频监视器的视频信号。当选择摄像机拍摄的图像时，可启用自动拐点功能。

OUTPUT/AUTO KNEE 开关的各项功能参见表 3-2。

表 3-2 OUTPUT/AUTO KNEE 开关的各项功能

BARS AUTO KHEE OFF	输出彩条，不启动自动拐点电路。下列情况可使用此功能： ◆调整视频监视器时，使多台监视器的亮度、对比度、色彩保持一致； ◆记录彩条信号时。
CAM AUTO KNEE OFF	输出摄像机拍摄的图像，不启动自动拐点电路。
CAM AUTO KNEE ON	输出摄像机拍摄的图像，启动自动拐点电路。

自动拐点功能的使用条件是：在光照特别亮的背景下拍摄时，电平仍然是依照人或景物来调整的，这样背景将会过白，背景里的建筑或场景会变得模糊。此时，启动自动拐点功能，背景会显得非常清楚。此功能尤其适合在晴天里拍摄阴影中的人或物，或是户外拍摄车内或室内的人，又或是通过窗户看到的室外场景。总之，自动拐点功能适合拍摄高对比度的场景。

❺WHITE BAL：白平衡存储选择开关

PRST：预置。来不及调整白平衡时，可调到此位置。此时 3200K 时的白平衡值保存在存储器中。

A or B：存储器 A 或存储器 B。当 AUTO W/B BAL 开关拨到 AWB 一边时，白平衡根据滤色片旋钮的设定位置自动进行调整。调整后的白平衡值保存在存储器 A 或存储器 B 中。

此开关和滤色片结合使用，适合于多场景的、紧急新闻事件拍摄情况。

DVCPRO 的 CC/ND 滤色片设置及相应的拍摄条件参见表 3-3。

表 3-3 DVCPRO 的 CC/ND 滤色片设置及相应的拍摄条件

滤色片旋钮	说 明	拍摄条件
1	3200K	日出、日落，在演播室内
2	5600K＋1/4ND	室外晴朗天空下
3	5600K	多云或有雨的室外
4	6000K＋1/16ND	雪地、高山、海滩等高亮的场景

❻AUTO W/B BAL：自动白平衡/黑平衡调整开关

AWB：开关拨到此位置时将自动调整白平衡，并自动保存在存储器 A 或存储器 B 中。

ABB：开关拨到此位置时将自动调整黑平衡，并自动保存在存储器 A 或存储器 B 中。

❼SHUTTER：快门速度选择开关

当此开关置于 OFF 位置时，显示………

使用电子快门时，拨到 ON。不断地扳到 SEL 一边，可以调用菜单预置好的电子快门值，如 1/51.5、1/120、1/250 等，直到达到自己需要的快门速度。需要预置值之外的电子快门值可以通过菜单再做选择。

❽VTR START：录像机开始录制

按下该键即开始记录；再按一次，则停止记录。此键与镜头一侧的 VTR 键功能相同。

❾MODE CHECK：模式检查

此键保持按下状态时，摄像机的设置状态将显示在寻像器里。但是它不影响摄像机的输出信号。

❿SUPER IDIS：逆光补偿

按下此键，变换设置在寻像器内显示 3 秒；再按一次取消逆光补偿。在设置菜单中，超级增益（30dB）或超级光圈（逆光补偿）模式是可以选择的。

⓫CC/ND FILTER：色温校正/中性密度滤色片调整旋钮

此旋钮用于选择与照射物体的光源相匹配的滤色片。该旋钮旁有四个挡位，根据不同的色温环境选择合适的滤色片。正确选择滤色片对于拍摄画面是非常重要的。

2. 菜单操作部分和 TCG 功能

摄像机的菜单操作部分如图 3-19 所示，各部件详细介绍如下。

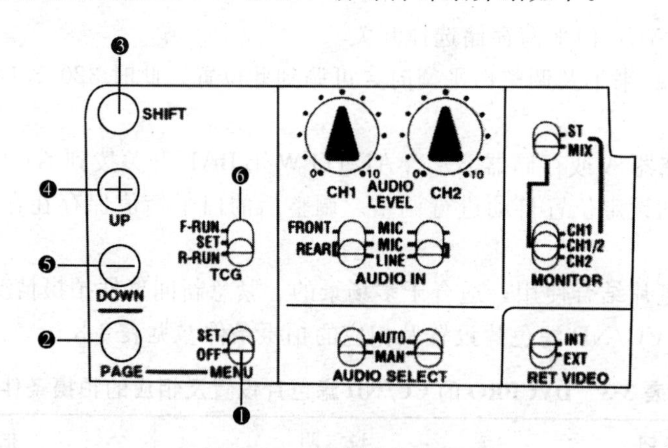

图 3-19　菜单操作部分

❶MENU SET/OFF：菜单设置开关

此开关用于在寻像器内部显示菜单内容。

SET：在寻像器上完整地显示菜单页面。

OFF：关闭菜单显示。

❷PAGE：页面键

此键用来选择设置菜单页。

❸SHIFT/ITEM：移动、项目键

按下该键，指针在当前显示的设置菜单页上移动，用来选择项目。

❹UP：向上键

此键用于在开和关之间切换，在菜单项目中向上选择。

❺DOWN：向下键

此键用于在开和关之间切换，在菜单项目中向下选择。

❻TCG：时间码发生

用来设置内部时间码发生器的产生模式。

F-RUN：不管录像机的状态如何，时间码均连续前进。本机时间码与外部信号源锁相时，用此功能。一般多机拍摄情况下使用。

SET：用来设置时间码或用户比特。

R-RUN：只有在记录状态时，时间码才会前进。时间码将同记录素材一起被连续记录在磁带上。

3. 音频功能部分

摄像机的音频功能主要用于在拍摄的同时拾取声音信号，并将声音信号通过传声器记录到磁带上。该部分对拾取的声音信号的音量电平、输入方式、监听方式、监听音量等进行调节。音频功能部分如图 3-20 所示，各部件详细介绍如下。

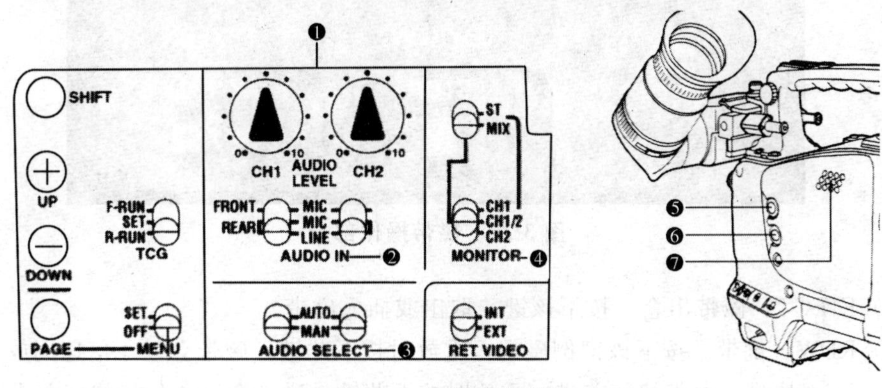

图 3-20　音频功能部分

❶AUDIO LEVEL CH1/CH2：音频通道 1/2 记录电平调节旋钮

当 AUDIO SELECT CH1/CH2 开关设在 MAN 上时，此旋钮有效。但是音频通道 1 的音量电平也可以通过前面板的 AUDIO LEVEL CH1 控制钮调节。

❷AUDIO IN：音频输入选择开关

此联用来选择记录在 CH1 和 CH2 的音频输入信号。

FRONT [MIC]：机上麦克。记录插在摄像机上 MIC 插孔的音频输入信号。

REAR [MIC]：外接麦克。记录插在 AUDIO IN CH1/CH2 接口的音频输入信号。

REAR [LINE]：外接线路。记录插在 AUDIO IN CH1/CH2 接口的线路音频输入信号。

❸AUDIO SELECT CH1/CH2：音频通道 1/2 自动或手动电平选择开关

AUTO：自动调节电平。

MAN：手动调节电平。

❹MONITOR ：监听选择开关

CH1：监听选择开关置于 CH1 位置时，监听音频通道 1 的声音。

CH1/2：监听选择开关置于 CH1/2 位置时，相应的开关置 MIX 位置时，监听音频通道 1 和 2 的混合声音；相应的开关置 ST 位置时，监听立体声。扬声器输出的是混合声。

CH2：监听选择开关置于 CH2 位置时，监听输出为音频通道 2 的声音。

❺ALARM 控制钮：告警声音量控制

此按钮用来调节从扬声器或耳机送来的告警声的音量。将它设置为最低位置时，听不到警告声。但是通过改变内部设置也可以无须调节旋钮就能听到警告声。

❻MONITOR：监听音量控制钮

此按钮用于监听记录声音。调节此钮，改变扬声器或耳机传送来的声音音量，调到最低位置时，是听不到声音的。

❼扬声器

用于监听声音或发出告警声。

4. 磁带操作部分

磁带操作部分如图 3-21 所示，详细介绍如下。

图 3-21　磁带操作部分

（1）EJECT：磁带出仓。按下该键，取出或插入磁带。

（2）REW：倒带。按下该键倒磁带。重放时按下此键，磁带会以 4 倍速倒放。

（3）FF：快进。磁带快速前进。重放时按下此键，磁带会以 4 倍速快速前进。

（4）PLAY/PAUSE：按此键，开始播放功能；在寻像器屏幕或彩色监视器上观察重放图像。再按此键，在寻像器屏幕或彩色监视器上观察静止图像。

（5）STOP：停止。

在 STOP 状态下，按下 REW 或 FF 键，磁带将以 4 倍速倒放或前进搜索画面，此时寻像器屏幕或彩色监视器上无画面显示。在 PLAY/PAUSE 状态下，按下 REW 或 FF 键，磁带将以 4 倍速倒放或前进搜索画面，此时寻像器屏幕或彩色监视器上有画面显示。

5. 后面板接口部分

后面板接口部分如图 3-22 所示，详细介绍如下。

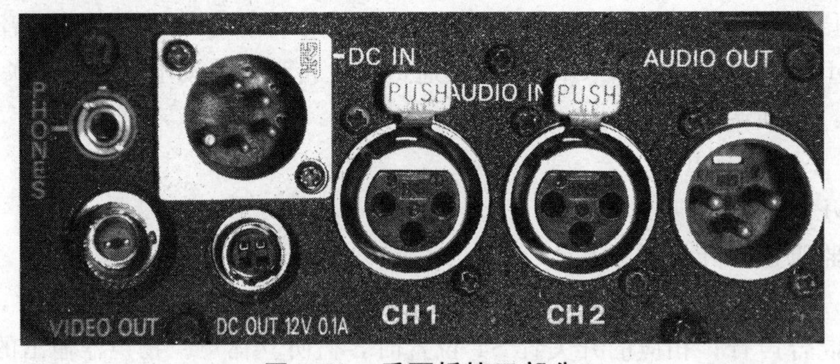

图 3-22　后面板接口部分

（1）DC IN：外部电源输入。当摄像机需要使用外部交流电源时，将电源适配器插入这个接口，接受外部供电。

（2）VIDEO OUT：视频输出。采用 BNC 接口，输出监视用的视频信号。记录时，EE（电间监看方式）图像能够被监视；重放时，重放图像能够被监视。设置菜单时的菜单页面可以附在拍摄图像上显示在监视器屏幕上，但只是黑白图像。

（3）AUDIO IN CH1/CH2：音频输入通道接口 1/2，采用卡农接口，3 芯。

（4）AUDIO OUT：音频输出接口，卡侬接口，3 芯。

（5）DC OUT：直流电压输出接口。采用 12V 直流输出接口，可以输出大约 100mA 的直流电流。

（6）PHONES：耳机插孔。能够监听记录入的声音和警告声。当插上耳机后，扬声器的声音将自动切断。

6. 显示窗部分

摄像机显示窗外部与内部如图 3-23 所示，各部件详细介绍如下。

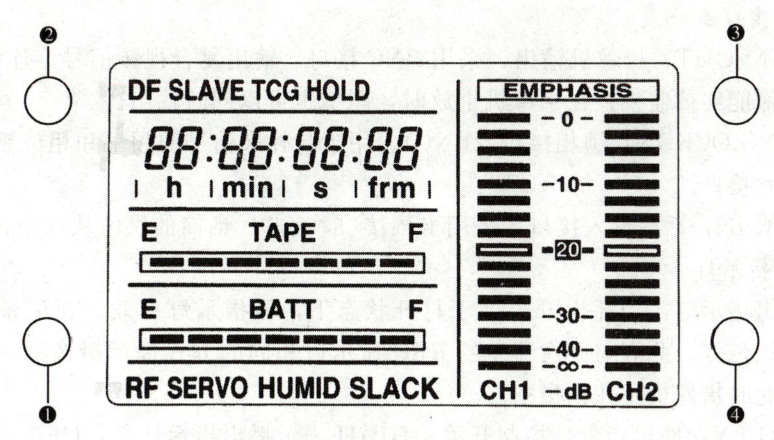

图 3-23　显示窗外部与内部

（1）显示窗外部。

❶HOLD 保持

按下此键时，时间立即显示在计数显示屏上，并保持。但是时间码发生器仍继续产生时间码。再次按下它后，保持状态消失。此键可用来确认记录某场景的时间等。

❷RESET：重置

此键用于重置。重新设置计数屏上时间数据或用户比特数据为起始值。

❸ LIGHT：显示窗光照开关

ON 表示照亮显示窗，OFF 表示不照亮显示窗。

❹DISPLAY：显示开关

根据此开关的设置位置和 TCG 开关的位置，计数屏上显示相应的信息。

①UB：显示用户比特；

②TC：显示时间码；

③CTL：显示 C TL。

（2）显示窗内部。

①RF：磁头阻塞时点亮。

②SERVO：伺服有故障时点亮。

③HUMID：磁鼓上结露时点亮。

④SLACK：出现绕带故障时点亮。

当以上项目出现故障时，WARNING灯点亮或闪烁，同时扬声器或耳机发出告警声，提示操作者有故障。

⑤TAPE：磁带长度显示。

⑥BATT：电池电量显示。

⑦DF（Drop Frame）：在丢帧时点亮。

⑧SLAVE：时间码锁定到外部信号源时点亮。

⑨TCG：时间码发生器。

⑩HOLD：时间码保持原值不动时（即按下HOLD键时）点亮。

⑪CH1-dB CH2：CH1、CH2通道音频电平显示，单位dB。

7. 其他接口部分

（1）CAM OUT：摄像机输出。采用BNC接口。输出复合视频信号。连接监视器时，摄像机的图像能够被监视；在录像机重放时，图像也可以同时输出。

（2）GENLOCK IN：锁相接口（BNC）。用于与外来信号的频率和相位锁定。接收遥控时需要用此接口。

（3）MIC IN：话筒输入接口。采用卡侬接口，3芯。话筒的供电从这个接口获得。

8. 机身指示灯

（1）播出指示灯：当播出开关处于打开状态下，该指示灯有效。在记录时，该灯闪亮，一般为红色灯。此灯与寻像器里的REC显示以相同的方式提示摄像师，也用于提示被拍摄对象此时摄像机正在拍摄中。

（2）TALLY：播出指示灯控制开关。HIGH表示播出指示灯亮，OFF表示播出指示灯关，LOW表示播出指示灯暗。

（3）机身后播出指示灯：设置为ON时，与播出指示灯的功能相同；也提示摄像机后方人员此时摄像机正在拍摄中，注意避让。

（4）机身后播出指示灯开关：控制机身后播出指示灯。ON表示机身后播出指示灯亮；OFF表示机身后播出指示灯关。

（5）WARNING：警告灯。当录像机部分发生故障时，此灯闪烁。

四、机身部分功能的设置与调节

熟悉了镜头和机身部分的各项功能之后，还远远不能胜任拍摄工作，因为这只是人们认识摄像机的第一个环节。必须熟练掌握摄像机各部分功能具体的使用方法和操作技巧，才能正确地使用摄像机拍摄出满意的画面。在正式拍摄之前，摄像师需要对摄像机的光圈、色温、白平衡等设置进行调节，以达到拍摄的要求。

1. 白平衡的具体调节方法与步骤

（1）先将以下设置选择好。

GAIN：0dB；

OUTPUT：CAM；

WHITE BAL：A 或 B；

MENU SET/OFF：OFF。

(2) 根据照明条件选择合适的滤色片旋钮的位置（寻像器内会有相应显示）。

(3) 在镜头前约 3 米的地方放一块白布（白色卡纸、白墙也可以，但是不能反光），给予适当的光照强度，镜头推进直到白布充满整个 VF 的屏幕。

(4) 调整镜头的光圈大小，使亮度电平合适。

(5) 将 AUTO W/B BAL 开关置于 AWB 一侧，此时白平衡自动调整。VF 屏幕中显示 AWB ACTIVE。

过几秒后，VF 屏幕中显示：AWB A/B OK 3.2K，表明调节完成。

调整完成后的信息显示（以 A 存储器为例）：

AWB A OK 3.2K

如果调节失败，即摄像机不能调整白平衡时，寻像器内会显示如表 3-4 所示信息。

表 3-4　调整白平衡失败的显示信息

错误信息	含　义	处　理
COLOUR TEMP. HIGH	色彩度过高	选择合适的滤色片
COLOUR TEMP. LOW	色彩度过低	选择合适的滤色片
LOW LIGHT	照明不够	提高照度或增益
LEVEL OVER	照明过强	降低照度或增益

如果出现以上情况，则应按照相应处理办法来操作。

白平衡调节成功后，白平衡值会自动存储入 A 或 B 两个存储器之一。拍摄中往往会遇到情况不同的光照条件，所以要根据不同情况再次调节。关机后再次启动，如果还需要上次存储的白平衡值，只需要选择已调节的白平衡值的存储器（A 或 B），即可调用上次已经存储的白平衡值。

要正确调节白平衡，需要了解一些相关原理和知识。首先来认识一下什么是色温。

色温是表示光源光谱成分的一种概念，而并非光的冷暖温度。对绝对黑体从－273℃加热，在不同的温度下，该黑体会发出不同颜色的辐射光，每一个颜色的辐射光对应一个色温度，即色温。例如，对绝对黑体加热到 1000℃时，它发出了暗红的辐射光，则这种暗红色的色温度计算标定为 1273K（1000℃＋273℃＝1273K）。白色光的色温为 5600K，即意味着这一光源的光谱成分与绝对黑体加热到 5327℃时所发出的辐射光的光谱成分相同。

搞清楚色温的概念后，再来认识一下白平衡。彩色摄像机的色彩重现很大程度上与光线有关。光线一旦发生变化，摄像机就无法像人眼那样对其做出正确的判断，从而导致被拍摄物体的颜色也发生变化，即出现偏色现象。为了避免这种情况的发生，需要对白平衡进行调整。调节白平衡是为了确保在照明条件发生变化的图像中的白色仍然保持不变，图像的色调依然保持自然。

由于视频信号是通过将光解析为三基色取得的，输出的三基色信号电压幅度不仅与拍摄物体的色度和亮度有关，而且与照射物体的光谱功率分布有关。简单来讲，白平衡调整就是正确还原白色的调整，根据不同的发光状况分别调整3个CCD输出的视频电平信号，使得红、绿、蓝三个基色信号电平始终保持1∶1∶1的比例，以重现白色。只要白色还原是正常的，那么其他颜色的色调也应该会是正常的。所以要求摄像师在开始正式拍摄画面之前，必须将白平衡调整准确。

在室外拍摄时，摄像机经常要对准亮度较高的物体进行拍摄，比如刺眼的沙滩、白茫茫的雪地等。在这种情况下，即使光圈开到最小，画面看起来依然很亮，不能进行拍摄。为了解决这个问题，摄像机上在CC滤色片的分光棱系统前又设置了一组可以选择的ND滤色片。ND的意思就是中性密度滤色片，也称为中灰滤色片。这种滤色片是一种密度适中的灰度片，且不带有颜色，不改变入射光的色温。它可以减少光的入射量，使摄像机更好地处理高光区域电平信号，还可以帮助摄像机获得较大的光圈，进而得到比较大的景深，使前、后景物都能清晰，利于拍摄。

色温与环境的关系参见表3-5。

表3-5　色温与环境的关系

时间与气候条件	色　温（K）
日出与日落	2000～3200
阴天	6800～7500
烟雾	8000
蓝天	10000～20000
中午	5400
一般白天	6500
低色温摄影专用灯	3200～3400
高色温摄影专用灯	5500
闪光灯	6000
家用钨丝灯	2800
烛光或篝火	1900
日光灯	3000～4800

摄像师往往利用色温的原理来为画面做一些特殊的效果。例如为了达到导演的艺术要求，刻意将拍摄的画面偏色，得到红色、蓝色或其他颜色的效果。对着白色卡纸进行“调白”，目的是让摄像机以白色为基准来确定红、绿、蓝三基色的信号合成比例。3200K色温光源偏红，照在白卡纸上自然也偏红。调节白平衡，就是适当增加绿和蓝的合成比例，修正偏红的颜色，使色彩正确还原。由此可见，这是增加了白色卡纸上偏色的补色来获得的正确色彩。

利用这个原理，对着想要实现的色调的补色卡纸进行白平衡调节，就可以得到所期望的画面效果。例如，如果希望得到偏红的暖色调的画面，根据上述原理，可以将调节白平衡的白色卡纸换成青色的卡纸；如果希望得到偏蓝色的画面，则可以使用偏黄的卡纸来调节白平衡。

只需要了解色彩之间的排列关系，就可以轻松得到想要的画面效果，如图 3-24 所示。

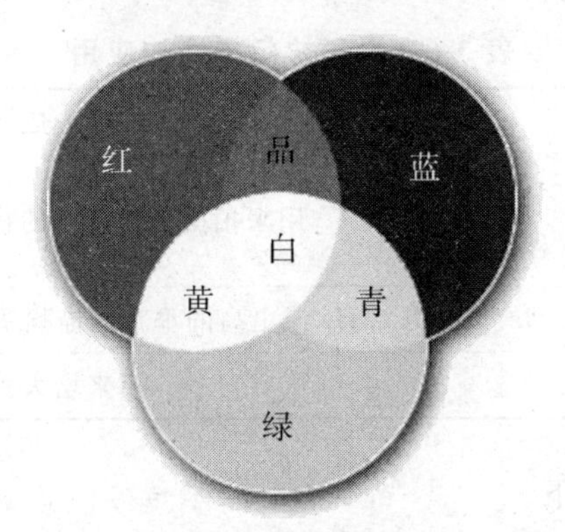

图 3-24　色彩排列关系

2. 黑平衡的调节条件和步骤

在初次使用摄像机或很久没有用的摄像机再次使用以及遇到突然的温度变化时，需要调节黑平衡。具体来讲，黑平衡的调节条件有如下几条：

①第一次使用摄像机时；

②长期不用，再次使用时；

③在环境温度改变很大的情况下；

④当增益选择值改变时；

⑤当 SUPER IRIS 键设置改变时；

⑥当伽玛 ON/OFF 改变时。

黑平衡的调整值存储在存储器里，关机后或照明条件改变都不必再进行重新调整。

黑平衡的具体调节步骤如下。

①开关设置位置：MENU SET/OFF：OFF
OUTPUT：CAM

②按住 AUTO W/B BAL 开关到 ABB 一侧，直到寻像器内显示 ABB OK 的字样后，松开手。调整过程中，光圈自动到 CLOSE 位置。

③调整后的数值会自动存储到存储器中。

如果调节失败，则需要检查镜头光圈是否设为 CLOSE；调整黑平衡时，光圈自动进入遮光的状态，增益值自动调整。如果寻像器内出现闪烁现象和噪声现象，不代表故障。

3. 电子快门的操作方法

在拍摄高速运动的物体时，例如：拍摄、赛车、乒乓球、高尔夫球等场面时，图像容易模糊。这是因为物体高速运动时，在一场扫描的时间内，物体的光像在感光面上会有明显的位移，从而使图像中运动物体的边缘变得模糊不清，即动态清晰度变差。而电子快门的使用就可以提高图像的清晰度。

在标准状态（STANDARD）下，电子快门的速度有：1/60，1/120，1/250，1/500，1/1000 和 1/2000（秒）。

同步扫描（SYNCHRO SCAN）可以准确地控制CCD的快门速度，使之与计算机显示器的扫描速度一致，减少或消除拍摄显示器时产生的水平条纹。

电子快门的模式、快门速度以及应用参见表3-6。

表3-6 电子快门模式与应用

模 式	快门速度	应 用
标准	1/60，1/120，1/250，1/500，1/1000，1/2000（秒）	用来拍摄高速运动的物体，得到清晰的图像
同步扫描	436级（29.9～252Hz）	用25Hz或更高的垂直扫描频率来减少监视器屏幕上水平条纹
超级V		用来增大垂直分辨率

电子快门的设置方法如下。

①在标准模式下，通过SHUTTER开关设置快门速度。

②在同步扫描模式下，快门的速度已在设置菜单的同步扫描模式页被预先设置；也可以用UP或DOWN键来设置。同步扫描功能详见菜单部分功能介绍。

五、菜单显示及部分功能

将菜单（MENU）开关设置在SET上，菜单栏即显示在寻像器屏幕上。菜单以页显示，本书主要为大家介绍比较重要的菜单设置和功能。菜单设置和功能参见表3-7。

表3-7 菜单设置和功能

页 号	页 名	功能概述	备 注
1	MARKER	标志设置	安全框的设置
2	VF DISPLAY	寻像器显示选择	设置显示项目
3	CAMERA ID	摄像机ID显示	设置摄像机ID号
4	SYNCHRO SCAN	同步扫描快门	设置电子快门
5	MAIN FUNCTION	使用主要功能	其他功能的开关

菜单基本操作步骤如下：打开MENU SET，菜单栏显示在寻像器上，通过PAGE键切换菜单页面直至需要的界面；按SHIFT/ITEM键控制项目前的指针上下移动，选择项目；按UP或DOWN键切换项目中的具体参数。

1. 安全框

安全框范围指示出寻像器屏幕80%或90%的范围。通过切换不同的安全框显示范围，摄像师会根据设定的安全框来判断取景范围的合适程度，避免在电视机上出现“溢出扫描”。

2. 寻像器

寻像器显示项目选择通过切换开关UP或DOWN，选择是显示还是关闭显示项目。关闭MENU（选择OFF即可）后，设置好的内容会被自动保存并在寻像器内显示。建议不要随意关闭寻像器显示项目。因为在使用过程中，寻像器内的提示显示信息都非常重要，是摄像师拍摄画面时的技术参考。如果少了一些关键参数的显示，会影响到拍摄工作的进度。

3. 摄像机 ID

摄像机 ID 是一种为摄像机进行编号的功能，可以用英文字母、符号和空格表示，最多 10 个字符。当 BARS 彩条信号正在被记录时，摄像机的 ID 信号也会输出。

4. 同步扫描快门

要想正确使用同步扫描快门功能，需要首先了解一下电子快门的基本原理。摄像机在拍摄快速运动的物体（如百米赛跑、跳水）时会产生模糊现象，这是由于在一场扫描的时间内，物体光像在感光面上会有明显的位移；而这种位移会使 CCD 中的感光单元上电荷积累的位置发生相应变化，导致运动物体的边缘变得模糊不清，清晰度变差。

使用电子快门功能就可以解决这个问题。电子快门缩短了电子积累的周期时间，以便在每一个输出周期内捕捉物体的移动。实现这个功能需要借助 HAD（高精度空穴积累二极管）传感器的帮忙。它使快速运动的物体在 CCD 中产生的多余电荷不必在垂直消隐期内排泄到垂直移位寄存器，而是纵向到 N 衬底。这样任何快门速度都能与控制输出脉冲相一致，从而使快速运动的物体也变得清晰可见。简单地讲，电子快门就是通过降低曝光量，使画面细部得到清晰呈现，这是电子快门应用的第一个功能。

电子快门的第二个功能就是同步扫描快门功能。在实际拍摄工作中，摄像师有时会对着计算机拍摄画面，比如卫星云图、网页等。但一般情况下，用摄像机镜头对准计算机显示器拍摄会出现水平频带。这是由于摄像机的扫描频率和显示器的扫描频率不一致导致的。当摄像机扫描频率高于计算机显示器的扫描频率时，计算机显示器内交叉出现黑色条纹。其实质是 CCD 的积累周期不够捕捉显示器一场扫描的时间。当摄像机的扫描频率低于显示器的扫描频率时，会出现白色条纹。这是由于 CCD 的积累周期长于显示器的一场扫描时间，因此在 CCD 上像素的同一个排列中下一个显示场的许多行有再次感应的缘故。同步扫描快门功能可以准确控制 CCD 的快门速度，以便正确地对应计算机显示器的扫描频率。这样就能使水平频带基本消失，画面干净、清晰。

同步扫描快门的具体操作方法是：将镜头对准要拍摄的计算机显示器，将菜单（MENU）设为 SET，重复按 PAGE 键，直到选择同步扫描（SYNCHRO SCAN）项后，使用 UP 或 DOWN 键选择合适的同步扫描频率（一般的摄像机在 1/29.9 到 1/252 之间可以连续改变扫描频率值）；切换直到计算机显示器上不再显示水平条纹为止，关闭菜单，自动保存设置。

—SYNCHRO SCAN—
1/51.5

5. 增益调整

增益功能是 MAIN FUNCTION 中比较重要的一个。当拍摄环境的照明不够，光圈已经开到最大还是满足不了照明需要，画面还是看不清时，就要打开增益。摄像机的出厂设置为 0dB、9dB、18dB 三挡。如果还不能满足拍摄要求，可在菜单中找到 MASTER GAIN 页，对应 L、M、H 位置来调节具体参数。从－6dB、－3dB、0dB、3dB、6dB、12dB、15dB、18dB、21dB、24dB 到 30dB，增益值可以根据用户需要来调节。关闭菜单后，设置即保存入增益挡。

6. 拐点校正

摄像机的白切割电路是用来限制输出信号，以防止超过其可用的视频电平值，白切割点通常都设定在视频电平的110%～120%。但是此设定有一个缺陷：白切割电路“一刀切”地将高亮度区域的视频电平信号限制在确定的值下，使得本应该清晰显示的高亮区反而发暗，不能重现。使用拐点校正就是为了弥补这一缺陷，它将超过规定视频电平的信号进行压缩，这个压缩点就是拐点。拐点校正在对超过标准的视频电平压缩之后，增加了一个渐变的区域，这等于是做了一个缓冲带。原来不被显示的高亮区细节通过拐点校正就被正常还原出来，摄像机的动态范围也被相应扩大了。

拐点校正是菜单栏里LEVEL页面下的Knee Point项目，初始值是0。不同的摄像机拐点校正的可调参数范围不一样，比较常见的为−20～80。

7. 伽玛校正（Gamma）

在电视或图形监视器中，显像管中的电子束和它产生的图像亮度信号并不是随着显像管的输入电压呈线性变化的。实际上，电子流与输入电压是按照指数曲线变化的，输入电压的指数要大于电子束指数。这说明暗区的信号要比人们实际看到的更暗，而亮区的信号则要比实际情况更亮。所以，要想真实、逼真地呈现摄像机拍摄的画面，电视和监视器必须进行伽玛补偿，也称伽玛校正。伽玛校正也可以由摄像机来完成，使摄像机根据入射光的亮度和显像管的亮度对称来产生输出信号，所以应对图像信号引入一个相反的非线性失真，即与电视系统的伽玛曲线相对应的摄像机伽玛曲线，数值应为$1/\gamma$。电视系统的伽玛值约为2.2，所以摄像机的非线性补偿伽玛值为0.45。现在大多数摄像机都采用0.45的数值。伽玛校正对色彩还原有非常重要的作用，而伽玛校正曲线又是一种非常复杂的非线性曲线，所以伽玛校正要求非常精确。现在的高端数字摄像机都采用全数字电路来处理这项工作，一般不建议在菜单中轻易修改数值。

第四节　拍摄技巧与方法

电视摄像是一个具体实践的过程，掌握了摄像机的各项操作按钮和功能还不能胜任拍摄的工作。拍摄好每一个镜头，不仅是对摄像师的基本要求，还要为后期的编辑制作提供素材和便捷，在前期拍摄和后期制作之间建立直接的联系。所以，拍摄出令导演和自己满意的画面是十分必要且重要的。

要想达到一个比较高的拍摄水平，除了苦练摄像机的基本操作，熟悉各项功能之外，还需要掌握以下四个基本拍摄要领，以求达到满意的画面效果。概括起来也就是业界常说的：稳、平、准、匀。

1. 稳

稳，是指拍摄的电视画面稳定、平滑，坚决避免不必要的晃动。不稳定的画面不仅破坏镜头的整体含义表达，影响节目的整体艺术效果，更会破坏观众的观赏情绪，眼睛容易疲劳，甚至头晕目眩。这样的画面即使拥有再高的清晰度也是徒劳，所以，对于摄像师来说，保持画面稳定是一项基本功，是评价摄像师水平的标准之一。

为了得到稳定的画面，最好使用三脚架来稳定摄像机进行拍摄。使用三脚架拍摄摇镜头时，注意身体不能贴在三脚架或者摄像机上，更不能将身体压在摄像机上。如果现场条件或实际情况（如突发事件）不允许使用三脚架，可以用广角镜头或者肩扛、手持拍摄。肩扛或手持拍摄对摄像师的基本功要求较高，需要刻意的训练才能拍摄出满意的镜头。肩扛拍摄应当两脚叉开站立，胳膊肘适当夹住身体两侧，呼吸平稳，重心下降。手持拍摄则对摄像师的要求更高，不仅要脚步平稳，手臂也要有足够的力量。

拍摄大范围的移动镜头时，应铺设轨道实现镜头的平稳拍摄。在一些影视作品中，也有用汽车来代替轨道进行移动拍摄的。当然，这种方法对地面的要求就比较高了。路面最好平坦，无坑洼，汽车的轮胎也可以放掉一些气，减小压力。

对于那些场面调度极大的移动镜头，目前比较常用的做法是使用斯坦尼康来辅助摄像师拍摄。斯坦尼康是一种专业的摄像（影）机稳定器材，它将摄像机牢牢地固定在摄像师身上，极大地方便了摄像师的创作，尤其是拍摄那些表演动作剧烈的运动镜头。例如电影《太阳照常升起》中，儿子几次追赶“疯妈”的镜头，就是摄影师使用斯坦尼康来稳定摄影机进行拍摄的。

稳，还有一层含义就是要“起落平稳”。即拍摄运动画面要留好、留满起幅和落幅。不能一开机就直接拍摄运动镜头，更不能在没有拍摄完运动镜头时就戛然停止。这种带有缺陷的镜头在后期剪辑中往往会造成非常大的麻烦——无法使固定镜头和运动镜头完美地衔接在一起。

2. 平

平，是指所摄画面中的地平线一定要与安全框内的水平边框保持平行。同理垂直线也必须要与安全框保持垂直。如果拍摄的画面发生倾斜，就会给观众造成某种主观错觉，是摄像师工作的大忌。当然，如果艺术处理上为了表现某种主观意识，需要镜头刻意倾斜的情况也是很多见的。

要使画面符合“平”的要求，需要注意以下三个方面。

（1）确保画面保持水平的关键是架设好三脚架。要使三脚架的三个支架保持一个长度和倾斜的角度，调整云台的水平位置，使水平仪中的气泡一直保持在中心位置上。

（2）如果没有三脚架，必须要肩扛拍摄时，摄像师应注意仍然要以寻像器中的安全框来找水平。某些摄像师在肩扛拍摄时，往往下意识地用自己的肩膀来找水平。但实际上人的肩膀并不是平面的（大约有15度的倾斜），所以这种方法不可取。

3. 准

运动拍摄的镜头可以把整个运动过程分为三个过程：起幅、运动和落幅。起幅是指镜头开始的画面构图，落幅是指镜头结束的画面构图，运动则是技巧运用的过程。这里所说的“准”，首先是指画面的起幅、落幅、表达内容、曝光、焦点等准确无误；其次，在广义上它是对构图、用光、色彩还原、镜头运动、内容表达等要求准确无误。

实践当中，最常见的画面不准的现象是“犹疑不定”。也就是说在运动摄像时，推、拉、摇、移的落幅位置不准确。摄像师在拍摄运动镜头时，运动还没有完全到位就落幅停止，但是又想赶紧补救，于是又接着向前运动。或者是摄像师拍摄摇镜头发现落幅摇“过了头”，又往回收了一点。这两种现象都会给观众一个“暂停”的心理感受，剪辑成片后效果非常不好，感觉像是喘了半口气，“犹豫不决”。所以为了避免这种情况发生，摄像师在正式开拍之前应该进行试拍，找准落幅的位置。

还有一种常见的现象是“主体游移”。主要是指被摄对象在画面中的位置忽左忽右、忽上忽下，甚至出画的现象。造成这种现象的原因主要有以下两种：

(1) 对处于运动状态下的被摄主体取景范围过小，导致主体的局部出画。例如演员由坐而站时，头部出画；伸手拿东西结果手被挤出画外。这种情况在拍摄过程中其实很多见，需要摄像师注意的就是对运动着的主体进行取景，采用宜大不宜小的原则。

(2) 摄像机跟拍运动主体时，由于两者的运动速度不一致，也会导致被摄主体位置不准，甚至出画。要想避免这种情况发生，除了上一点所说的取景宜大不宜小之外，还要多次与演员配合走位，使摄像机的运动速度与主体的运动速度基本保持一致。拍摄时还应考虑好构图的问题，把握主体的运动速度。

从以上的描述中我们也应该能看出，在摄像的过程中，导演对“准”的要求很高，还涉及与演员配合的问题。所以要求摄像师在平时多下工夫做专门的练习，拍摄时更要多次试拍、走位，以确保万无一失。

4. 匀

匀，是指在拍摄推、拉、摇、移等运动摄像的速度要连续均匀，不能忽快忽慢。推、拉镜头依靠电动变焦杆来控制，手指按压的压力要均匀，如果条件允许，可以用大拇指抵住电动变焦杆的一边，来协助食指或中指的按压，以保证压力的均匀。摇镜头则要依靠转动三脚架的云台来保证运动的均匀。摄像师手握云台把手，小心转动身体以保证摇镜头平稳、均匀。需要注意的是，摄像师应以落幅画面确定身体的扭转方向和双脚的结束点位置，然后转回到起幅画面所需要的方向和位置，再开始进行拍摄。这样做是为了防止在大幅度的运动拍摄时，身体若处于不舒服的状态，容易使镜头出现停顿或不匀速的现象。场面调度更大的移镜头则主要依靠轨道、斯坦尼康这些稳定器材来帮助摄像师完成镜头的拍摄。所以对这些移动工具的操作和控制就显得尤为重要。

摄像师在拍摄运动镜头时，除了切忌忽快忽慢之外，还不能过快过慢。运动得太快，让观众目不暇接，看不清具体内容；运动得太慢又显得拖沓冗长，内容沉闷乏味。这也是对匀的要求之一。

要做好以上这四点，拍摄出有价值的画面，需要初学者以严谨的心态努力针对自身的弱点进行专门的练习。锤炼好基本功才能胜任繁忙的拍摄工作。在实际工作中也应该牢记这四个字，一丝不苟地进行拍摄。

第五节　前期拍摄注意事项和设备维护

一、前期拍摄注意事项

(1) 录像机暂停时间不宜过长。暂停的时间是指录像机在录制暂停和放像暂停时所占用的时间。暂停时，录像机的磁鼓处于调整旋转状态，但是磁带却紧绕在磁鼓上静止不动。这样，暂停时间越长，磁头与磁带间的相互磨损也越严重。当然，新的存储媒介的诞生已经不存在这些问题。而目前大部分的使用磁带的摄录一体机也有自动保护装置，对超过一定时间的暂停做磁带与磁头分离的操作，所以影响也不是很大。尽管如此，为了延长设备使用寿命，还是应尽可能地缩短暂停时间。

(2) 尽量避免拍摄画面中出现高光亮点。这种画面由于光照度反差大，会刺眼，效果也很不好，还会造成垂直亮带的出现。

(3) 采用摄像管摄像机拍摄时，阳光不能直射镜头，以免烧伤摄像管。

(4) 拍摄每个镜头应提前录制 5～10 秒。因为录像机从停止状态到磁带以正常速度播放之间有一个伺服过程，在这个过程中录制的画面是不稳定的。应在场记举起场记板时就开始记录，这样导演喊开始，演员表演时，录像机已经进入正常运行状态，不会出现上述问题。

(5) 拍摄每一个镜头、一场戏结束时，应该多录几秒钟，不能马上停机。这样方便给后期剪辑留有剪辑的余地，拍摄的画面长度总要比实际用的时间长。

(6) 应该适当拍摄一些转场镜头和空镜头。利用遮挡技巧、自然环境进行转场的实例很多，都是摄像师需要拍摄的。

(7) 摄像机使用前务必调节白平衡。遇到拍摄场景、光照条件起变化时，就要调节白平衡。在室外拍摄时，时间过 2～3 个小时就要调节白平衡。

(8) 准备好电池、三脚架、防雨布等相关附属设备。尤其是长时间户外拍摄，没有足够的电源供应是非常麻烦的。若三脚架出现故障，应及时送修或更换，不可掉以轻心。

(9) 后焦距、黑平衡以及伽玛校正等参数是初次使用时就已经调节好的，在没有特殊情况时，使用者一般不要随意调节后焦距、黑平衡以及菜单中的关键参数设置。

(10) 镜头不要对准激光源。

二、摄像机的维护与保养

(1) 注意环境气温。一般的摄像机能够在气温－10～＋40℃、相对湿度 10％～85％环境下正常工作。若是超出了这个范围，就需要使用保温套来包裹摄像机，使其能在更恶劣的环境下工作。

(2) 摄像机应注意防雨、防潮、防尘。摄像机在雨天或湿度较大的环境下工作时，水和水蒸气会侵蚀机身内部的精密机械部件，导致机器损坏或失去某种功能。在雨天时，应给摄像机裹上防雨罩。机身面板要用软干布或稍沾中性清洗剂的软布擦拭。不可使用酒精或其他挥发性有机溶剂擦拭，否则机身外壳塑料会因此老化。尘土或沙尘进入镜头或录像机部件，会导致摄像机故障，如遇沙尘等天气拍摄应该使用防尘罩。

(3) 不要将摄像机放置或存放在强磁场中，也不要在这种环境（如发射天线附近）中使用。因为强磁场会产生干扰摄像机的信号，从而导致画面图像失真。

(4) 注意防震。携带或搬运摄像机时，应该将设备放入专用的便携箱内，以减轻搬运过程中产生的震动，防止由此引起的机械故障。不用摄像机时，不要将摄像机倒置或侧放，应该在任何环境都保持摄像机处于平稳、水平的位置上。三脚架应拧紧各旋钮，防止摄像机摔落。

(5) 特别注意结露的问题。摄像机从低温环境忽然转向高温环境进行拍摄时，热空气中的水蒸气就会在低温的摄像机上凝聚形成小露珠。这和戴近视眼镜的人从有空调的屋子里走到炎热的室外眼镜片上结雾的现象是一个道理。不仅是机身外壳，内部录像机等机械部件也会结露。这种状况开始录制节目，磁带会因有水汽黏附在磁鼓表面，导致磁带拉伤甚至造成机械故障。摄像机本身对结露现象是有自动保护功能的，一遇结露，则自动关机。这时，摄像师应该耐心等待机器内部温度升高，水蒸气蒸发完全，自动保护解除后才能使用。或者在进入高温环境之前，最好用密封的塑料将机身都包住，防止机内结露。

(6) 镜头要经常进行清洁和保养。镜头是一个精密而又缺乏保护的设备，始终暴露在机身外面，非常容易被灰尘、雨水弄脏弄湿。脏了的镜头拍摄的画面也会不干净，甚至模糊。自动对焦或自动光圈有时转动不灵活甚至不动的情况都是由于这些操作环的内部机械部件混入了灰尘导致的。所以保养和清洁镜头十分重要。对于镜头上的灰尘，可以使用吹风机将其吹走，或者使用干净柔软的小头刷子轻轻地拂去灰尘。要记住：绝对不能用手或纸使劲擦拭镜头表面！否则会在镜头上留下无法恢复的划痕。如果镜头被油污或指纹印弄脏，需使用专用的镜头清洁纸蘸上少许镜头清洁液，由中心向四周以螺旋状轻轻擦拭镜头。

(7) 摄像机在使用一段时间之后，要对其进行专门的各项指标检查和设备维护。这样有利于保证摄像机的正常使用寿命和各项功能的稳定。

本章思考题

1. 数字摄像机如何分类？
2. CCD成像器件有几种组合方式？
3. 怎样调节白平衡？
4. 请介绍电子快门功能的使用及原理。
5. 怎样调节后焦？
6. 怎样实现微距摄像功能？
7. 怎样调节菜单的基本设置？
8. 请介绍自动拐点功能的使用和操作。
9. 请结合实例说明摄像机的操作技巧和拍摄要领。
10. 怎样对摄像机进行日常维护和保养？

第四章

磁带录像机及线性编辑

本章提要

本章主要包括磁带录像机和电子编辑两大部分内容。首先对磁带录像机的原理、数字磁带录像机的主要性能、操作和记录方式进行了详细阐述，然后分析了电子编辑系统的特征、分类、电子编辑方式和控制方法以及电子编辑的操作和工作流程，最后以松下 AJ-A250 Editing Controller 为例具体介绍了一对一编辑机的使用操作流程。

摄像机将光和声音转换成电视信号，把电视信号记录存储下来，然后再进行后期制作成电视节目。完成电视信号记录存储功能的设备叫做录像机，它是一种能够记录电视图像及伴音，能存储电视节目视频信号，并且可把它们重新送到电视发射机或直接送到电视机中的存储记录设备。早期的录像机是一种装有活动录像带盒的盒式录像机，它把电视信号转换成磁信号，并记录存储在磁带上，因此被称为磁带录像机。磁带是最早的记录存储介质，具有信息容量大、信息“吞吐”量高、安全可靠等优点，目前仍广泛地应用在电视制作领域。

随着科学技术的发展，录像机的记录存储介质逐渐走向多样化，除磁带之外，出现了光盘、U盘、硬盘、P2卡等记录存储介质，大大增强了录像机的存储量、操作性和实用性。其中，光盘存储具有记录密度高、存储容量大、轻便易携带、保存寿命长、工作稳定可靠等优点，特别适合于大数量信息的存储和交换。目前光盘存储设备已经发展到第三代光盘——蓝光盘，它采用全新的蓝色激光波段进行工作，存储容量可翻番将近6倍，从而满足了对高清电视信号的记录和存储。利用硬盘作为存储介质记录和重放电视节目的装置被称为硬盘录像机（Digital Video Recorder，DVR），它采用数字记录技术，具有对图像/语音进行长时间录像、录音、远程监视和控制的功能，代表了电视监控系统的发展方向。

P2卡（Professional Plug-In Card）是2003年日本松下公司在自己的固态（闪存）存储卡SD卡（Secure Digital Memory Card）技术的基础上推出的一种数码存储卡，最初是在IT新闻采集（ING）方面进行了有益的尝试。P2卡作为一种专业用插卡，是为专业音视频而设计的固态存储卡，它属于半导体存储介质，小型轻便，且完全摒弃了机械结构，采用电荷擦写的方式进行记录，所以它抗冲击、抗震动，并且对于外界环境的温度、湿度都不敏感。另外，P2卡可重写10万次，使用寿命很长。

从基本结构上说，P2卡将4块SD存储卡集成在一块符合PCMACIA规格的存储卡中，所以其传输速度和容量均为单片SD存储卡的4倍。64GB的P2卡如图4-1所示。随着SD存储卡容量的增加，P2卡的容量将达到128GB，一块卡可以存储2小时左右的高清节目。P2卡符合PC卡标准（2型），用户无须任何的外接设备，就可以将现场拍摄的素材P2卡直接插入到笔记本的卡槽中（如图4-2所示）。卡上的音视频数据即刻就可以装载，每一段剪辑都是MXF和元数据文件。这些数据不需要数字化处理，可以立即用于非线性编辑，或在网络上进行传输，真正实现了理想中的IT化高效率工作流程。

图4-1　64GB的P2卡

图4-2　P2卡直接插入笔记本的卡槽

第一节 磁带录像机

20 世纪 50 年代，基于磁性录音原理的磁带录像技术出现并迅速发展起来，它集机、电、磁等技术于一身，利用磁带与磁头间的相对运动，以剩磁的形式在磁带上记录、存储和重放图像及声音信号。完成这种磁性录放功能的设备称为磁带录像机，简称录像机(Video Tape Recorder /Video Cassette Recorder，VTR/VCR)。磁带录像机是以磁带为介质存储图像信息的设备，它所完成的基本物理变换是电/磁转换，把时间轴上连续变化的电视信号、音频信号转换为磁带上磁迹的几何分布，或相反的过程。它可以同时记录图像和声音信号，并可以多次抹掉信号重新记录，还能够对信号进行简单的电子编辑，是目前使用最方便的记录、存储和重放图像及声音信号的设备之一，也是当前电视台节目制作和播出的常用设备。

一、磁性记录原理

磁性记录必须包括两个基本的部分：一个是磁记录介质，用于承载信息；另一个是向介质传递信息实现电磁转换的器件。对于磁带录像机来说，磁带是记录和存储视频信号的介质，它是由塑料带基上涂抹的微小颗粒状小磁体即磁粉组成，磁性材料为硬磁；磁头是完成电磁转换的器件，主要完成视频信息的写入和读出功能，是一个绕有线圈的环形铁芯(软磁材料)，铁芯上有一狭窄的缝隙，称为工作缝隙。

磁带录像机的磁头系统包括：磁头鼓组件、声音/控制磁头组件、全消磁头组件，如图 4-3 所示。

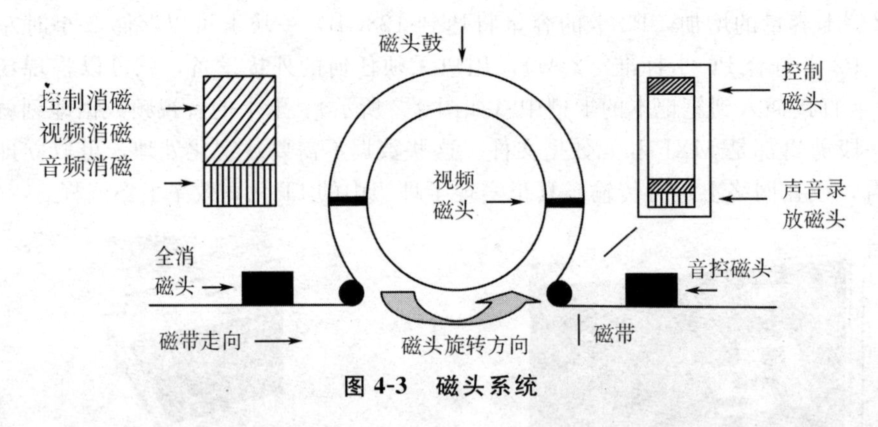

图 4-3 磁头系统

磁头鼓组件通常是一个分成两部分（上磁鼓和下磁鼓）的圆柱体，是实现视频记录的关键部件，其性能优劣直接影响磁带录像机的质量；声音/控制磁头组件用来记录和重放声音信号和控制信号；而全消磁头组件的功能是在记录方式期间，使磁带到达视频磁头之前消去所有信号。磁头系统中最重要的是磁头鼓组件，视频信号的记录和重放必须通过它才能实现。

1. 记录原理

要实现信息记录必须建立非常精密的磁头磁带关系（简称头带关系），在磁带录像机中，通过机械结构来保证形成一定的头带关系，如图4-4所示。

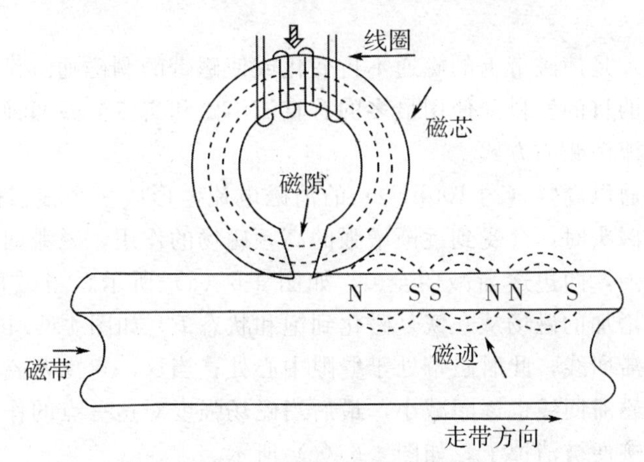

图4-4　记录原理示意图

磁记录是通过磁头对磁记录的材料表面进行局部磁化来实现的。当被记录信号电流流过线圈时，铁芯中就会产生与电流大小成正比、方向一定的磁通。由于工作缝隙处的磁阻力比磁芯内大，所以磁力会从磁芯溢出，在工作缝隙附近就会出现漏磁场。当磁带的磁性层与磁头缝隙接触时，由于磁带的磁阻较低，溢出的磁力线便经过磁带与磁芯构成闭合电路，从而使磁记录材料微小区域上的磁介质向某一方向被磁化。如果磁带以一定的速度相对于磁头运动，被磁化的磁带在离开磁头缝隙后，就会形成一条磁迹。在这个过程中，被记录信号电流就随时间的变化转换为磁带上磁迹的磁化强度变化。

2. 重放原理

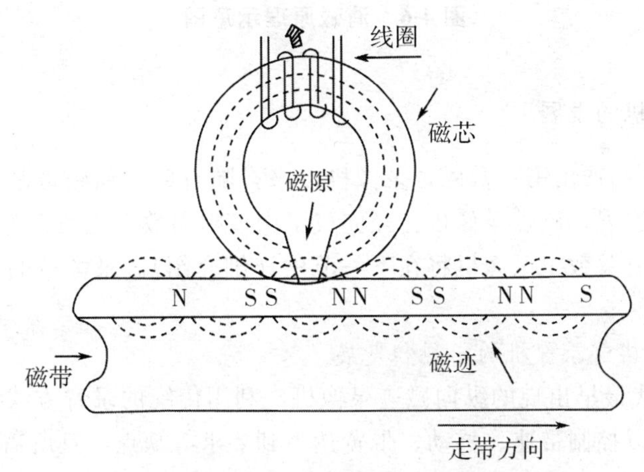

图4-5　重放原理示意图

通常情况下，记录和重放经常使用同一个视频磁头，磁带的重放过程是记录过程的逆过程。当磁头的工作缝隙与有磁迹的磁带相接触时，磁带与磁芯之间构成闭合回路，于是磁带上的剩磁场便通过磁芯形成磁通，磁道穿过磁芯上的线圈，磁头将桥接磁带的磁迹，磁迹的表面磁场将在磁头线圈中产生相应的感应电动势。由于磁带在重放时与录制时具有相同的走带速度，因而记录在磁带上的视频信号变化也同样在重放时体现在感应电动势上，由此就可以恢复出原信号。

3. 消磁原理

消磁的基本原理是使磁带上的磁通不再变化或使磁带的剩磁通逐渐减小直至为 0，从而达到消除旧信号的目的。目前使用最多的有直流消磁和交流消磁两种方式，而磁带录像机消磁通常采用交流消磁的方式。

在消磁线圈内通以高频（约 100kHz）的消磁电流，形成一个很强的交变磁场，当磁带上一点逐渐靠近磁头时，会受到逐渐增强的高频磁场的作用，磁滞回线逐渐增大，在磁头缝隙的中心处最强，两边逐渐减弱至 0，如图 4-6（a）所示。当磁带进入消磁头的磁场，就被强度逐渐增加的磁场从 0 恢复磁化到饱和状态 P，如图 4-6（b）所示，形成一个一圈一圈增大的磁滞回线，此时磁带处于缝隙中心处；当这一点离开磁头缝隙时，交变磁场强度逐渐减弱，磁滞回线也逐圈减小，最后当磁场强度对这一点的作用减小到 0 时，磁带上原有的信号磁迹便被消掉了，如图 4-6（c）所示。

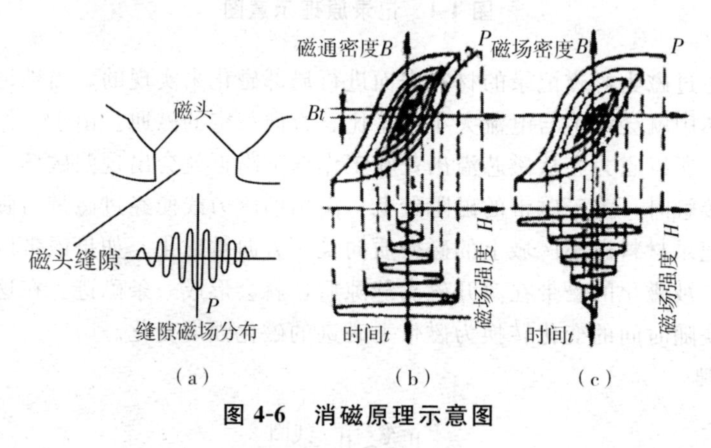

图 4-6　消磁原理示意图

二、磁带录像机的发展

自 1956 年美国制造出第一台磁带录像机以来，随着磁头和磁带制作技术的不断提高和电子技术的飞速发展，磁带录像机已经完成了由模拟向数字化的完美过渡，出现了许多数字录像机格式（有关数字录像机将在下一节中详细介绍）。录像机的发展大致经历了以下 4 个阶段。

1. 四磁头横向磁迹录像机的出现和发展

20 世纪 50 年代最早出现的纵向磁迹录像机，利用传统的录音方式改进固定磁头并增加带速，但具有难以控制带速、抖动、带宽达不到要求等缺点，且所需磁带量很大，实用性不强。1956 年，美国安派克斯（Ampex）公司研制成功了第一台达到实用水平的磁带录像机——横向磁迹录像机。该录像机采用四磁头横向记录信号的方式，磁带带宽 2 英寸，视频信号直接调频记录；其体积庞大，价格昂贵，每台 5 万英镑以上。

2. 单磁头螺旋扫描录像机与四磁头录像机竞争

1957 年，采用 1 英寸带宽磁带的螺旋扫描录像机问世，主要分为两种格式：由德国

Robert bosh公司推出的B格式（两磁头）和由SONY和Ampex公司共同研制的C格式（1.5磁头）。螺旋扫描技术能够防止不必要的介质磨损和避免介质长期处于张力状态，所以具有高可靠性、高速度、高容量的特点。

3. 双磁头螺旋扫描录像机快速发展

1970年，由日本JVC、SONY和松下公司研制发表了双磁头螺旋扫描、采用3/4英寸录像带的盒式U型录像机，简称U型机，其图像质量较好，使用盒式磁带，操作简便，成本较低。后来，采用1/2英寸录像带的双磁头彩色盒式录像机在U型机的基础上研制成功。1975年，日本SONY公司研制出家用Betamax格式录像机，使用小1/2英寸录像带；1976年，日本JVC公司研制出家用VHS（Video Home System）格式录像机，使用大1/2英寸录像带，采用高密度倾斜方位角记录方式，降低走带速度，减小磁带宽度，延长记录时间。其中，VHS录像机由于节目磁带丰富、可靠性高、性能价格比合理而逐渐占领市场主导地位。

4. 摄录一体机的出现

摄录一体机，简称摄录机或摄像机，是摄像机和录像机的组合体。它的基本功能是将图像和声音信号记录到磁带上，具有使用磁带小巧、记录容量大、即拍即录即放、可反复摄录的特点，使用方便，一经问世便迅速普及开来。另外，随着数码技术的不断发展和日趋成熟，多种全数字式的摄录一体机问世，记录的数字信号解决了模拟记录方式中图像和声音信号质量下降的问题。数码摄录机凭借其高清晰图像、高品质声音、稳定的画面、先进的数码接口、小巧大容量磁带等优点而广受社会各个领域的青睐。

第二节 数字磁带录像机

数字磁带录像机，简称数字录像机，是指记录在磁带上的视频、音频都为数字信号的录像机。世界上第一台数字录像机诞生于20世纪80年代，由于当时信号压缩技术尚不成熟，因此采用了全数字无压缩记录的方式。此类机型设备体积大、价格昂贵，难以推广普及。到了20世纪90年代中后期，视频压缩数字录像机问世，它采用了数字压缩编码技术，在保证画面质量的前提下大大减少了记录数据量，降低了信号处理、记录的难度和成本，同时实现了后期编辑处理的数字化。视频压缩数字录像机具有小型轻便、磁带记录时间长、技术指标高、多代复制性能好、具备模拟和数字I/O接口等特点，能与非线性编辑系统一起完成多种形式的编辑。

与模拟录像机相比，数字录像机具有以下特点。

（1）电路可靠，维护简便。与模拟录像机相比，数字录像机采用超大规模的数字集成电路，使整体电路的集成度提高，增强了可靠性。加之数字电路比模拟电路的可靠性高、调整少，所以数字录像机的维护工作更加简便。

（2）录放的视/音频质量高。视频方面，广播级模拟录像机Y信号的带宽为5.5MHz，R-Y、B-Y的带宽为1.5 MHz，S/N在48dB左右；而广播级数字录像机Y信号的带宽已达到5.75 MHz以上，R-Y、B-Y的带宽为2.75MHz，S/N都在56dB以上。

很明显，数字录像机录放的图像质量要大大高于模拟录像机。音频方面，数字录像机能够提供多路可后期配音的数字声音，声音质量达到或超过 CD-DA 水平。

（3）增加新功能。与模拟录像机一样，数字录像机具有录放、搜索、编辑以及由动态跟踪（DT）磁头实现无杂波特技重放等功能。除此之外，数字录像机为了提高记录密度，减小了倾斜磁迹的宽度，还在磁鼓上增加了专用重放磁头（无 DT 功能），以提高跟踪性能并实现预读和无杂波特技重放功能。另外，为了实现无杂波特技重放和快速数据读取功能，数字录像机采用了多磁头跟踪重放技术，即一个记录磁头记录的磁迹由多个重放磁头来重放，这就要求多个磁头在磁鼓上的安装高度稍有差异，确保一个或几个磁头偏离磁迹时，其他的磁头刚好对准磁迹，这样，即使这些磁头的扫描线倾角和磁迹角有差别，但由于它们的扫描位置不同，总能从多个磁头重放信号中取出信杂比较高的部分拼出一条完整磁迹的信号。

（4）良好的多代复制性能。由于磁带杂波、电路失真和网纹干扰等原因，模拟录像机的磁带节目每复制一代质量就会有所下降，质量最高的广播级模拟录像机的节目质量一般复制到六七代就已经明显下降了，而专业级和家用级的模拟录像机的复制代数就更少了。而数字录像机具有良好的多代复制性能，因为它处理与记录的信号只有两个电平，只要不影响重放时高低电平的判决，一般的磁带杂波与电路失真对数字录像机不会产生影响。另外，数字录像机具有强大的误码纠正功能，由数据流直接复制是不会影响图像和声音质量的，通常，经过几十代的复制，数字录像机的视/音频仍能保持很高的质量。

数字录像机主要分为两大类型：复合数字录像机和分量数字录像机。复合数字录像机在工作过程中，把全彩色电视信号中的亮度信号和色度信号作为一个整体记录在同一条磁带上；而分量数字录像机则把全彩色电视信号中的亮度信号和色度信号分离开来，然后记录在各自的磁带上。

一、数字录像机工作原理

数字录像机的工作原理如图 4-7 所示。

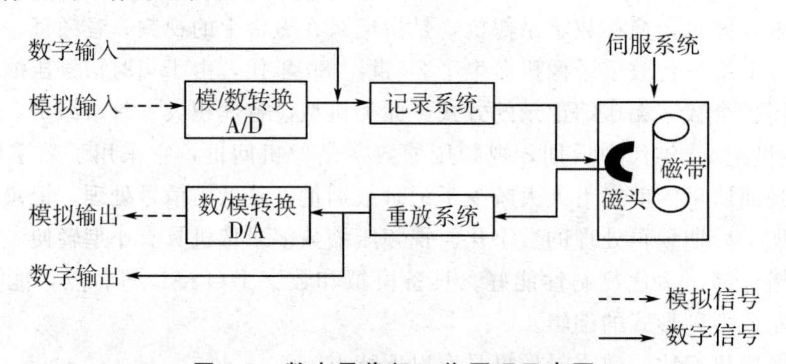

图 4-7　数字录像机工作原理示意图

如图 4-7 所示，数字录像机在记录时，可以接收模拟和数字两种输入信号。当输入的是模拟信号时，通过模/数（A/D）转换器将其转换为数字信号，经过录像机的记录系统形成适合记录的信号形式，再送往安装在磁鼓上的磁头，将信号记录在视频磁迹上；当输入的是数字信号时，则直接进入记录系统，然后进行信号记录。重放时，磁头沿磁迹拾取信号，将数字信号送往重放系统，通过数/模（D/A）转换器将数字信号转化为模拟信号输出。

二、数字录像机的操作使用与维护

1. 数字录像机的操作使用

不同格式的数字录像机具有不同的操作方法，下面以日本松下公司 DVCPRO 桌上型编辑录像机 AJ-D250E 的数字录像机为例，介绍数字录像机的操作使用方法，其面板如图 4-8 所示，具体部件详细介细如下。

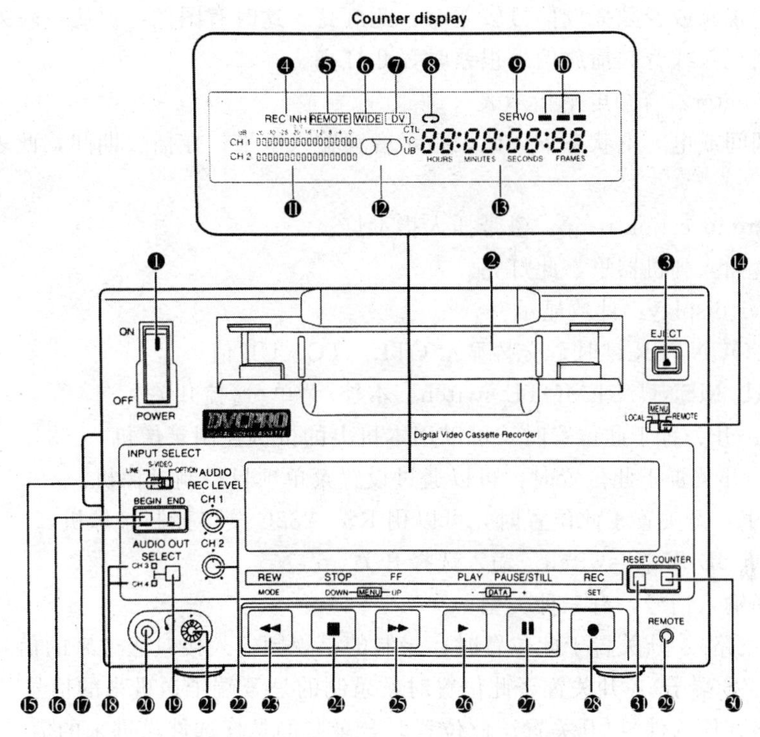

图 4-8　AJ-D250E 数字录像机的面板

❶POWER：电源开关

❷Cassette insertion slot：磁带插入槽

磁带从带仓中插入。

❸EJECT button：带仓开启键

❹REC/REC INH lamp：指示灯

REC：在录制期间，此指示灯亮。

REC INH：禁录指示灯。当磁带处于保护状态或在菜单中“ON”项选择 TEC INHIBIT 时，此灯亮。此时不能录制。

❺REMOTE lamp：遥控指示灯

当 LOCAL/MENU/REMOTE 开关处于遥控位置时，此灯亮。

❻WIDE lamp 16∶9：指示灯

当屏幕宽高比为 16∶9 时，此灯亮。

❼Consumer-use cassette insertion lamp：DV 带插入指示灯

当插入 DV 带时，此灯亮。

❽REPEAT lamp：循环播放指示灯

❾SERVO lamp：伺服指示灯

当磁鼓、主导轴的伺服系统被基准信号锁定时，此灯亮。

❿Channel status lamps：通道状态灯

绿、蓝、红灯分别指示视/音频信号的质量。

绿灯：当视频和音频播放信号都在正常电平时，此灯亮。

蓝灯：当视频或音频播放信号较差时，此灯亮。这时有图像，但质量较差。

红灯：当视频或音频播放信号很差时，此灯亮。

⓫Level meter：音频电平指示表

在录制期间或电—电状态下，此表指示音频输入电平；在播放期间，此表指示音频输出电平。

⓬Cassette insertion lamp：磁带插入指示灯

当磁带盒插入到机器里，此灯亮。

⓭Counter display：计数显示

当按下 COUNTER 键时，交替显示 CTL、TC、UB 值。

⓮LOCAL/MENU/REMOTE switch：本控/菜单/遥控开关

LOCAL：开关置于此位置时，可以用本机上的按键控制录像机。

MENU：开关置于此位置时，可以通过设置菜单项目控制录像机。

REMOTE：开关置于此位置时，可以用 RS—232C 接口控制录像机。

⓯INPUT SELECT switch：输入选择开关

用于选择输入信号，有三种类型。

LINE（线路）：开关置于此位置时，录制的是视频输入接口送进来的信号。

S-Video（S 端子）：开关置于此位置时，录制的是 S 端子送进来的信号。

OPTION（任选件）：开关置于此位置时，录制的是任选件送进来的信号。

⓰BEGIN button：开始键

此键用于设置循环播放的开始点。

⓱END button：结束键

此键用于设置循环播放的结束点。

⓲CH3/CH4 lamps：音频通道 3/4 指示灯

在 DV 格式播放状态下，音频信号选择了通道 3/4 时，此灯亮。

⓳AUDIO OUT SELECT button：音频输出选择键

此键用来选择输出的音频信号。

⓴Headphones jack：耳机插孔

此插孔可插入耳机，用来监听录制或播放的声音。

㉑Volume control：音量控制

用于调整耳机声音的大小。

㉒Audio recording level controls：音频录制电平控制钮

此按钮用于调整音频通道 CH1 和 CH2 的电平。

㉓REW button：倒带键

按下此键，磁带开始倒带；当“TAPE”设置为S/F/R EE SEL时，可以在监视器上看到图像，即反向搜索。

㉔STOP button：停止键

按下此键，磁带停止运行；当“TAPE”设置为S/F/R EE SEL时，监视器上出现静帧图像。

㉕FF button：快进键

按下此键，磁带开始快进；当“TAPE”设置为S/F/R EE SEL时，可以在监视器上看到图像，即正向搜索。

㉖PLAY button：播放键

按下此键，开始播放画面。

同时按下此键和录制键，开始录制画面。

㉗PAUSE/STILL button：暂停/静帧键

在录制期间按下此键，录制停止；再按一次，录制继续。

㉘REC button：录制键

㉙REMOTE connector：遥控接口

㉚COUNTER button：计数显示键

按下此键，交替显示以下3种码：

CTL：显示控制码；

TC：显示时间码；

UB：显示用户比特码。

Remaining tape：显示磁带剩余时间。

㉛RESET button：复位键

在显示CTL码的状态下，按下此键，计数显示复位到00：00：00：00。

AJ-D250E数字录像机的后面板如图4-9所示。

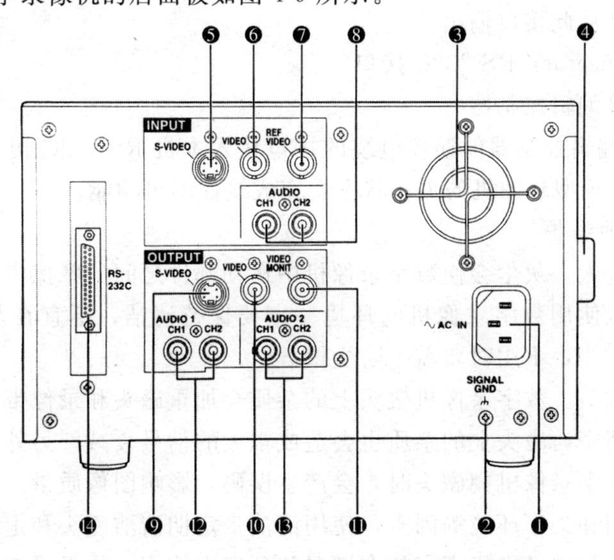

图4-9 AJ-D250E数字录像机的后面板

❶AC IN socket：交流输入插口

将录像机的电源线插头插入该输入插口。

❷SIGNAL GND terminal：机壳接地端

机壳接地不仅保证人身安全，同时也降低外界信号对本机信号的干扰。

❸Fan motor：风扇

风扇用于给机器降温。

❹Grip：把手

❺S-VIDEO IN connector：S 端子输入接口

S-VIDEO 信号从此接口输入。

❻VIDEO IN connector：视频输入接口

模拟视频信号从此接口输入。

❼REF WIDEO IN connector：基准信号输入接口

此接口外接基准信号，能够实现放/录像状态下设备与基准信号的同步。

❽AUDIO IN connector：音频输入接口

模拟音频信号从此接口输入。

❾S-VIDEO OUT connector：S 端子输出接口

S-VIDEO 信号从此接口输出。

❿VIDEO OUT connector：视频输出接口

模拟视频信号从此接口输出。

⓫MONITOR OUT connector：监视输出接口

视频监视器信号从此接口输出。

⓬AUDIO1 OUT connectors：音频 1 输出接口

模拟音频信号 1 从此接口输出。

⓭AUDIO2 OUT connectors：音频 2 输出接口

模拟音频信号 2 从此接口输出。

⓮RS-232C connector：RS-232C 接口

此接口用来连接编辑控制器。

将 AJ-A250 型编辑控制器的遥控电缆的接口接入本机 RS-232C 接口，能够实现用该控制器控制 AJ-D250E 型录像机的工作状态，完成线性编辑功能。

2. 数字录像机的维护

（1）防止灰尘进入。灰尘会使数字录像机中运动部件之间的摩擦力增大，从而加速磁头磁带的磨损，所以使用数字录像机的环境一定要保持清洁，不宜在灰尘大的房间里使用，同时做好防尘工作，不用时要盖上防尘罩。

（2）定期清洁磁头。数字录像机磁头上的杂质会加重磁头和录像带的磨损；由于录像机的磁鼓系统比较精密，磁头上的杂质也会造成很大的信号衰减。另外，也要注意防止糊磁头的情况出现。数字录像机糊磁头时，会产生误码，影响图像质量。所以，要根据图像质量、磁鼓工作时间和工作环境等因素，使用清洁带定期清洁磁头和走带系统。

（3）防止潮湿。数字录像机不宜放在潮湿的环境中使用，如果受潮的话会使录像机性能变坏。当长期不使用数字录像机时，应该定期对它进行通电驱潮。在冬天，数字录像机由室外搬入室内时，低温的磁鼓表面将会结露，这时不可立即使用录像机，一般应经过1～2小时后再开机，不然很易损坏磁头和磁带。

(4) 保持适宜的温度和湿度。如果数字录像机的工作环境温度过高，则磁带易伸长加速老化，并会损坏录像机内部的元器件，所以应保持其工作环境的良好通风。通常，环境温度应保持在5～40℃，必要时应对数字录像机进行通风冷却处理。另外，湿度也要适宜，过高的湿度会使磁介质的磁力发生变化，造成数据的读写错误；过低的湿度则容易积累大量的因机器转动而产生的静电，从而烧坏CMOS电路，吸附灰尘而损坏磁头、划伤磁盘片。

(5) 防磁。数字录像机的记录与重放都是利用磁性记录的原理来完成的，任何外界干扰磁场都会影响甚至破坏它的正常工作状态。所以，变压器、音箱、微波炉等磁性电器都应远离数字录像机。

(6) 防振。数字录像机受到强烈震动时会使其精密结构相对位置发生变化，严重时将不能正常工作，所以要将数字录像机放置在不易受震动的地方。

第三节 数字录像机记录格式

数字录像机的记录格式可分为非压缩格式和压缩格式两大类。

一、数字录像机非压缩记录格式

非压缩记录格式是把数字录像机中全部的图像信息未经压缩地记录到载体（磁带、硬盘和光盘）上，以原有信号码率直接记录输入信号，保持了信号的原有水平，为无损记录。非压缩记录格式又分为D1、D2、D3、D5四种规格，其中D1、D5为数字分量格式，D2、D3为数字复合格式。

1. D1格式

D1格式即480i格式（525i）：720×480（水平480线，隔行扫描），和NTSC模拟电视清晰度相同，行频为15.25kHz。

D1格式是非压缩格式中诞生最早也是最具影响力的数字录像机记录格式，可以直接记录符合ITU-R601建议的分量编码数字视频信号和复合AES/EBU格式的数字音频信号。D1格式数字分量录像机由日本SONY公司于1986年5月推出，磁带采用当时最成熟的氧化铁磁带（3/4英寸）。按ITU-R601标准，D1格式的图像取样图像频率是13.5MHz，以4∶2∶2取样、8bit量化进行分量编码记录视频，数字视频信号的数码率为216Mbps，对于525行/60场制式来说，每帧有效行数为485，每行记录720个亮度样值和2×360个色度样值，每样值为8bit量化，净数码率为168Mbps。对于625行/50场制式来说，每帧有效行数为575，净数码率为166Mbps。考虑到逆程中的图文电视及数据信息，源数码率为170Mbps左右，再加上纠错编码、同步码，还要增加约15%的数码率，达到200Mbps左右。

对于音频，D1格式具有4个独立的音频通道，每场信号记录在10条或12条磁通上。

AES/EBU格式的音频通道包括两个以48kHz取样、24bit量化的数字声音信号及其他数据信号，总数码率为3.072Mbps。声音信号对误码的要求比图像高，常采用双重记录方式；纠错编码的冗余度也大，数码率可达原数码率的3倍，两个这样的通道约需18Mbps的数码率。加上视频数据磁迹、声音数据磁迹及声音数据磁迹与声音数据磁迹间所需的编辑间隙，总数码率可达227Mbps。

2. D2格式

D2格式即480p格式（525p）：720×480（水平480线，逐行扫描），较D1隔行扫描要清晰不少，和逐行扫描DVD规格相同，行频为31.5kHz。

D2格式数字录像机由美国安派克斯（Ampex）公司于1988年4月推出，之后SONY与其合作改进。D2格式在PAL制式下图像取样频率为17.72MHz（即采用4倍彩色副载波频率取样4.43×4=17.72），8bit量化。图像数码率为142Mbps。采用单复合信号记录方式、双通道分段记录方法，在PAL制式下每场记录8条磁通。总的数码记录率为154Mbps。复合信号数字录像机的数码率仅为分量数字录像机的一半，磁带消耗量也较小。

D2格式复合信号数字录像机可以用来取代模拟C格式录像机，它具有C格式录像机所有的功能，包括慢动作、快动作、静像、倒放、寻像等；同时它又有复制多代不会出现质量明显下降的优点。为了减少机械结构的复杂性并降低价格，D2格式采用2个记录通道方式，而没有采用D1格式的4记录通道方式，但仍使用与D1格式一样的19mm盒式带。由于D2格式的记录波长比D1格式更短，磁带采用13μm厚的金属粒子带，所以其带速比D1低很多，而记录时间比D1格式要增加一倍以上。

3. D3格式

D3格式即1080i格式（1125i）：1920×1080（水平1080线，隔行扫描），这是高清放送采用最多的一种分辨率，分辨率为1920×1080i/60Hz，行频为33.75kHz。

D3格式数字录像机由松下公司和日本NHK于1990年推出。D3格式的图像记录数码率为14.3Mbps，8bit量化，双通道记录等都与D2格式相同。D3格式使用三种规格1/2英寸磁带：小型、中型和大型。磁带厚度有14μm和11μm两种。记录时间各有两种，小型为50min和64min，中型为95min和125min，大型为185min和245min。D3格式数字录像机采用无保护带高密度记录方式，减小整机体积与耗电，制成摄录一体机，便于新闻采访。D3格式把前期拍摄到后期制作与播出都统一起来，首次实现了全数字系统，弥补了D1、D2格式前期不足的缺陷。

4. D5格式

D5格式又称1080p格式（1125p）：1920×1080（水平1080线，逐行扫描），分辨率为1920×1080p/60Hz，行频为67.5kHz。

D5格式分量数字录像机是在D3格式数字录像机的机械结构的基础上开发而成的，由日本松下公司于1993年推出，采用1/2英寸高性能涂敷型金属盒式磁带，是目前质量最高、性能最优的非压缩式数字录像机。D5格式分量数字录像机的记录码率高达300Mbps，能重放D3格式带，而且是数字重放。由于其磁通条数比D3增加一倍，故走带速度也增加一倍，而使用与D3相同，所以录放时间就减少了一半。为了保持相同的磁迹间距，D5格式记录通道数从2个增到4个，数字信号处理、记录和重放放大器、旋转变压器和磁头都加倍。D5格式有4∶3与16∶9两种模式，分别可以记录13.5MHz取样、10bit量化的图像数据

（4∶3模式）或18MHz取样、8bit量化的数据（16∶9模式），音频采用48kHz取样频率，20bit量化，视频数据无压缩。D5格式采用4通道记录，每场记录的磁通为12条或者16条。总的记录数码率为300.6Mbps，图像记录数码率为250Mbps。

二、数字录像机压缩记录格式

数字录像机用非压缩格式记录信号，损失最小，能够保证较高的图像质量，但由于其图像信号数据量很大，对机器硬件的要求极高，因此价格非常昂贵，虽然产品已问世多年，但并没有在国内电视台及相关部分得到普及使用。后来，数字视频码率压缩在广播电视各个领域的应用日益广泛，数字录像机也以保证图像质量没有明显降低为前提，尝试采用频带压缩技术来降低码率，从而降低信号处理、记录的难度及成本。数字录像机将图像信号进行数据压缩后再将其记录在磁带上，大大减少了图像的数码率和总的记录数码率，加之有效的记录编码方法和高旋转力的金属磁带，在缩小体积、减少磁带用量和降低成本的同时，极大地提高了节目制作质量和功能，其综合性能价格比明显优于模拟设备，为电视台设备由模拟向数字过渡提供了技术上和经济上的可能性。利用压缩格式记录信号的数字摄像机虽然诞生时间较晚，但一经面世便引发了广播电视人士的广泛重视，应用范围不断扩大。因此，压缩记录格式已成为当前数字录像机领域的主流格式。

数字录像机的压缩记录格式主要包括DV、DVCPRO、DVCAM、D-Betacam、Betacam-SX、Digital-S等几种格式，它们都采用了数字分量记录方式，所以也称为数字分量录像机。

1. DV格式

DV（Digital Video Cassette）格式是具有较好录放质量、统一标准的家用数字录像机格式，由日本SONY、松下、JVC以及飞利浦等几十家公司组成的国际集团于1993年开发并推出。它具有带盒小、磁鼓小、机芯小、记录密度大、电路集成度高等特点，便于生产体积小、机动灵活的一体化摄录机。

家用DV格式采用1/4英寸（6.35mm）蒸镀型金属微粒磁带，带盒尺寸包括以下两种：标准带盒（125mm×78mm×14.6mm），能记录270分钟；小型带盒（66mm×48mm×12.2mm），能记录60分钟。磁迹宽度10μm，磁鼓直径21.7mm。在DV格式中，视频信号采用4∶2∶0的取样格式、8bit量化，记录码率为25Mbps，亮度信号的取样频率高达13.5MHz，而色信号的取样频率也可达3.375MHz，清晰度理论上可达500线，视频信噪比可达54dB。DV格式的视频数据采用DCT帧内压缩方式，压缩比为4.98∶1。对于音频DV格式有两种记录方式，一种为两声道16bit量化，48kHz取样的PCM方式；另一种为4声道12比特量化和32kHz取样的声音系统，作为背景音乐或解说词用。DV格式用标准清晰度SD格式记录，能提供500线水平清晰度。彩色信号带宽采用1.4MHz带宽工作，从而大大提高了彩色分辨率。家用数字摄录一体机于1995年9月投放市场，如日本SONY公司的DCR-VX1000、DCR-VX700，松下的NV-DJ1、NV-DR1、AG-EZ1等。

在使用DV摄录机时，光信号会经过4次转换。第一次是将光信号由CCD器件变为RGB三基色电信号，数据量为248Mbps；第二次是由RGB到YUV信号的转换，分别按4∶2∶2取样，数据减少了1/3，数据率为166Mbps；第三次进一步降低数据率，从

YUV 的 4∶2∶2 到 YUV 的 4∶1∶1 或 4∶2∶0 转换，将色差信息降低一半，此时数据率为 124Mbps，至此原始数据也减少了 1/2；第四次再由压缩芯片将数据率再次压缩 80% 而达到 25Mbps。如果再加上其他的同步信息时间码和音频数据，写到 DV 盒带的数据率为 41Mbps。与压缩前的 124Mbps 相比，25Mbps 压缩比约为 5∶1。

2. DVCPRO 格式

DVC（Digital Video Cassette）是日本松下公司等世界上五十多家公司联合制定的家用 DV 数字分量录像机，DVCPRO 格式是由日本松下公司于 1996 年推出的一种专业级数字广播摄录格式，它是在与 DV 兼容的基础上开发出来的，其最大的特点是小盒带和重放时间长。

DVCPRO 格式采用 1/4 英寸（6.35mm）涂敷型金属微粒磁带，磁迹宽度为 18μm，磁鼓直径为 21.7mm。其尺寸小巧、音画品质出色、长久耐用，还具有兼容重放家用 DV 格式录像带的能力。DVCPRO 格式包括 DVCPRO 25 与 DVCPRO 50 两种模式。在 DVCPRO 25 模式中，视频采用 4∶1∶1 取样、8bit 量化；音频采用 48kHz 取样频率、16bit 量化；视频数据采用 DCT 帧内压缩方式，压缩比为 5∶1；记录码率为 25Mbps。在 DVCPRO 50 模式中，视频采用 4∶2∶2 取样、8bit 量化；音频采用 48kHz 取样频率、16bit 量化；视频数据采用 DCT 帧内压缩方式，压缩比为 3.3∶1，旋转磁头数和走带速度都比 DVCPRO 25 增加了一倍，记录码率为 50Mbps。绝对数码率的减少使 DVCPRO 可使压缩系统工作在帧内，因此可进行帧精度的控制和编辑。

3. DVCAM 格式

DVCAM 格式也是在家用 DV 格式的基础上开发出来的一种专业级数字录像格式，由日本 SONY 公司于 1996 年推出。由于都是从家用 DV 格式发展到专业领域来的，DVCAM 格式的目标和 DVCPRO 格式一样：高画质、小型、轻量和低价格。另外，二者的一些主要技术指标也基本相同，如亮度带宽为 25～5.5×10^{6} Hz，信噪比大于 55dB。声音为 48kHz 取样、16bit 量化，频率特性 20～2×10^{4} Hz，动态范围 85dB 以上。但 DVCAM 格式在某些技术参数和图像的取样方式等方面与 DVCPRO 格式存在着不同。

DVCAM 格式采用 1/4 英寸双蒸镀型金属微粒磁带，视频磁迹宽度为 15μm，相应的图像质量比 DVCPRO 格式稍差一些。视频采用 4∶2∶0 取样、8bit 量化，音频除采用 48kHz 取样频率、16bit 量化外，还可以采用 32kHz 取样频率、12bit 量化，视频数据帧内压缩比为 4.98∶1。另外，DVCAM 格式与家用 DV 格式双向兼容，即 DV 格式磁带可以在 DVCAM 录像机上重放，DVCAM 录像带也能在 DV 格式录像机上重放。

在图像的取样方式方面，DVCAM 格式采用 4∶2∶0 取样方式，即 Y 信号以 13.5MHz 采样，而 R-Y 和 B-Y 信号以 6.75MHz 采样，R-Y、B-Y 轮流传送，每行传送一种信号。SONY 公司认为采用 4∶2∶0 方式既与家用 DV 兼容，又与 MPEG-2 MP@ML 传输标准相同，因此不会因转换带来质量损失。而 DVCPRO 格式采用 4∶1∶1 取样方式，即 Y 信号以 13.5MHz 采样，R-Y 和 B-Y 各以 3.75MHz 取样。松下公司认为在多代复制过程中，特别是在 A/D、D/A 转换中，4∶2∶0 方式图像信号的下降比 4∶1∶1 方式更快。

如今，DVCAM 格式与 DVCPRO 格式之争并未见分晓，两者各有优势。DVCPRO 格式推广较早，加之从质量上更胜一筹，所以广泛应用于各电视台新闻部门。DVCAM

格式则因其前、后期上的功能强大、配套完善且价格较 DVCPRO 格式便宜而备受中小型单位的欢迎。

4. D-Betacam 格式

D-Betacam（Digital Betacam，数字 Betacam）格式是由日本 SONY 公司于 1993 年推出的数字分量录像机。考虑到将来记录 16：9 宽屏幕 HDTV 数字信号的可能性，D-Betacam 格式采用 1/2（1.27cm）英寸涂敷型金属盒式磁带，带盒尺寸分为大盒和小盒两种，其中大盒能记录 124 分钟，小盒能记录 40 分钟。与模拟 Betacam 格式相比，D-Betacam 以稍慢的带速和三倍的磁鼓转速录制，每场的视频信号及 4 通道音频信号将以 6 个螺旋磁迹记录到磁带上，斜磁迹宽度 24μm，磁鼓直径为 81.4mm，并与模拟 Betacam 重放功能兼容。

D-Betacam 格式的视频、音频质量都达到了广播级演播室水平。其视频采用 4：2：2 取样格式，数字信号输入时量化为 10bit，模拟分量输入时量化为 8bit，抽样频率分别为 6.75MHz 和 13.5MHz；音频取样频率为 48kHz、20bit 量化，可记录 4 路数字音频信号，不压缩，具有复制 30 代而无质量损失的图像质量。D-Betacam 格式的信噪比能达到 62dB，使用基于 DCT 的电平自适应帧内压缩方式，压缩比为 2.3：1。

D-Betacam 采用大规模集成电路，使得整机更为轻便、灵活、低功耗。同时，D-Betacam 采用了新开发的自动磁通跟踪系统，提高了磁通跟踪能力，拥有先进的自我诊断系统，能够及时检测到任何错误操作并显示出来。另外，D-Betacam 具有先读后写的预读编辑功能，可以把先前记录的视/音频信号经重放磁头读出，并送外部设备中处理，然后重新记录在相同的磁通上。属于专业广播级摄录机的 D-Betacam 格式，由于性能优良，但价格昂贵，故一般只能用于拍摄一些投资较大的广告、MTV 和电视剧等。

5. Betacam-SX 格式

Betacam-SX 格式是 1996 年日本 SONY 公司推出的一种专业级数字录像机格式。该格式采用 1/2 英寸（12.7mm）涂敷型金属磁带，磁迹宽度为 32μm，磁鼓直径与 D-Betacam 相同，为 81.4mm。其视频采用 4：2：2 取样格式，8bit 量化的数字分量处理，并采用了 MPEG-2 MP@ML 的扩展 4：2：2P@ML 压缩方式，输入的图像以 2 帧（I 帧和 B 帧）构成一个 GOP（图像组），每个 GOP 的数据为固定长度，压缩比达 10：1，记录码率为 18Mbps。MPEG-2 4：2：2P@ML 的记录方式，能够在保证高质量的前提下，使磁带的消耗量减少，降低运行成本。Betacam-SX 格式可记录 4 路数字音频信号，每路音频信号采用 48kHz 取样频率、16bit 量化，音质达 CD 水平。

Betacam-SX 格式的视频数据率低，有利于传输与存储。该格式的向后兼容性较好，能够兼容重放模拟 Betacam-SP 节目带，走带速度比 Betacam-SP 慢一半，为 59.6mm/s；磁头寿命约为 Betacam-SP 型磁头的 3 倍，提高了带盘机械稳定性。Betacam-SX 格式采用二维 RS 码进行纠错编码，其纠错能力很强。另外，该格式采用多磁头跟踪重放技术，可在－1～＋2 倍带速范围内得到无杂波的特技重放图像和 4 倍速读取数据，能够在保证高图像质量的同时配合硬盘的机型在现场做非线性编辑，配备 SDDI（Serial Digital Data Interface）接口的录像机可用同轴电缆以 4 倍重放速度传送记录的数据；并首次采用了无循迹重放方式，通过加装 4 个重放磁头，提高了可靠性。

6. Digital-S（D-9）格式

Digital-S 格式是由日本 JVC 公司于 1995 年 4 月推出的一种新型的广播专业级数字分

量录像机，它是在 S-VHS 技术基础上开发的，具有高效编码数字技术，可以重放 S-VHS 的图像信号。1998 年，Digital-S 格式被正式命名为 D-9 格式。该格式采用尺寸与 S-VHS 格式相同的带盒，使用与 S-VHS 格式相同磁带宽度（1/2 英寸，12.7mm）的高密度涂敷型金属磁带，记录磁迹宽度为 20μm，磁鼓直径为 62μm。

Digital-S 格式的视频采用 4∶2∶2 取样、8bit 量化的数字分量处理，一帧记录 576 行，每行的有效样点，Y 为 720，R-Y、B-Y 各为 360。Digital-S 格式采用 DCT 帧内压缩方式，压缩比为 3.3∶1，记录码率为 50 Mbps；音频采用两通道 48kHz 取样频率、16bit 量化，可记录 4 路数字音频信号；信噪比大于等于 55dB。Digital-S 格式具有编辑处理图像功能，能够向下兼容重放 S-VHS 磁带，图像质量接近 D-Betacam 的水平，达到了广播级质量且价格较低，所以特别适合拥有 S-VHS 摄录设备的用户向数字化过渡。

综上所述，数字录像机的记录格式多种多样，各有所长。目前市场上最为流行的数字录像机的记录格式为：Digital-S、Betacam-SX 和 DVCPRO，这三种记录格式的低价位数字录像机一经问世，便立即成为数字记录设备的主流产品；它们之间没有兼容性，不同的录像格式分别应用于不同的场合。这三种记录方式的技术参数比较参见表 4-1。

表 4-1　Digital-S、Betacam-SX 和 DVCPRO 的技术参数

规格＼格式	Digital-S	Betacam-SX	DVCPRO
图像编码标准	4∶2∶2 分量方式	4∶2∶2 分量方式	4∶1∶1（4∶2∶2）分量方式
图像压缩方式	帧内压缩的 DCT 方式	基于 MPEG-2 的 P@ML 方式	帧内压缩的 DCT 方式
压缩比	3.3∶1	10∶1	5∶1（3.3∶1）
码率（约）	50Mbps	18Mbps	25Mbps（50Mbps）
音频标准	16bit/48kHz 不压缩	16bit/48kHz 不压缩	16bit/48kHz 不压缩
	4 通道	4 通道	2 通道
磁带	1/2 英寸金属涂敷带	1/2 英寸金属带	1/4 英寸金属粒子带
记录时间	最长 104 分钟	60 分钟（小型带） 180 分钟（大型带）	123 分钟
磁鼓直径/转速	62mm/75rps	81.4mm/75rps	21.7mm/150rps
磁迹数/帧	12 条（625/50） 10 条（525/60）	12 条/GOP （625）10 条/GOP（525）	12 条（625）10 条（525）
磁带速度 mm	57.8mm/s（625） 57.7mm/s（525）	59.575mm/s（625）	33.813mm/s（625）
磁迹宽度	20μm	32μm	18μm
记录方位角	±15 度	±15 度	±20 度
磁迹倾角（度）	5.57	4.621	9.1784
重放的兼容性	具有 S-VHS 重放功能	可重放现有的 Betacam 氧化带和金属带上的素材	DVCPRO-25.50 可兼容
图像质量	接近 DVW 水平	相当 BVW 水平	PVW（接近 DVW）
磁鼓寿命	≥800h	是 PVW 的 3 倍，约 2400h	>1500h

第四节　电子编辑系统与线性编辑工作流程

在电视节目制作过程中，磁带录像节目的编辑是一个至关重要的环节。实际工作中，经常需要将不同时间、不同场合记录在不同磁带上的各个分镜头的图像信号和声音信号按一定要求进行取舍、连接、排序等，最后汇集到另一盒磁带上，再配入解说词及音乐等，使其成为一个内容完整并经过艺术加工的节目磁带进行播出。节目这些的后期制作工作，通常都要由电子编辑来完成。

早期的磁带编辑采用机械剪切法，就像电影片的剪辑那样，后来随着电子技术和录像技术的发展，特别是数字电路和微型计算机的发展和应用，产生了电子编辑的方法。电子编辑（Electronic Editing，e-editing）的概念形成于 20 世纪 60 年代初期，最初用于电视片的制作，后来逐步推广到音像资料的制作和其他出版领域。电子编辑是磁带的编辑方式，它是将不同磁带上的不同素材节目按一定的次序转录到另一盒磁带上的过程。电子编辑要完成视频磁迹、音频磁迹、控制磁迹的对接与重新排列，这三种磁迹的对接与重新排列，要求既不能重叠也不能缺损。通常，将不同时间、不同地点录制的节目等称为素材，各种素材带汇集在一起又称为母带，编辑过程就是把许多素材上的画面一段一段地重新编排在另一盒磁带上，而这每一小段画面之间的连接点，就称为编辑点。为了使编辑后的节目带画面稳定，一定要选择好编辑点。

电子编辑分为线性编辑和非线性编辑两种，本章所述的电子编辑是指线性编辑，它以磁带为记录介质，把录好节目素材的磁带放到编辑放像机中，利用电子手段将所选择的镜头或片断按照编辑顺序连续记录到编辑录像机中，再通过特技机、字幕机、调音台等实现成品带的加工编辑工作（关于非线性编辑将在第七章中加以具体介绍）。线性编辑是用电子控制的方法来完成磁带录像机的节目编辑工作，它具有如下特点。

（1）编辑速度快、操作方便，可以快速搜索编辑入点和编辑出点，能自动记忆并自动完成编辑。

（2）编辑精度高，放像机和录像机的编辑入点与编辑出点可以精确到帧，即以帧为单位进行编辑。

（3）它不是对磁带本身的剪接，只是磁带上节目内容的更换，所以不损伤磁带。

（4）它能够运用预演功能找到最佳编辑点，编辑点无跳动，编辑点前后的视频信号相位与控制磁迹相位不错位，即对于视频信号可以保证帧的完整性，对于控制磁迹信号可以保证它的连续性。

（5）编辑灵活，图像信号和声音信号可以同时或单独进行编辑，且经过电子编辑后的节目磁带画面稳定，声音连续，一点也看不出编辑的痕迹。

（6）在编辑的同时，可方便地加入各种特技效果，如快、慢动作与静帧，以丰富电视节目的制作。

由此可见，线性编辑具有很多优于胶片和磁带物理剪辑的特点，所以至今它仍是电视节目制作采用的有效方式。但与现代的编辑方式（如非线性编辑）相比，线性编辑仍存在着有许多缺点。

（1）不能随机存取素材。所谓随机存取是指可以在任意时间非常方便快捷地获得素材。由于线性编辑是以磁带为记录载体的，节目信号按时间线性排列，在寻找素材时录像机需要进行卷带搜索，只能在一维的时间轴上按照镜头的顺序一段段地搜索，不能跳跃进行，因此素材的选择很费时间，影响了编辑效率。另外，大量的搜索操作对录像机的机械伺服系统和磁头的磨损也较大。

（2）信号复制劣化严重。节目制作中一个重要的问题就是母带的翻版磨损。传统编辑方式的实质是复制，是将源素材复制到另一盘磁带上的过程。由于在联机线性编辑系统中的信号主要是模拟视频，而模拟视频信号在复制时存在着衰减，故当进行编辑及多代复制，特别是在一个复杂系统中进行时，信号在传输和编辑过程中容易受到外部干扰，从而造成信号的损失，使图像的劣化更为明显。在前一版的基础上，每编辑一版都会引起图像质量下降，或每做一次特技就会有一次信号损失。而如果采用素材带重新进行编辑，则工作量太大。为了画面质量的考虑，编辑人员不得不放弃一些很好的艺术构思和处理手法。

（3）难于进行节目的修改。任何一部电视片或一个电视节目从样片到定稿往往要经过多次编辑，但由于线性编辑方式是以磁带的线性记录为基础的，一般只能按编辑顺序记录，虽然插入编辑方式允许替换已录磁带上的声音或图像，但是这种替换实际上只能是替掉原来的，它要求要替换的片断和磁带上被替换的片断时间一致，而不能进行增删，也就是说不能改变节目的长度，这样对节目的修改非常不方便。

（4）录像机和磁带容易受损。在电视节目编辑过程中，往往需要选择几百个甚至上千个镜头。录像机来回搜索反复编辑，使录像机机械磨损严重，录像机操作强度大，寿命减短，且维修费用很高。另外，记录磁带的缺点也不断暴露出来，例如拉伸变形、扭曲、变脆、掉磁以及划伤等，都会影响磁带质量。

（5）系统构成复杂，可靠性相对降低。线性编辑系统包括视频线、音频线、控制线、同步基准（黑场）线等，连线较烦琐，且各自系统构成复杂，可靠性相对降低，经常出现不匹配的现象。另外，线性编辑系统设备种类繁多，录像机被用作录/放像机与编辑台、特技台、时基校正器、字幕机、调音台和其他设备一起工作，由于这些设备各自起着特定的作用，各种设备性能参差不齐，指标各异，它们连接在一起会对视频信号造成较大的衰减。另外，大量的设备同时使用，也使操作人员众多，操作过程复杂。

一、电子编辑系统

1. 电子编辑系统的分类

（1）单机编辑系统。

单机编辑系统是最简单的一种电子编辑系统，由一台有编辑功能的录像机连接一台摄像机和一台电视收监两用机便可构成。外接信号源，一个来自摄像机，一个来自收监两用机接收的电视节目，利用录像机上的编辑键就可在两个信号源之间进行编辑。

（2）一对一编辑系统。

一对一编辑系统是最普遍、最常用的一种电子编辑系统，由两台编辑录像机、两台监视器和一个编辑控制器所构成，如图 4-10 所示。

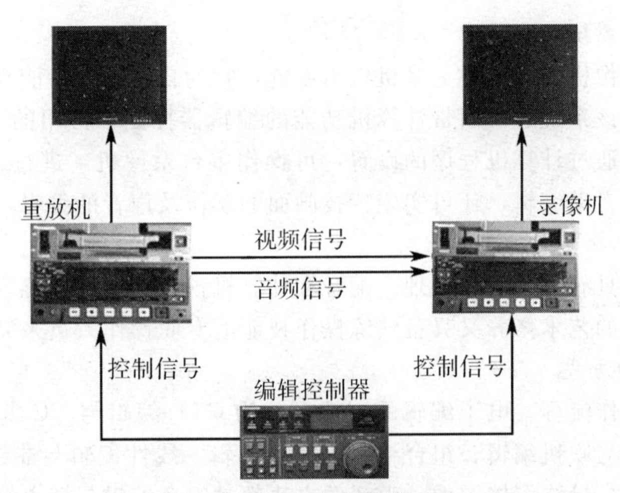

图 4-10　一对一编辑系统

一台录像机作为放像机，重放素材内容；另一台录像机内放空白磁带，作为编辑母带用。一台监视器为素材内容的监看，另一台监视器为编辑母带的监看。编辑控制器所具备的功能是控制两台录像机的全部操作功能并进行逻辑编辑。

该编辑系统的操作简单，通常由编导直接操作，一般情况下，画面的组接效果为直接切换。

（3）二对一编辑系统。

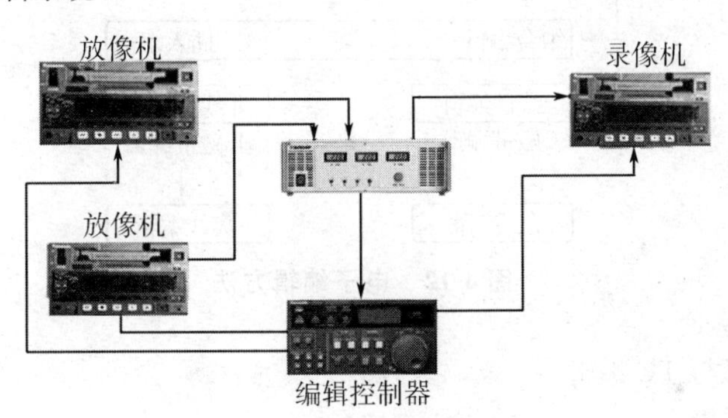

图 4-11　二对一编辑系统

二对一编辑系统是电视台常用的电子编辑系统，由两台放像机和一台录像机组成，如图 4-11 所示。它具有一对一编辑系统的全部功能，最大特点是可以一次与两台放像机联合编辑，即每次编辑可完成 2 个镜头的组接，称为 A/B 带编辑。将放像机 1 定为 A 带，放像机 2 定为 B 带，分别在两台放像机上寻找镜头的出点和入点，两个镜头的素材画面必须在两盘磁带上，利用搜索盘确定了出、入点后，就可以进行编辑。放像机 1 先与录像机共同工作，编入 A 带画面，然后在 A 带画面的出点转为放像机 2 与录像机共同工作，编入第二个镜头，即 B 带画面。这种将两段画面连续地编辑在录像机的同一磁带上，就是 A/B 带编辑，也叫做轮换编辑。

二对一编辑系统在一定程度上可以提高工作效率，同时还是特技效果制作的一个基础。

（4）多机编辑系统。

有两台以上放像机的系统称为多机编辑系统，它的自动编辑性能高，可以同时对画面和声音进行编辑。该系统通常由带计算机功能的编辑器控制，常用的有 3 对 1、4 对 2 编辑系统，其特点是通过计算机程序的设置，可操作多台录像机，进行自动寻找并编辑入/出点、自动预卷和自动编辑，还可实施特技画面的制作及声音的编辑，是一种全自动程序控制的编辑系统。

多机编辑系统具有特技效果处理、配音和计算机预编程度等功能，操作较复杂，所以一般需要既有一定的艺术修养又具备熟练操作技能的专职操作人员来完成编辑工作。

2. 电子编辑的方式

根据不同的工作流程，电子编辑的方式可分为 CTL 编辑与 TC 编辑、直接编辑与间接编辑、脱机编辑与联机编辑、组合编辑与插入编辑、线性编辑与非线性编辑等几大类。无论编辑流程如何，最终衔接图像、声音的方法都是组合编辑与插入编辑，它们是电子编辑的两种基本方式。电子编辑方法如图 4-12 所示。

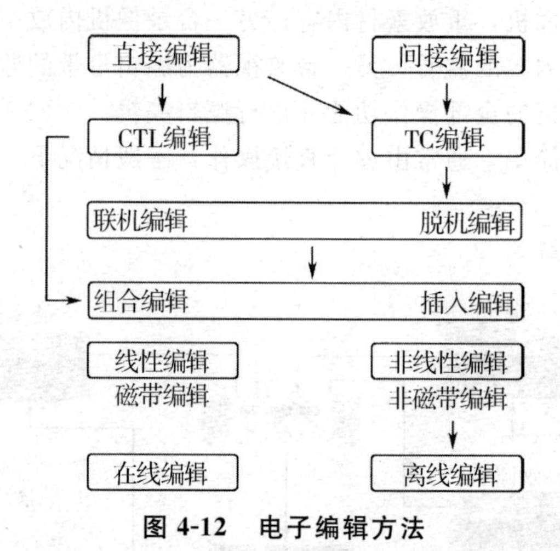

图 4-12　电子编辑方法

（1）CTL 编辑与 TC 编辑。

第一，CTL 编辑。

CTL 是英文 Control（控制）的缩写，是由专用的 CTL 磁头在录像带控制磁迹上记录的控制信号，是频率为 25Hz（PAL 制的帧频）的方波脉冲。磁带在重放过程中，磁头拾取信号，要准确地扫描磁迹使图像质量最好，所以需要有一个基准信号来控制磁头速度，以确保它通过伺服系统使供带马达、磁鼓马达与记录时保持一致。这个基准信号被称为 CTL 信号，又叫做控制磁迹信号，它是取自机内同步或参考视频的 25Hz 的方波信号，由专门的单独磁头记录在磁带的边缘，作为重放时伺服的基准信号。

根据人们的计数习惯，在编辑节目时经常采用 CTL 来反映磁带运动的位置：CTL 信号计数是从磁带进入录像机的那一时刻和位置开始计算的。磁带运行时，通过计算录像磁带上控制磁迹的脉冲个数并显示出来，如果磁带倒退，计数器前出现负号；如果磁带向前运行，计数器为正值。CTL 信号计数在录像机上可以在任何位置、任何时候清零。当磁带上没有 CTL 信号时，数码显示器上数字不变。正向运行时数字增加，反向运行时数字减少，每满25个脉冲显示1秒，满60秒显示1分，最终以时、分、秒、帧的形式显示出来。显示的数字既是磁带的经过时间，又是镜头画面的地址码。CTL信号计数在编辑机上也可以在任意位置和任意时间清零，便于计算每个镜头的长度，编辑入点清零后，编辑出点的时间即为该镜头的长度。这种利用CTL信号来搜索编辑点，确定编辑位置，进行电子编辑的方法叫做CTL编辑。

利用CTL信号显示磁带地址时也存在着一些不足之处。首先，CTL信号显示的是磁带相对地址，而不是磁带的绝对地址，使用起来不太方便。其次，如果录像机高速运行，磁头与磁带会因接触不良而丢失CTL信号，磁粉脱落也会造成计数误差，由此进行的电子编辑也就存在着编辑精度误差，并且误差会越积累越大，从而无法保证在磁带的同一点进行准确的记录。因此CTL信号不能用作脱机编辑数据使用。虽然用CTL信号来控制录像机进行编辑的精度较差，但因CTL信号编辑简单易行，所以仍在业务级编辑系统中普遍使用。

第二，TC编辑。

TC（Time Code，时间码），简称时码。为了使电子编辑有更高的自动化精确程度，以便迅速而精确地搜索记录在磁带上的视频信号的某一帧画面，就需要在视频磁带上记录一个特殊的时序数码信号，这个数码信号与记录在磁带上的每条视频磁迹都有着对应关系，并以一定顺序编码组成数字信号记录在磁带上，称为时码。目前，许多摄像机、放像机、录像机、非线性编辑系统等各种电视制作编辑设备上都有TC码功能。与CTL信号不同的是：时码是绝对地址码，它指定的是某个画面在磁带上的绝对位置的地址，是固定不变的，并以时、分、秒、帧的形式在录像机的计时器上显示出来。只要能读出时码，就能精确地掌握某个画面在磁带上的绝对位置。计数器的清零按钮对它不起作用，只有录制时才能改变时码。如果没有时码，使用脱机编辑的数据就不能进行联机编辑，也不能重现脱机编辑的绝对信息。

利用TC时间码来搜索编辑点、确定编辑位置，并进行电子编辑的方法叫做TC编辑，该编辑方式精确、方便、快捷。目前普遍采用两种时间码：LTC和VITC。

LTC（Longitudind Time Code，纵向时间码）是符合SMPTE（美国电影电视工程师学会）标准和EBU（欧洲广播联盟）标准的时间码。它按照声音记录的方式将视/音频信号用固定磁头连续记录在一条专用的与磁带边沿平行的纵向磁迹上，既可与视频信号同时记录，也可事后记录，使用灵活方便。LTC时间码需要专门的时码读/写器，它在磁带为正常记录的±1/32～±100倍的变化速度范围内可正确读出时间码，这对磁带编辑过程中搜索编辑点是十分有利的。但当磁带以超慢速重放（速度低于正常速度的1/32或静像）时，读出时码会出现困难。另外，磁带上磁粉的脱落也会导致时码读出存在误差。

VITC（Vertical Interval Time Code，垂直间隔时间码）是由SONY等公司研制并推广使用的，又称为场消隐期时间码或帧时间码。这种时间码将时间码信号插入图像场消隐期的某一行中，用旋转同步磁头或旋转视频磁头读出，作为图像信号与视频信号一起同时被记录在磁带上。由于VITC码是视频时间码信号，在慢放或静帧时，只要能稳定地取出图像信号，就能保证在不受带速的影响下准确可靠地进行读码。VITC码不需要专门的磁头来记录和重放，但由于视音连锁编辑时有困难，故它不能用于音频信号，只能与视频信号同时记录，而且事后不能补录，所以使用起来不够方便。

VITC码能够克服LTC时间码因磁带为超慢速重放而影响时码读出的缺点。但在高速搜索方式时，可能会丢失若干帧的图像信号，这时对VITC码的拾取有可能出现不稳定，在这种情况下仍然要靠LTC码信号。所以，在录像机的应用中，LTC码和VITC码是结合使用的。一般是将两种信号同时记录在带上，当录像带运行速度降至某一门限速度之下时，时码读出器自动选择VITC码读出；当带速高出某一门限时，则改换到LTC码的读出。

(2) 直接编辑与间接编辑。

第一，直接编辑。

直接编辑是最常用的编辑方法，它将一台或若干台录像机上的素材内容直接编录到录像机的母带上，进行画面和声音的编辑。在编辑节目磁带过程中，为了寻找一个准确的编辑点或检查画面质量，往往要将磁带反复放像、倒带，这样很容易磨损设备，图像和声音质量也很容易下降。由于直接编辑的工作时间长、效率低，且容易出现编辑点错误，所以它不太适合于大型节目或连续节目的制作。

第二，间接编辑。

间接编辑利用了时间码的特性，先将用高档录像机录制的素材（带时间码）全部转录到低档录像机的磁带上，然后在低档录像机上进行画面的选择、实际编辑等，在每个镜头的入点和出点经过反复修改定稿之后，将全部编辑点数据整理成编辑程序（镜头组接清单）输入到高档设备编辑系统中，用原版素材在高档录像机上进行直接编辑，得到母带。间接编辑不仅可以减少素材、母带和高档录像机的磨损，在保证图像质量的同时，也提高了高档编辑线的使用效率。但是，采用间接编辑方式一般要求素材有时间码。

(3) 脱机编辑与联机编辑。

第一，脱机编辑。

脱机编辑也叫做离线编辑（OFF-LINE），是一个粗编过程。脱机编辑的意图不在于播出，它采用较低的分辨率和较大压缩比（如100∶1）将所用原始素材捕获到计算机中，按照脚本计划进行编辑操作，将所需镜头的时间码记下来，形成EDL（Edit Decision List，编辑清单），该清单记录了视/音频编辑的完整信息。脱机编辑与一般电子编辑方法相同，操作简单，编导完全可以熟练掌握。

实际上，脱机编辑完成的是一种预编工作，工作带复制完毕后，应将素材带妥善保存，用工作带在脱机编辑系统中进行电子编辑。通常采用U-matic型录像机或家用1/2英寸录像机，通过编辑机一个一个地寻找画面编辑点、打点，进行自动编辑。与普通编辑不同的是，脱机编辑系统连接有EDL输入输出设备，这些设备可以是电传打字机（TTY）、纸带穿孔器和纸带读出器，也可以是磁盘驱动器等。这样，在脱机编辑结束后，就可以将编成带进行时间码读出，并通过上述设备把编成带上的全部编辑数据以纸带或磁盘的形式转换成编辑清单，同时也可打印出来，供编辑人员参考检查。

第二，联机编辑。

联机编辑也叫在线编辑（ON-LINE），是一个编辑母带的过程，利用脱机编辑或得到的编辑清单，可以很快地找到要编辑的镜头并编辑。联机编辑先将脱机编辑的穿孔纸带读入器输入到联机编辑系统中，然后调出需要修改的编辑点，按照编导的意图进行修改。如果有特技转化，则需要对EDL重新进行修正。最后经检查无误，取出保存的原始素材带，与编辑用空白带一起装入联机编辑系统的录像机中，设定连续编辑状态，启动编辑系统。由于联机编辑系统通常由多台录像机组成，在编辑控制器的控制下，会自动连续地、一个一个编辑点地编辑下去，直至节目带完成后自动停机。

脱机编辑与联机编辑是不可分的。

（4）组合编辑与插入编辑。

第一，组合编辑。

组合编辑方式是在磁带已录内容的后面连续地记录新内容的一种编辑方式。它将预先录制的节目素材磁带上的画面及其声音按照事先编排好的顺序，一个接一个地记录在母带上，串编成为一个完整的录像节目带。组合编辑实际就是一种汇集串接工作，所以也有人称之为汇编或串编。节目素材带上的磁迹信号全部都是重新记录的，不仅记录了所选素材的图像信号磁迹、声音信号磁迹，而且还记录了素材带上的控制信号磁迹。组合编辑方式如图 4-13 所示。

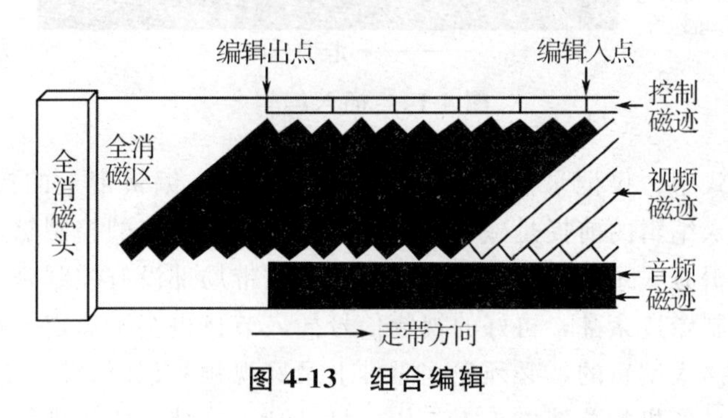

图 4-13　组合编辑

组合编辑时主要是全消磁头在工作，每组接一个镜头，其画面末尾都会出现一个三角形空白区。在编辑入点处，录像机同时馈送消磁电流给全消磁头和旋转消磁头，此时包在磁鼓上的那部分磁带被旋转消磁头逐场消磁，同时由视频磁头记录上新的视频磁迹。待经过全消磁头消磁的磁带到达磁鼓入口处，将旋转消磁头的消磁激励信号切断，只用全消磁头消磁（仅在编辑入点开始的 5 秒之内使用旋转消磁头），机器进入一般记录状态，直至组合编辑结束。

在停止编辑时（即在编辑出点处），在视频磁迹上会留下被全消磁头消磁的梯形空白区，反映到监视器上就是一个无图无声区。对于顺序的编辑，空白区仅出现在节目最后一个镜头的末尾，不会影响信号本身的连续性。但是要想在完整节目磁带的中间做修改，如替换某一段图像或声音等，一般不能使用组合编辑，因为组合编辑只能保证编辑入点处的视频、音频和控制磁迹连续，而在编辑出点处，由于垂直全消磁头的原因将会出现无任何信号的空白区，使磁迹断续，这在技术上也是不允许的。

组合编辑方式通常只需要确定好编辑入点就可以开始编辑，等记录完所需要的部分之后，在合适的位置处停止编辑。然后将母带倒回到所需部分的尾端，即不需要部分的开端，把它定为接下去编辑的入点，编辑下一个画面。

组合编辑不断消去不需要的部分，一个接一个地进行编辑，它是图像和声音同时编辑的方法（也可只编辑图像），控制磁迹信号也同时被记录，所以用空白磁带按顺序连接记录画面时比较方便。但是，如果从一个新磁带的开始处或在磁带空白段之后进行组合编辑，则必须在编辑入点前录制一段至少 10 秒钟的 CTL 控制信号，可以用简单的录制方法复制一段磁带，以代替控制信号。在实际使用中，一般是用直接录制一段蓝底、黑场信号或彩条信号来得到控制信号磁迹。

第二，插入编辑。

插入编辑是在一个完整的节目中间的某一段换上新的节目内容，即在已录有内容的磁带上（的某一部分）分别插入图像信号和音频信号，原来的内容被消掉，换上新的内容。插入编辑方式如图 4-14 所示。

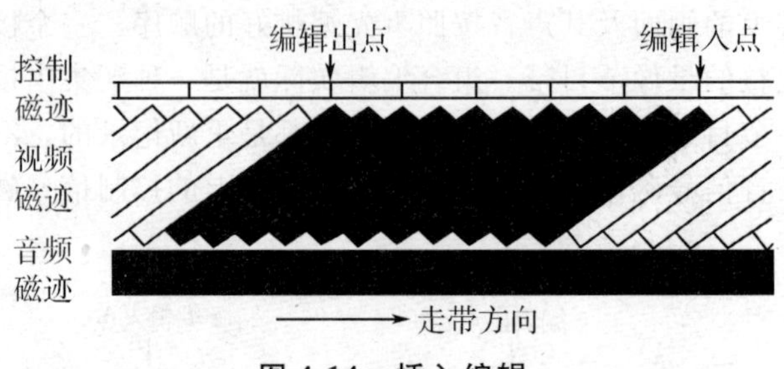

图 4-14　插入编辑

在这种编辑方式中，仅记录插入的图像和声音信号，编辑带上的控制磁迹不会被抹去。所以，使用插入编辑的前提是磁带上已经录有连续、稳定的控制磁迹，也就是已经用普通录像或组合编辑方式录制了连续的图像。如果磁带局部没有控制磁迹，插入编辑也无法进行；若局部控制磁迹紊乱，再好的视频信号插入节目也会不稳定。在一盘新的空白录像带上也是无法做插入编辑的，必须先在磁带上录好视频 CTL 信号。

插入编辑时，录像机的总消磁头不工作，只是利用旋转消磁头进行消磁，不记录新的控制磁迹，用磁带上原有的控制磁迹控制录像机的主导伺服，使视频磁迹的逐条消磁和重新记录位置不变，在退出编辑状态时图像不会混乱。插入编辑方式主要有以下三种形式：

①在已有完整节目的磁带中间插入新的图像或声音，以代替原来的信号；

②在已录有图像的磁带上加音乐或解说词；

③在已录有声音的磁带上加图像。

组合编辑只需确定编辑入点就可以编辑，但插入编辑则需要确定编辑入点和出点。经过插入编辑的磁带，在编辑入点和编辑出点均能保证磁迹的平滑连续，电视图像无噪波。插入编辑可直接在第一版母带上进行，从而避免了多代复制所造成的信号损失。插入编辑的次数多少不会改变原有节目的长度，它主要用于对组合编辑后的磁带进行部分修改与后期配音。

第三，组合编辑与插入编辑的区别。

①编辑点数目不同。组合编辑：只有编辑入点有意义，出点后为空白区；插入编辑：有精确的编辑入点和编辑出点。

②编辑内容控制不同。组合编辑：视频、音频同时编辑；插入编辑：视频、音频（不同声道）可分别单独编辑。

③对 CTL 信号要求不同。组合编辑：磁带上可以没有 CTL 信号；插入编辑：磁带上必须录有 CTL 信号。

④使用阶段不同。组合编辑：一般为节目编辑的开始阶段采用，由于是全消磁头工

作，故消磁效果好，重放杂波小；插入编辑：一般为节目修改阶段使用，由于是旋转消磁头工作，故消磁能力较弱，重放杂波稍大。

(5) 线性编辑与非线性编辑。

第一，线性编辑。

线性编辑是传统的视频编辑方式，线性的意思是指连续，线性编辑指的是一种需要按时间和空间顺序从头至尾进行编辑的节目制作方式，它所依托的是以一维时间轴为基础的线性记录载体，如磁带编辑系统。线性编辑系统既可以是由一台放像机、一台录像机和编辑控制器组成的简单系统，也可以是由多台录像机、放像机加特技设备组成的复杂系统。素材在磁带上按时间顺序排列，这种编辑方式要求编辑人员事先对一系列镜头的组接做好构思和精确的判断，通过放像机选择一段合适的素材，然后把它记录到录像机中的磁带上，再寻找下一个镜头，然后再记录，如此反复，直到把所有的素材都按顺序剪辑记录下来。一旦编辑完成，就不能轻易改变这些镜头的组接顺序，因为对编辑带的任何改动，都会直接影响到记录在磁带上的信号的真实地址的重新安排，从改动点以后直至结尾的所有部分都将受到影响，需要重新编一次或者进行复制；插入与原画面时间不等的画面或删除节目中某些片段时也要重编。通常完成一个视频的剪辑要反复更换录像带，寻找需要的部分，整个制作过程非常烦琐，而且经过多次的重复编辑还会降低视频质量。

第二，非线性编辑。

非线性编辑是相对于线性编辑而言的，简称非编或非线编，指的是可以对画面进行任意顺序的组接而不必按顺序从头编到结尾的影视节目编辑方式。非线性编辑没有采用磁带而是用硬盘作为存储介质，把输入的各种视/音频信号进行 A/D（模/数）转换，采用数字压缩技术存入计算机硬盘中，记录数字化的音视频信号。由于硬盘可以满足在 1/25 秒内任意一帧画面的随机读取和存储，从而实现视/音频编辑的非线性。非线性编辑系统实际上是扩展的计算机系统，将传统的电视节目后期制作系统中的切换机、数字特技、录像机、录音机、编辑机、调音台、字幕机、图形创作系统等设备集成于一台计算机内，用计算机来处理、编辑图像和声音，再将编辑好的视/音频信号输出，通过录像机录制在磁带上。

非线性视频编辑是对数字视频文件的编辑和处理，它与计算机处理其他数据文件一样，在微机的软件编辑环境中可以随时、随地、多次反复地编辑和处理。在非线性编辑时，可以随时任意选取素材，无论是一个镜头还是镜头中的一段；可以交叉跳跃的方式进行编辑；对已编部分的修改不影响其余部分，无须对其后面的所有部分进行重编或者再次转录。非线性编辑系统在实际编辑过程中只是编辑点和特技效果的记录，因此任意的剪辑、修改、复制、调动画面前后顺序等，都不会引起画面质量的下降，从而克服了传统设备的弱点。

3. 电子编辑的控制方法

(1) 手动方式。

手动方式不需要专门的编辑控制器，它是利用录像机操作面板上的按钮直接进行编辑的控制方式。由编辑人员选好编辑入点以后，利用具有预卷编辑功能的录像机进行编辑，这样既能提高编辑入点的准确度，又能满足录像机、放像机“锁相同步”所需的时间。但手动方式的编辑精度低，一般很少采用。

（2）半自动程序控制方式。

这是在编辑控制器的控制下进行的“带到带”编辑，经常用于一对一编辑。采用这种方式进行编辑时，在编辑控制器的操纵下，录像机和放像机都将按预定程序自动进行编辑。首先是预卷，录像机和放像机上的磁带需要退回相同的帧数（例如250帧，10秒），然后让它们同时开始重放，当重放到250帧编辑点画面时，编辑控制器发给录像机一个编辑入点指令，录像机便开始从重放状态转入记录状态。编辑控制器具有编辑预演功能，操作者通过预演可以在正式编辑前看到编辑效果，以检查编辑点是否合理，从而避免了因错选编辑点而把原节目抹掉。在预演过程中，录像机和放像机基本上都是按自动编辑程序工作，但到达编辑点时录像机不再进入编辑记录，而是将输出改为放像机送来的图像信号。这样监视器上可以能看到编辑后的效果，如果发现编辑点不合适，便通过编辑控制器对编辑点进行修改；如果没有问题，就可以按下按钮进行正式编辑了。采用半自动程序控制方式进行编辑的过程是自动进行的，但它不能自动寻找编辑点，因此属于半自动编辑。

（3）全自动程序控制编辑。

全自动程序控制编辑是在计算机的控制下进行的，它可以自动记录编辑入点、出点，并能自动开始和结束编辑状态。目前应用比较广泛的是TC时间码全自动编辑。半自动程序控制编辑系统是根据控制磁迹CTL脉冲计数的相对地址寻找确定编辑点的，但当高速搜索画面时，磁头、磁带的接触不良或信号失落而丢失计数脉冲等，这些都会造成编辑点的误差，而且这种计数误差是累积的，所以半自动编辑系统的编辑精度不高，一般在±2帧以上。而时间码全自动编辑的编辑精度较高（可达到±0帧），能够可靠地识别磁带的位置。有关时间码的基本原理在前面讲解“电子编辑的方式”时已经做了详细的介绍，此处不再赘述。

二、线性编辑工作流程

1. 准备工作

首先进行磁带的准备，如果使用插入编辑方式，编辑母带上应事先录制好控制磁迹，一般为连续的彩条或蓝底信号。然后进行编辑设备的检查，并进行放像机和录像机及监视器的调整。

2. 编辑工作

（1）审看素材。

检查素材内容是否满意，是否充足；镜头画面有无“穿帮”，焦点彩色是否清楚，镜头画面是否平、稳、准、匀；画面彩色是否偏色，是否为拍摄所要求的色调效果，曝光情况如何，有时为了达到某些艺术效果，要手动控制光圈；声音是否有杂音，背景声音是否太杂。

检查素材磁带的录制质量：可以观察正常重放的素材画面，如果图像出现左右晃动、上下跳动、画面上有黑道或白道、雪花干扰等现象，则这段素材画面质量较差，不宜用于编辑使用。也可以用搜索盘快速搜索。在监视器上具有杂波带的搜索画面中，如果杂波带平直、均匀地滚动，则画面是稳定的；杂波带不规则扭曲或出现撕裂，则画面是不稳定的。

（2）素材镜头记录。

为了在实际编辑时迅速找到所需画面，提高工作效率，可以在初始拍摄提纲上做注释，也可以单用一张纸来记录素材镜头内容（包括镜头号）。一般前期拍摄时，每一个镜头前要打板，板上写上镜头号和拍的次数，使编辑时可以轻易地分辨出每个镜头的开始和结束，以及所拍的遍数。景别与技巧，即全景、中景、近景、特写要注明；镜头的表现方式也要注明，即是推、拉、摇、移，还是固定镜头。画面的内容要写清楚，主要记内容，在编辑工作时，容易找镜头（因为有时是工作在CTL方式下）。声音的内容，有无同期声，背景声音是否太乱。可以用表格的形式进行记录，一目了然。

进行编辑时，寻找素材画面往往浪费大量的时间，不知所需画面在哪盘磁带中，在什么位置。所以，重新做记录是很必要的。审看的同时，有些镜头的取舍就可以确定了，如画面有明显失误时；某些画面拍了好几遍，确定用第几遍等。

（3）纸上预编。

纸上预编即进行笔头编辑，根据素材记录、分析每个镜头，基本确定入、出点，再安排一下镜头的顺序，看看是否符合节目内容要求，脑海中过一过画面（形象思维）。经过周密思考后，整理出编辑顺序再去实际编辑就会很充分。

（4）按照编辑顺序实际编辑。

根据需要选择编辑模式（组合编辑或插入编辑）；寻找放像机上素材镜头的入点、出点并确认；寻找录像机上编辑母带的镜头入点、出点并确认；寻找镜头时，可正常重放，也可以用搜索盘快速搜索；在编辑点附近慢速搜索，以准确找到编辑点位置；然后可以预演，可以实际编辑，正式录制。

3. 利用插入编辑进行局部修改

初步完成的编辑母带上，经审看有不合适的画面，或者有些画面的衔接，不符合组接规律等，可以使用插入编辑功能，将不需要的画面替换掉。访谈类节目常常先编完声音然后进行换画面工作，如谈话中明显地谈到了某个地点或物体，需插入相应的画面做说明；或者谈话者镜头画面太长，易让人厌烦，需插入画面，以调节观众的情绪；或者特写镜头不好，特写镜头与特写镜头之间需插入相应的画面。

需要注意的是：插入编辑修改只能替换原有画面的长度，整个节目时间的长度是确定的，所以不能进行增/删镜头的修改。

4. 检查复制

完成编辑工作后，应先连续完整地看一遍节目，检查镜头组接是否流畅，编辑点是否抖动，声音的编辑点是否干净等。检查的同时复制一版，留作资料或存档。

第五节　一对一线性编辑机的使用与操作

线性编辑机又称对编机，它实际是一个编辑控制器，是具备微型信息处理装置，能够进行程序编排的开关控制器。它将放像机和录像机通过多芯电缆连接在一起，将录像机功能的控制操作（如倒带、放像、录制等）集中于一体，只起遥控作用，而视频、音频信号则不能通过电子编辑机进行控制。所以，线性编辑机的作用只是使线性编辑系统的操作更加自动化，其功能完全取决于它所连接的录像机的编辑功能。某些高级的线性编辑控制器，内部装有微型计算机、数字存储单元等，可以进行编辑程序的设置、储存各种所需数据，实施自动化编辑。

线性编辑机具有预演（PREVIEW）、自动编辑（AUTO EDIT）、组合编辑结束和插入编辑结束（END）及重演（REVIEW）等逻辑功能。在开始线性编辑工作之前，需要对线性编辑机做如下编辑工作。

（1）放入录像带。放像机放入素材带，录像机放入空白带或节目成品带。注意防误抹，且编辑前务必在母带上开始端记录不少于1分钟的彩条或彩底，给片头留好位置。

（2）编辑系统检查。检查系统是否完好，各种电缆连接以及辅助设备是否正常。

（3）放像机准备。打开电源，调节音频重放（PB）电平，将计时显示开关置于CTL或TC，调节TRACKING（寻迹）使图像稳定，将REMOTE/LOCAL（遥控/本机）开关置于REMOTE。

（4）录像机。准备打开电源；设定REMOTE/LOCAL开关；根据输入信号类型，设定INPUT SELECT（输入选择）开关；调节音频录制（REC）电平；将计时显示开关置于CTL或TC；TRACKING（寻迹）控制设成FIXED（定位）。

（5）编辑控制器。设定预卷时间，设定同步类型，用TC/RTC/CTL选择开关选择计时显示格式。

（6）调整监视器。使用前必须要调整各监视器的一致性。

一、一对一线性编辑机的连接

一对一线性编辑机由一台编辑录像机、一台编辑放像机、两台监视器和一个编辑控制器构成，其连接参见图4-10。编辑放像机用于播放素材带，编辑录像机用于录制从放像机挑选出来的镜头，编辑控制器负责控制放像机和录像机的动作。两台监视器（放像机监视器和节目监视器）分别用于监控放像机和录像机的图像和声音，以便直观寻找和确定编辑点。监视器与放像机和录像机的连接通过视/音频电缆连接，放像机的输出视/音频信号与录像机输入端通过电缆相连，以便编辑记录；编辑控制器分别用两根多芯电缆编辑放像机/编辑录像机连接，以便进行输入由控制器发出的各种控制信号，对放像机和录像机进行控制。

二、一对一线性编辑机的使用操作流程

下面以松下AJ-A250 Editing Controller（松下AJ-A250编辑控制器）为例来介绍一对一线性编辑机的使用操作流程。

1. AJ-A250 Editing Controller面板

AJ-A250 Editing Controller面板的组成如图4-16所示，其各部分的名称及功能介绍如下。

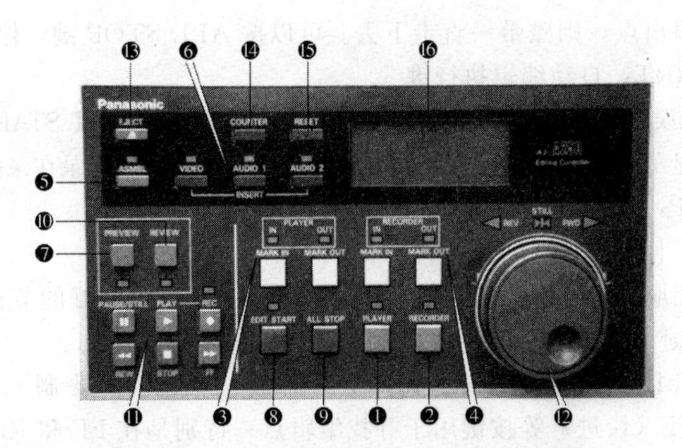

图 4-15　**AJ-A250 Editing Controller 面板**

❶PLAYER：放像机控制键

当按下 PLAYER 键，相应指示灯燃亮，可用本控制器上相应的按键控制具有编辑功能的放像机的操作。

❷RECODER：放像机控制键

当按下 RECODER 键，相应指示灯燃亮，可用本控制器上相应的按键控制编辑功能的录像机的操作。

❸MARK IN：编辑入点

当按下 MARK IN 键，相应指示灯燃亮，表示放像机/录像机的编辑入点已设定好；若指示灯闪烁，则表示编辑入点设置在时序上有问题，应同时按下 RESET 键和 MARK IN 键，使指示灯停止闪烁，再重新输入编辑入点。

❹MARK OUT：编辑出点

当按下 MARK OUT 键，相应指示灯燃亮，表示放像机/录像机的编辑出点已设定好；若指示灯闪烁，则表示编辑出点设置在时序上有问题，应同时按下 RESET 键和 MARK OUT 键，使指示灯停止闪烁，再重新输入编辑出点。

❺ASMBL：组合编辑键

当按下 ASMBL 键，相应指示灯燃亮，则表示本编辑控制器处于组合编辑状态。在按下 ASMBL 键前，若任何一个插入方式键灯（VIDEO、AUDIO1、AUDIO2）已亮，则应先按下它们令其键灯熄灭。

❻INSERT：插入编辑键

当按下 INSERT 按键中的 VIDEO（视频）、AUDIO1（音频 1）、AUDIO2（音频 2）键，相应指示灯燃亮，则表示本编辑控制器处于插入编辑状态。

在按下 VIDEO、AUDIO1、AUDIO2 键前，若 ASMBL 灯已亮，则应先按下该键令其指示灯熄灭。

❼PREVIEW：预览键（预演键）

当按下 PREVIEW 键，相应指示灯燃亮。

预览功能是在执行编辑前进行预演时，放像机和录像机准确地按所要执行的编辑方式走带，结果显示在监视器上，供审查观看，但节目带上并不录制。

若未设定编辑出点，则磁带一直走下去。可以按 ALL STOP 键，停止预演。

❽EDIT START：自动编辑执行键

编辑点确定无误后或预览步骤执行后，按下自动编辑执行键(EDIT START)，相应指示灯燃亮，这时监视器上显示的图像按编辑方式进行，放像机的节目信号被记录在录像机的磁带上。

❾ALL STOP：编辑步骤停止键

❿REVIEW：回看键

按下此键，相应指示灯燃亮，就能自动回看录像机上已录制好的节目。

⓫ 播放功能键

PAUSE/STILL（暂停/静帧）、PLAY（播放）、REC（录制）、REW（倒带）、STOP（停止）、FF（快进）等按键用于寻找编辑点；特别是在 FF 和 REW 状态下，既不磨损磁头，又能快速寻找到编辑点附近的位置。

⓬搜索盘

搜索盘用于快速准确搜索编辑点的位置。

搜索盘由两个搜索环组成。外面的搜索环俗称粗调环，用于快速寻找编辑点的位置；它是有级变速里面的搜索方式，在中心位置，处于静帧状态，偏离中心越远，搜索的速度越快。里面的搜索环俗称微调环，每转一周才能改变一帧图像，用于准确确定编辑点。

FWD 指示灯燃亮时，为正向搜索，即搜索的方向与放像状态时磁带的走带方向相同；REW 指示灯燃亮时，为反向搜索，即搜索的方向与倒带状态时磁带的走带方向相同。STILL 指示灯燃亮，屏幕上呈现静帧图像。

在静帧状态下，使用微调环才是有效的。

在搜索状态下，磁头和磁带都有磨损，一般情况下，在搜索点附近位置时，才使用搜索盘。

⓭EJECT：带仓开启键

⓮COUNTER：计数键

此键用于选择显示窗中磁迹的显示方式。

⓯RESET：复位键

此键用于 CTL 码清零。即：若显示窗磁迹显示为 CTL 码，按下 RESET 键，CTL 码即刻为 00：00：00：00。

此键的另一个用途是清除已输入的编辑点。具体方法是：同时按下该键和要清除的编辑点的按键，相应指示灯熄灭即可。

⓰显示窗

显示窗用于显示当前操作所设置的相关信息。

2. 一对一线性编辑机的操作步骤

(1) 设置。

将放像机/录像机都置于 REMOTE（遥控）位置。

(2) 选择编辑方式。

组合编辑：按下 ASMBL 键，相应指示灯燃亮。

插入编辑：按下 INSERT 键中的（VIDEO/AUDIO1/AUDIO2），相应指示灯燃亮。

(3) 选择编辑点。

第一，组合编辑。

用播放键和搜索盘找到放像机的编辑入点（PLAYER MARK IN），并按下此键，相应指示灯燃亮。

同样方法找到放像机的编辑出点（PLAYER MARK OUT），并按下此键，相应指示灯燃亮。

同样方法找到录像机的编辑出点（RECODER MARK OUT），并按下此键，相应指示灯燃亮。

第二，插入编辑。

用播放键和搜索盘找到放像机的编辑入点（PLAYER MARK IN），并按下此键，相应指示灯燃亮。

同样方法找到放像机的编辑出点（PLAYER MARK OUT），并按下此键，相应指示灯燃亮。

同样方法找到录像机的编辑出点（RECODER MARK OUT），并按下此键，相应指示灯燃亮。

（4）预览（PREVIEW）。

按下 PREVIEW 键，相应指示灯燃亮；可用于检查节目衔接情况等。

（5）修改编辑点。

当编辑点需要修改时，先清除原有的编辑点，再重新输入新的编辑点。

清除原有的编辑点的方法是：同时按下 RESET 键和该编辑点的按键，相应指示灯熄灭。

重新输入新的编辑点的方法与步骤（3）相同。

（6）自动编辑执行键。

按下此键（EDIT START），相应指示灯燃亮，放像机的节目信号被记录在录像机的磁带上。

（7）回看键（REVIEW）。

按下此键，相应指示灯燃亮，自动回看已录制好的节目。

本章思考题

1. 什么是磁带录像机？其具有哪些特点？
2. 简述磁带录像机的记录、重放和消磁原理。
3. 什么是数字录像机？其具有哪些特点？
4. 简述数字录像机的工作原理和操作方法。
5. 数字录像机的记录格式是如何分类的？它们的特点是什么？
6. 什么是线性编辑？其具有哪些优缺点？
7. 电子编辑系统是如何分类的？它们的特点是什么？
8. 电子编辑主要有哪些编辑方式？
9. 电子编辑的两种基本方式是什么？各具有什么特点？两者有什么区别？
10. 简述电子线性编辑的工作流程。
11. 一对一线性编辑机是如何连接的？
12. 简述一对一线性编辑机的操作流程。

第五章

数字特技与视频切换

本章提要

本章针对视频切换工作原理重点介绍了松下 AG-MX70MC 型数字特技功能、使用方法及在电视节目制作中的应用技巧；系统介绍了视频切换工作原理和数字特技系统连接技术，对常用的视频切换方式、常用视频切换设备的操作方法和画面特技制作流程做了详尽的介绍；重点强化了对数字特技切换台的操作技巧的介绍。

“特技”一词顾名思义就是特殊技巧的意思。电视切换和特技的应用范围是相当广泛的，从最简单的两个画面的过渡、字幕叠加，到最复杂的数字视频的合成都属于电视切换和特技的范畴。随着科学技术的发展，电视切换和特技的运用越来越普及和多样化，表现手段经常翻新，并向高难度、复杂化发展。

电视切换和特技的运用对画面转换进行各种艺术处理，形成独特的电视语言。通过视频切换（特别是数字特技技术），不仅能产生画面间的组接过渡，增强画面信息的传播效果，改变画面节奏风格；还能对画面进行创造性的处理，对电视画面重新进行意境设计，体现了电视制作的高度艺术性和技术性。

了解、掌握和运用视频切换和数字特技的目的是更生动、形象地表现节目的内容。

第一节　视频切换特技概述

视频切换，就是指电视画面的转换和过渡，在电视节目制作中是指从多路电视节目中不断地选择并输出其中一路信号的过程。能完成视频切换的设备称为视频切换设备，比如一些大型的文艺节目和体育比赛往往是由几部甚至是几十部摄像机从不同角度进行拍摄，所有这些摄像机输出的信号，都要集中到视频切换设备然后按导演的意图选择其中一路信号作为电视节目播出。特别是随着拍摄对象空间位置的改变，以及需要为观众提供不同角度拍摄的电视画面时，更需要在多路电视画面之间不间断地进行切换。

一、视频特技切换台

在电视节目制作系统中，能完成切换和特技效果的设备叫做视频特技切换台。它利用电子模拟的方法，对摄像机、录像机、字幕机等多路信号进行特技切换，完成两个画面的过渡；同时也能对多路信号进行特技处理，把多个画面合成为一个画面，产生出切、混合、扫换、键控等丰富多彩的艺术效果。

视频特技切换台用于电视信号播出或电视后期制作。在电视中心，需要从多路节目源中选出所需的信号进行播出；在后期制作中，为增强艺术效果，也需要从不同节目源中选择一路或多路实施组合输出。要完成这些功能，就必须使用视频特技切换台。视频特技切换台同时还可用于技术人员调整和监测电视中心设备。由于视频切换台能选择输出各路信号，技术人员可以随时监测并调整一路或整个视频通道中某些关键部位的信号质量，发生故障时，便于探明故障所在，及时排除。

早期的视频切换与特技效果是由不同的设备（视频切换台与特技效果发生器）分别产生的，但是由于特技往往是画面过渡的常用形式，也是对画面进行艺术化处理的基本手段，为了操作使用方便，目前两者大多已合二为一，称为视频切换器或视频混合器，也有称为特技切换器或特技发生器的，其功能和效果基本相同。

视频特技切换台的切换方式有两类：快切和特技切换。在多路信号中交替选择一路画面进行输出，使一个画面迅速变换为另一个画面，这种切换方式称为快切（或硬切），是一种使用较多的方式。特技切换是对多路信号以某种特定方式混合或互相取代输出组合信号，常用于后期制作中。

二、电视特技

所谓电视特技，是指电视画面转换和过渡过程中采用的特殊技巧。在电视节目制作过程中，为了加强节目的艺术效果，需要按照导演的意图对来自不同图像源的信号通过电子处理，组合成新的图像信号，形成生动、新颖的画面，或者产生实地拍摄不容易达到的效果。例如，以淡变的方式完成由一个画面到另一个画面的过渡，或者应用色键技术，另一部分取自另一个画面的合成效果。

一部完整的电视节目是由许多镜头组接而成的。组接的过程可以是一个镜头向另一个镜头转换的“画面过渡”；也可以是多个图像源重新合成为的一个新画面的过程，即“画面合成”。画面过渡和画面合成的技术手段主要有混合、扫换、切换、键控2D合成和3D合成等。

电视特技分为模拟特技和数字特技两类。

模拟特技是对模拟电视信号利用上述的画面过渡和画面合成的技术手段进行处理。常用的视频特技效果是通过两路或两路以上信号的各种幅度比例的混合，或以不同形状、不同大小和不同位置的分界线进行屏幕分割，这种分割仅限于沿X轴、Y轴或由X、Y轴组成的平面内，它不涉及对图像本身的处理，如图像信号的亮度、色度、尺寸和形状的变化，它所能实现的特技效果不够丰富，局限性很大。

数字特技是通过对存取速度较快的半导体存储器中进行读/写操作，对图像本身进行尺寸、形状和亮色变化的处理，如扩大、缩小、旋转、多画面、随意轨迹移动和多种冻结等。借助数字特技设备，电视节目制作人员在节目制作中可对各种画面素材进行更充分的艺术再创造，制作出风格新颖、艺术完美的电视作品来。

第二节　视频特技切换

一、视频特技切换台的基础知识

1. 总线（Bus）

切换台上能发挥相同作用的一排按键称为总线。一对总线称为一组。

2. 节目总线（Program Bus/Prog）

节目总线也称直接总线，其输入信号被直接切到线路输出上。节目总线上包含输入信号键和节目背景键。

3. 预览/预设总线（Preview/Preset Bus）

预览/预设总线用来选择将要出现的视频，并将它输往独立于线路输出视频的预览监视器的一排按键。

4. T形杆

T形杆是切换台上用于画面转换和过渡的一根操纵杆，可以控制叠化、淡入淡出和划像的速度，也可以用来创造画面叠加效果。

5. 自动执行键（Auto Take）

自动执行键是能自动进行画面及效果转换的按键。

6. 顺向位移控制键（DSK）

所谓顺向是指对线路输出的信号操作而非 M/E（上游）的信号操作。顺向位移控制键可以使信号在离开切换台时插入（嵌入）标题或其他图形。

7. 混合键（MIX）

混合键是能使画面在转换过程中出现叠化效果的按键。

8. 混合特技总线（M/E）

能发挥混合和特技功能的一排按键称混合特技总线。

二、普通特技

1. 直接切换

直接切换可简称“切（Cut）”，是指由一个画面瞬间变换成另一个画面的过渡方式，是最常用的切换方式。直接切换可使画面的情节和动作连贯，给人以轻快、利索的感觉。切换的次数多少会形成节目内容的节奏，如多个连续的快速切换，能给人以紧张、迫切的感觉。直接切换通过直接在播出线上选择所要播出的画面的按钮来实现。

进行切换处理时，除了要求两路信号处于同步锁定状态外，在完成切换动作过程时还要做到两点：一是画面的取代速度要足够快，使切换过程干净利索；二是切换时引起的干扰不能出现在电视屏幕上，以保证切换前后的画面稳定。为此，视频切换系统普遍地使用了动作快捷的电子开关，并要求从一路视频信号切换到另一路视频信号时，切换点应处于场逆程期间。另外，对于切换来说，同一时刻只能有一路信号输出，位于同一母线中的其他各路均处于关断状态。视频切换系统对同一母线上的视频开关实现了自锁和各视频开关间的互锁。

实现切画面，只需在节目总线中按下相应的信号键。视频特技切换台节目总线如图 5-1 所示，具体按钮介绍详见本章第四节。

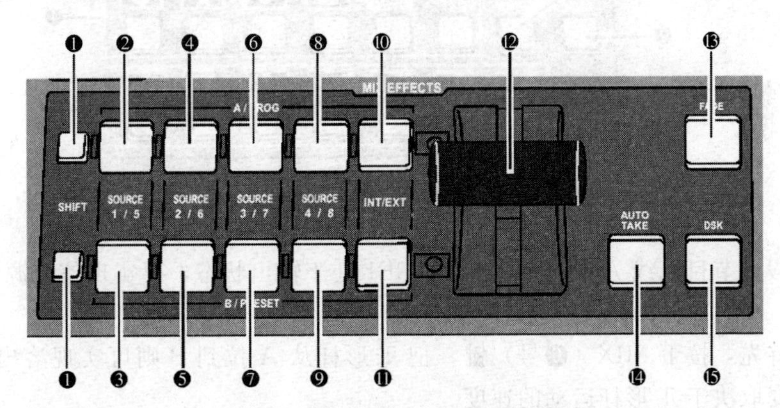

图 5-1　视频特技切换台节目总线

任务：假如节目总线 A/PROG/ SOURCE1 处于输出状态，要切到信号源 3。

操作：直接按下❻号键即可。

2. 淡出淡入（Fade）

淡出淡入有时也称“V”形淡变，是指一个画面逐渐消失之后，另一个画面逐渐显出的过渡方式，是进行段落过渡和转场的常用手段。淡出给人以前面一段剧情或段落已结束，将开始下一个的感觉；淡入则让人感觉一段新的剧情或段落的开始，如用来表示时间的流逝、时代的变迁等效果，这也是字幕出现常用的一个手段。

还有把切和淡变组合起来的方式，如淡入切出和淡出切入。

运用节目总线实现淡入淡出需要节目背景键的加入，并利用T形杆实现。

任务： 假如节目总线A/PROG/SOURCE1处于输出状态，T形杆处于A端，要实现信号源1淡出，信号源3淡入。

操作： 预设总线B/PRESET上背景键选为黑（即内部视频/INT设置为黑），T形杆从A拉到B则可实现信号源1的淡出，在节目总线A/PROG上选择信号源3，T形杆从B推到A则可实现信号源3的淡入。

3. 溶出溶入（Dissolve）

溶出溶入有时也称“X”形淡变，或称为慢转换、叠化，是指前一个画面逐渐消失的同时另一个画面逐渐显出的过渡方式。溶出溶入体现了动作、情节、过程的省略，能使画面过渡柔和自然，常常用于音乐会、文艺晚会等节目。由于两个画面出现重叠，因此溶出溶入适于表现“幻想”、“梦境”等效果。慢转换的速度应符合节目的内容和气氛，一般转化时间为2～3秒，取决于节目内容。

要实现溶出溶入效果需要将混合（MIX）效果施加于节目总线。视频特技切换台的特技界面如图5-2所示，具体按钮介绍详见本章第四节。

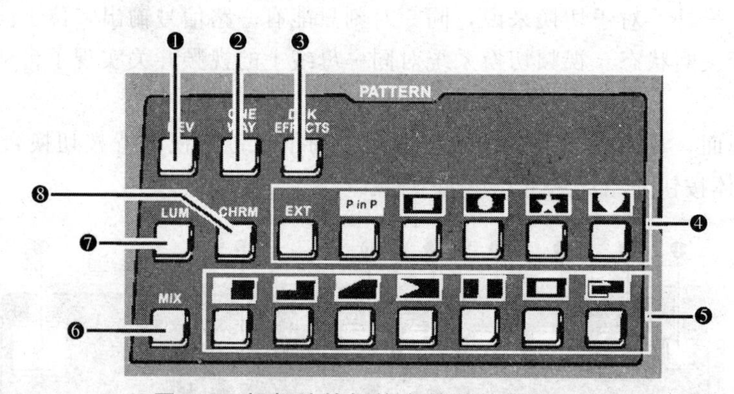

图5-2 视频特技切换台的特技界面

任务： 假如节目总线A/PROG /SOURCE1处于输出状态，要实现信号源1溶出，信号源3溶入。

操作： 首先，按下MIX（❻号）键，把T形杆从A拉到B则可实现溶出溶入效果。溶出溶入速度取决于T形杆运动的速度。

4. 划变（Wipe）

划变是指一个画面以某种形状或方向逐渐缩小，渐渐被另一个画面取代，也称扫换。两个画面之间以某种形状作为分界线，分界线的形状少则几种、十几种，多则几十种、上百种，其具体形状由特技效果发生器所提供的波形决定。有的视频切换系统还能使分界线绕着某个中心旋转而实现划变。常用的旋转划变图案有摆形、扇形、蝶形及时钟形。划变的分界线有“软”“硬”之分，软边使划变边缘出现一定宽度的模糊区，而硬边则提供轮廓清晰的分界线。分界线可有多种形式变化，出现弯曲、扭曲等分界线，还可以加色、加边。

划变的用法大致与慢移相同，但扫换可产生明显的流动感和节奏感。实际运用时，要根据两个画面的构图，表现主体的运动方向来选择划变图案和划变方向。

要实现划变效果，就需要将划变特技施加于节目总线。

任务：假如节目总线 A/PROG /SOURCE1 处于输出状态，要使信号源 1 划变到信号源 3。

操作：首先，按下 Wipe 键，然后选择划变的方式（如“圆形”），把 T 形杆从 A 拉到 B 则可实现划变切换。通过 T 形杆的不完全切换并配合操作杆控制位置还可实现画中画效果。

5. 叠加（Super）

叠加是指将两个画面简单地重叠在一起，如加入字幕、标题、歌词、图形等，为了表达联想、回忆等，当屏幕上需要同时出现两个或两个以上画面的场合，均可用叠加。为保证叠加后的画面构图完美，要特别注意对原画面的构图要求。两个图像叠加后的亮度一般不一样，总有一个亮一些，而另一个暗一些。

叠加效果的实现，要确保两个信号源同时存在，将 T 形杆处于 AB 之间的位置，进行切换即可。

三、键控特技

键控特技是一种分割电视屏幕的画面效果，与划变所不同的是，键控特技不是一种镜头组接的过渡手段，而是将两个电视画面的部分内容镶嵌在一起而同时出现在被分割的电视屏幕上，其画面分割线常常是不规则的文字、符号或自然景物等。人们常常也将这种特技方式称为抠像。“抠”与“填”是键控技术的实质。“抠”就是利用前景物轮廓作为遮挡控制电平，将背景画面的颜色沿该轮廓线抠掉，使背景变成黑色；“填”就是将所要叠加的视频信号填到被抠掉的无图像区域，而最终生成前景物体与叠加背景合成的图像。正常情况下，被抠的图像是背景图像，填入的图像为前景图像。用来抠去图像的信号称为键信号，形成键信号的信号源称为键源。键控特技包括自键、外键和色键。

1. 自键

自键又称内键，是以参与键控的某一图像的亮度作为信号进行画面组合。进行自键处理时，通常将键源信号分为两路，其中一路经键控信号处理器产生抠像信号，另一路作为“填充信号”填入被抠掉的部分。内键特技一般用于黑白文字、图形的叠加。自键的键源信号只有高、低两种电平，在键源信号为高电平时门控放大器输出背景图像。由于自键取决于亮度信号，所以用作键控信号的这一图像最好是黑白的，常常为黑底上的白字或图形，当然也可以获得相反的图像效果。

自键常用作黑白字幕及图形的嵌入。

2. 外键

相对于自键特技来说，外键的键信号不是由参与键控特技的两路图像信号所提供，而是利用第三种图像信号的亮度电平作为键信号进行画面组合。如果填充（前景）信号记做 A，背景信号记做 B，键源信号记做 C，则外键可描述为 C 抠 B 填 A。

外键特技常用于彩色字幕的嵌入。

3. 色键

色键指利用参与键控特技的两路图像信号之一的信号中任一彩色作为键控信号来分割和组合画面。它是利用键源图像的亮度差别来形成键控信号的，其键源信号通常来自演播室，利用演播室内彩色幕布的前景图像（如演员）之间的色调差别来形成键信号，用键信号去抠另一路图像背景，再填入彩色幕布的前景图像（如演员图像）。

色键其实是内键的另一种形式。色键要求键源图像信号居于较高的色度反差，即要求键源信号中不能含有与其后幕布（背景）的彩色色调相同或相近的色调，也就是要求键源信号的前景和背景的色调尽量分开，最好是补色关系，以保证两者之间的色调差别。由于人体肤色的原因，传统的色键处理中背景画面的颜色一般选择高饱和度的蓝色或绿色。

采用色键特技时要注意：作为色键的键源信号的视频信号，光照要均匀，键电平调节要恰当；人物不要离屏幕太近，蓝屏本身避免强光照射；人物的阴影不要落在屏幕或地板上；前景要避免过细的线条，可加轮廓光。

色键特技是电视节目使用得最多的特技之一。在新闻联播、专题节目、访谈节目中，主持人可以与遥远的外景画面重叠在一起；歌舞节目、神话节目等，也都大量地使用了色键，形成腾云驾雾、翻山倒海等奇妙的画面。

第三节　数字视频特技

一、数字视频特技概述

数字视频特技也称数字视频效果（Digital Video Effect，简称 DVE），是在电视节目制作过程中，利用数字视频制作设备，对电视画面进行整体的处理，以达到某种画面效果的制作方式。它通过对图像本身的一些参数，如画面尺寸、宽高比、位置、形状、亮度和色度等进行存储并处理，从而产生画面的扩大、缩小、旋转以及多画面和多重冻结等模拟特技无法实现的特殊效果。

1. 数字视频特技的分类

数字特技包括二维数字特技和三维数字特技。

二维数字特技所实现的图像变化和运动仅在 X-Y 平面内，在反应深度的 Z 轴上并无透视效果。它通过对画面进行上、下、左、右的平移控制，或者控制画面的放大、缩小，以及同时对 X、Y 方向的扩展与压缩，使画面按照 4∶3 的比例实现放大、缩小。

三维数字特技则能使图像围绕某个轴旋转时，同时产生远近变化的透视感，从而使图像呈现立体感。三维特技能产生旋转效果，并在围绕某一轴旋转时产生透视效果。

2. 数字视频特技系统

数字视频特技系统主要由解码器和 A/D 转换器、帧存储器、D/A 转换器和编码器、存储器和读/写地址修改以及其他辅助单元组成。

（1）解码器和 A/D 转换器。

将输入的 PAL 制彩色全电视信号经模拟解码器后得到 Y、U、V 模拟分量，然后分别进行 A/D 变换，将模拟信号转换为数字信号，输出并存储在帧存储器中。

（2）帧存储器。

帧存储器是数字视频特技系统的核心部分，可以存储两场数字视频信号。它由集成度高、功耗低、存储速度较快的金属氧化物半导体（MOS）器件组成，数字视频特技就是通过对帧存储器中的数字信号进行各种读/写操作来实现的。

（3）D/A 转换器和编码器。

D/A 转换器将帧存储器中处理后的数字信号转换成模拟信号，然后由编码器将 Y、U、V 三个分量信号组成彩色全电视信号重新输出。

（4）A/D 转换控制与写地址发生器。

该发生器实现 A/D 转换并将结果正确写入帧存储器。

（5）D/A 转换控制与读地址发生器。

该发生器实现 D/A 转换并将帧存储器中的结果正确读出。

（6）存储器和读/写地址修改。

存储器和读/写地址修改用于控制图像参数的存储，并通过改变图像参数写入存储器或从存储器读出地址，使得图像在画面的几何位置有所改变，从而实现数字特技效果。

数字视频特技系统结构模型如图 5-3 所示。

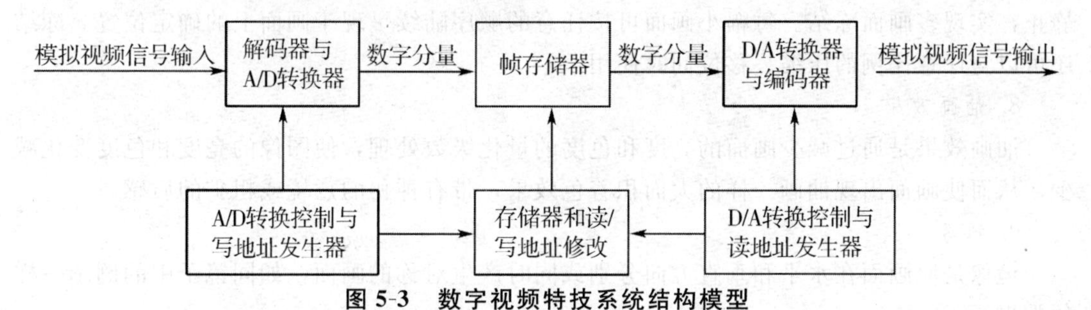

图 5-3　数字视频特技系统结构模型

二、数字视频特技的效果

1. 画面压缩与扩大

画面压缩与扩大可使原画面产生类似摄像机变焦时，图像变大变小的效果，不同的是变化时仍带有原画面的边框。因为它不能产生新的图像信息，所以只能将画面进行压缩，直至成为一点从屏幕上消失；也可将原画面扩大，直至充满屏幕或使局部图像的像素重复读出，但这会使图像清晰度下降，故实际应用较少。

画面压缩与扩大可以单独在水平方向或垂直方向进行，甚至可以按任意比例进行。

2. 画面移位

画面移位可以将整幅画面移位，使原画面沿水平方向或是垂直方向移位，这是通过对图像读/写地址进行加减实现的。移位常常与压缩结合使用，使全景画面上出现分画面，且分画面可随编导人员的意图任意移位。

3. 多影效果

多影效果是通过图像的连续扩大或压缩特技和画面移位特技相结合来实现。

4. 裂像效果

裂像效果将原画面分裂成若干块并显示在屏幕上，就像用刀划开一样，能水平分裂、垂直分裂或不规则分裂。

5. 旋转效果

旋转效果能使图像围绕三个坐标轴（X、Y、Z）旋转，又称图像旋转效果，通常情况下旋转效果常常特指围绕Z轴旋转的特技，而围绕X轴旋转被称作翻滚，围绕Y轴的旋转被称作翻转。三个坐标轴的旋转可分别或同时使用，其中围绕Z轴旋转的特技效果可以不考虑透视效果。X、Y、Z轴的坐标原点可以在屏幕的任意位置。

6. 马赛克效果

马赛克效果是使画面变成由一块块亮度和色度的小方块组成，产生类似用彩色马赛克（建筑上用的小方块瓷砖）镶嵌地板或墙面的效果。马赛克效果可以通过对输入信号的像素进行放大处理，而使每个像素各自成为亮度和颜色都均匀的小方块，也可通过降低读/写地址的量化等级数，重复读出同一地址的内容来实现。马赛克效果有局部马赛克、渐变马赛克等不同效果。

7. 画面冻结

画面冻结是指使活动视频画面内容变为静止画像，类似电影中的定格效果。冻结的位置、时间可任意选择，常常与画面压缩效果结合使用，将原画面缩小成4、9或16幅画面静止，实现多画面冻结。每幅小画面可按任意的顺序陆续呈现于画面上的确定位置。冻结还可以与任意比例的压缩、移位同时使用。

8. 油画效果

油画效果是通过减少画面的亮度和色度的量化级数处理，使图像的亮度和色度变化减少，从而使画面出现油画一样的大面积着色效果，带有神秘的意境或粗犷的质感。

9. 镜像

镜像是原画面在水平和垂直方向分别或同时产生对称的画面，如同镜子中的倒影一样的效果。

10. 负像效果

负像效果使输入图像的亮暗部分反相呈现，得到如同黑白照底片一样的画面，用于对比的场合。

11. 曲线移位

曲线移位使画面以某条曲线为轨迹，连续进行移位和压缩，从而得到从大到小或从小到大的曲线移位效果。曲线轨迹可任意确定。

12. 透视淡变

淡变特技是建立在透视效应基础上的。此时，物体不仅随着它的位置变远而缩小，并且同时产生淡变效果。当选择适当的键控与能够线性键控的切换台联合使用时，可以使图像淡变至背景画面。

13. 照明效果

照明特技的作用是用来强调物体的细节部分，就仿佛用某一个实际光源照射该物体一样。具体效果取决于光源和被照物体间的相对位置的角度。许多简单特技系统中对照明特技只提供固定方式，较精巧的系统则能给出各种光源的位置，以供选择。

三、数字视频特技制作流程

（1）熟悉电视特技制作系统的设备性能、特点，如视频摄像系统、音频系统、同步系统，特别是特技制作系统的性能、特点和使用方法。

（2）熟悉节目稿本，特别是需要添加特技的部分。

（3）根据节目内容，确定所需特技的种类、时间长度并画出草图。

（4）根据特技种类和要求，设计出制作简便的实现方法，并在制作稿本上做出说明。

（5）为使节目能流畅、高效地进行，应就画面构图、摄像要求等和摄像师进行必要的勾通，提出有关要求，保证在实际制作时能流畅进行。

（6）现场特技制作。

第四节　视频切换与数字视频特技实践训练

特技制作系统从信号方式的不同可分为模拟特技制作系统和数字特技制作系统。数字特技制作系统又包括基于数字特技机等设备的硬件系统和基于非线性编辑系统的软件系统。随着广播电视技术的数字化，数字特技制作系统已经成为特技制作与应用的主流。

一、数字特技台的介绍

要掌握视频切换与数字特技的制作，首先要熟悉电视特技制作系统的连接和相关设备的技术原理及操作使用，特别是特技设备的操作使用。

现以松下 AG-MX70MC 型号切换台为例来认识一下切换台的简单布局。为方便介绍，将切换台分为三部分讲解。

1. 松下 AG-MX70MC 型号切换台（一）

松下 AG-MX70MC 型号切换台（一）如图 5-4 所示，各部件详细介绍如下。

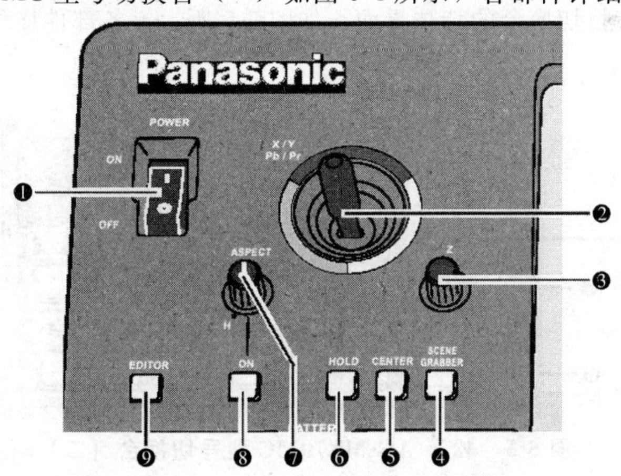

图 5-4　松下 AG-MX70MC 型号切换台（一）

❶POWER：电源选择开关

此开关用于打开和关闭切换台电源的装置。

❷操作杆

操作杆可用作 XY 定位器和色彩设置控制器，它能按要求进行切换。

❸Z 旋钮

此旋钮用于在键位置设置期间设置键尺寸 Z 和色彩设置的亮度（Y）。

❹SCENE GRABBER 按键

此键用于当选中某一特定键图形并将之设定为 ON 时，能够将键中图像粘贴在图形上并移动它。

❺CENTER 按键

该按键设置为 ON 时可进行居中。在彩色设置时，色饱和度被设置为 0（标称值），定位设置时，图形被居中。

❻HOLD 按键

该按键被设置为 ON 时，操纵杆的操作被停止。但是，即使该按键被设置为 ON 时，仍可使用 CENTER 按键。当 HOLD 按键被设置为 OFF 时，操纵杆数值将被更新。

❼ASPECT：比例旋钮

该旋钮用于设置键图形的宽高比。这些图形的宽高比可进行设置。当它转向 H 方向，宽度（水平）增加；当它转向 V 方向，则高度（垂直）增加。

❽宽高比 ON 按键

当该按键处于 ON 时，宽高比控制旋钮的设置起作用；当该按键处于 OFF 时，建立初始宽高比（中心值）。

❾EDITOR：使能按键

此按键采用 RS-422A 控制编辑器功能接通或关闭。当该按键的灯点亮时（ON），接受来自编辑控制器的设置；当按键灯熄灭时（OFF）时，取消设置，此时可用手动方式进行设置。

2. 松下 AG-MX70MC 型号切换台（二）

本部分是视频特技切换台的特技界面，如图 5-5 所示，各部件详细介绍如下。

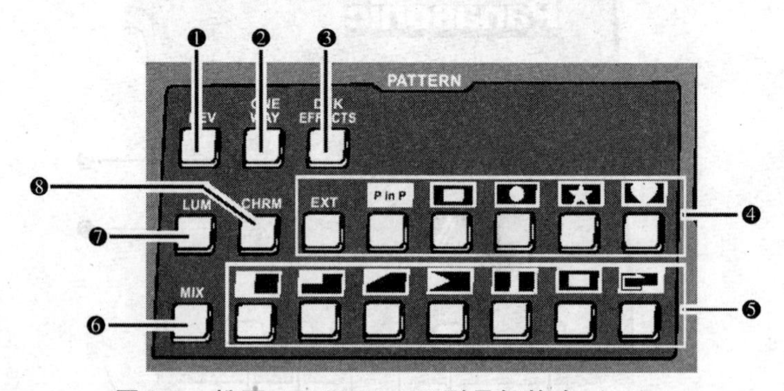

图 5-5 松下 AG-MX70MC 型号切换台（二）

❶REV：反向按键

该按键用来反转键和转换键图形，使帧入/出反向，以及反转色浓度键、外部键和字幕 α 键信号。对于没有反向操作的图形，按键灯闪烁，表示这些图形不能被反向。

❷ONE WAY 按键

在 AB 总线设置阶段，该按键从一个方向将转换图形设为另一个图形。对于预设总线或输出总线或没有反向的图形，按键灯闪烁，表示不能执行效果。

❸DSK EFFECTS 按键

当该按键被设置为 ON 时，转换图形和 3D-DVE 被用于 DSK。该按键的初始设置为 OFF，并且某些图形不能被用于 DSK 效果。

❹直接键图形按键

这些按键用来直接调出键图形。使用 SETUP 初始设置，可以将键图形从缺省设置改为其他图形。附带边界的设置也被存储在每个按键的存储器中。

❺直接转换图形按键

这些按键用来直接访问转换图形。使用 SETUP 初始设置，可以将转换图形从缺省设置改为其他图形。附带边界的设置也被存储在每个按键的存储器中。

❻MIX：混合按键

按下此键，指示灯点亮，可以进行混合特技的设置与操作。

❼LUM：亮度键按键

此键用于调出亮度键。当访问它时，前一个设置被存储在存储器中。

❽CHRM：色度键按键

此键用于调出色度键。当访问此键时，前一个设置被存储在存储器中。

3. 松下 AG-MX70MC 型号切换台（三）

本部分主要是视频特技切换台的节目总线，如图 5-6 所示，各部件详细介绍如下。

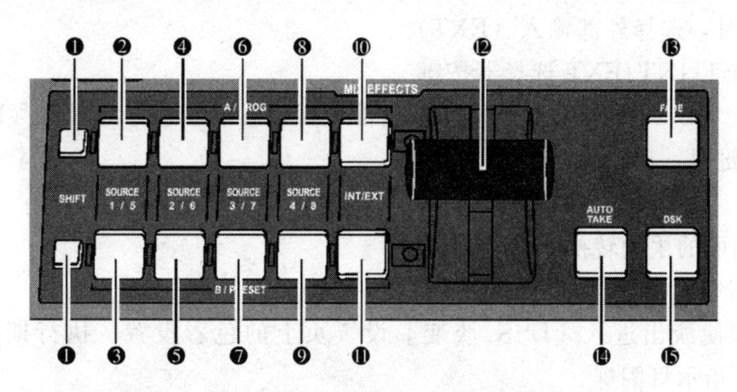

图 5-6　松下 AG-MX70MC 型号切换台（三）

❶SHIFT：转移键

转移键用于键功能转换。

❷A/PROG/SOURCE1/5 选择按键

该键用于选择由 A/PROG 总线初始设置选择的信号源 1。同时按该键和 SHIFT 键时，选择信号源 5。

❸B/PRESET/SOURCE1/5 选择器按键

该键用于选择由 B/PRESET 总线初始设置选择的信号源 1。同时按该键和 SHIFT 键时，选择信号源 5。

❹A/PROG/SOURCE2/6 选择器按键

该键用于选择由 A/PROG 总线初始设置选择的信号源 2。同时按该键和 SHIFT 键时，选择信号源 6。

❺B/PRESET/SOURCE2/6 选择器按键

该键用于选择由 B/PRESET 总线初始设置选择的信号源 2。同时按该键和 SHIFT 键时，选择信号源 6。

❻A/PROG/SOURCE3/7 选择器按键

该键用于选择由 A/PROG 总线初始设置选择的信号源 3。同时按该键和 SHIFT 键时，选择信号源 7。

❼B/PRESET/SOURCE3/7 选择器按键

该键用于选择由 B/PRESET 总线初始设置选择的信号源 3。同时按该键和 SHIFT 键时，选择信号源 7。

❽A/PROG/SOURCE4/8 选择器按键

该键用于选择由 A/PROG 总线初始设置选择的信号源 4。同时按该键和 SHIFT 键时，选择信号源 8。

❾B/PRESET/SOURCE4/8 选择器按键

该键用于选择由 B/PRESET 总线初始设置选择的信号源 4。同时按该键和 SHIFT 键时，选择信号源 8。

❿A/PROG/INT/EXT 选择器按键

该按键用于为 A/PROG 总线选择在内部视频设置页上选择的图像（INT）。同时按该键和 SHIFT 键时，选择外部输入（EXT）。

⓫B/PRESET/INT/EXT 选择器按键

该按键用于为 B/PRESET 总线选择在内部视频设置页上选择的图像（INT）。同时按该键和 SHIFT 键时，选择外部输入（EXT）。

⓬T 形杆

此杆用于画面的手动转换。

⓭FADE：淡变执行按键

该按键能够使淡出进入［DSK/淡变］设置页上的色彩设置。执行期间，指示灯点亮；淡出期间，指示灯闪烁。

⓮AUTO TAKE 按键

该按键能够自动进行 M/E 转换。执行期间，指示灯点亮。在转换期间再次按此键，在按下的位置停止转换。转换停止时，指示灯闪烁。再次按此键时，转换恢复。

⓯DSK 执行按键

该按键能够执行［DSK/淡变］设置页上设置的 DSK。执行期间，指示灯点亮；DSK 期间，指示灯闪烁。

二、数字特技台的系统组成

松下 AG-MX70MC 数字特技台可连接摄像机、录像机以及其他视频组件，本设备能够以数字方式处理这些组件的视频信号。

（1）由松下 AG-MX70MC 数字特技台为中心的基本连接如图 5-7 所示。

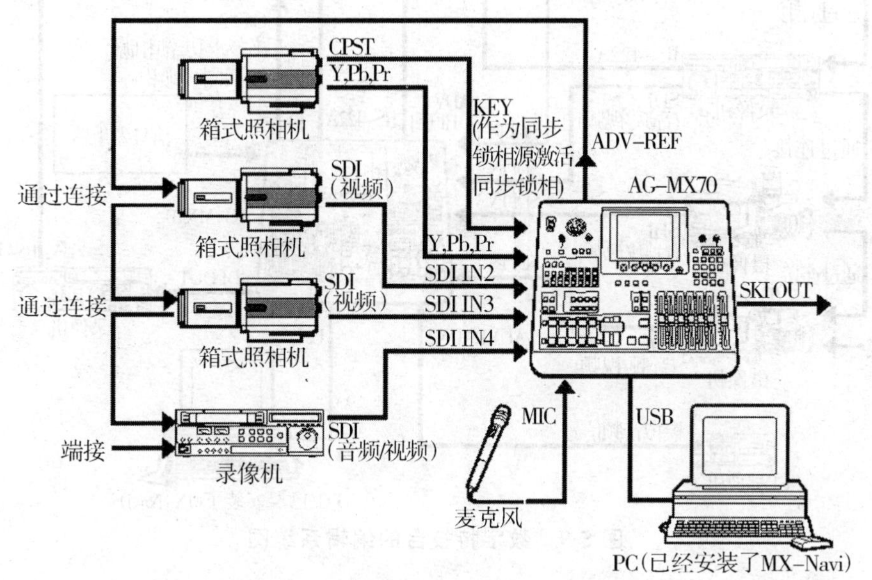

图 5-7　数字特技台的系统基本连接图

（2）由松下 AG-MX70MC 数字特技台为中心的实况转播连接如图 5-8 所示。

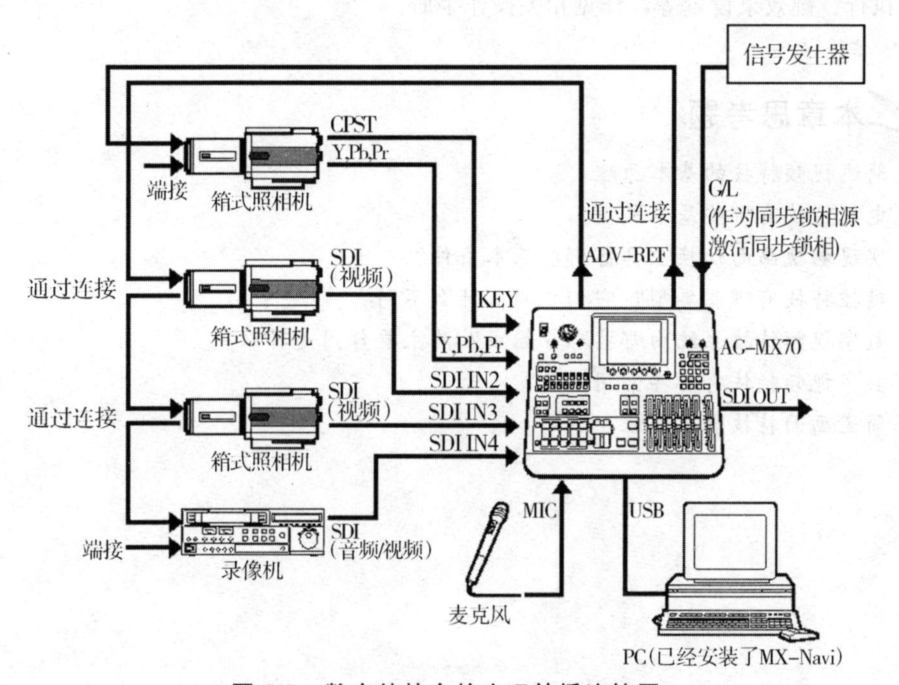

图 5-8　数字特技台的实况转播连接图

（3）由松下 AG-MX70MC 数字特技台为中心的编辑系统如图 5-9 所示。

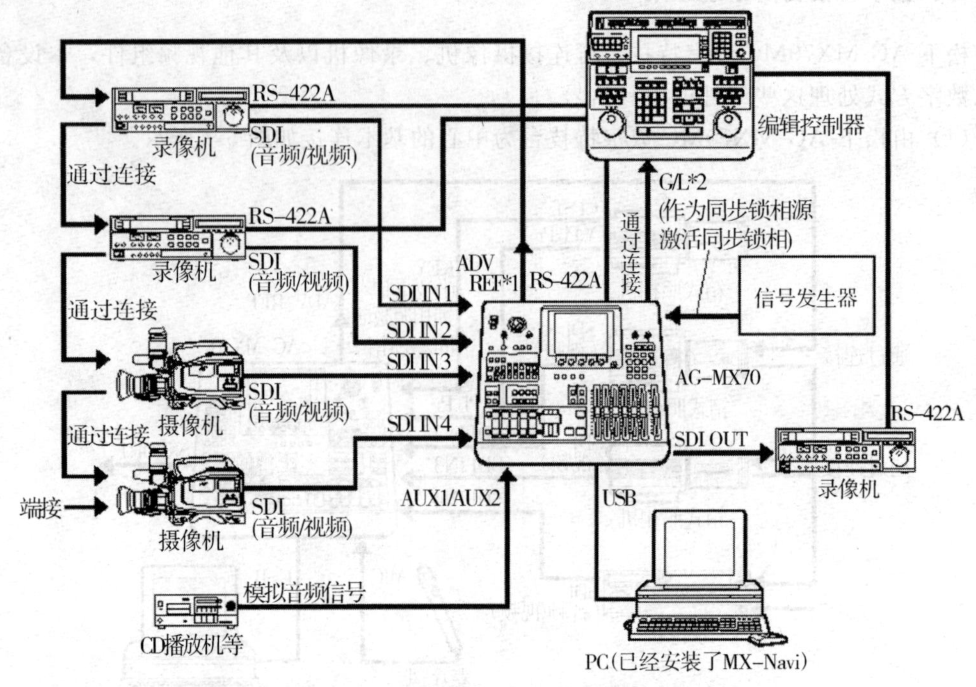

图 5-9　数字特技台的编辑系统图

在设备连接时应考虑好视/音频系统设备间互连的匹配、接地、屏蔽、同步等问题。具体操作包括面板画面设置、内部视频画面设置、各种色彩效果设置、视频效果设置、特技效果执行、键效果设置等，详见相关操作手册。

本章思考题

1. 简述视频特技的基本原理。
2. 电视特技有哪些基本类型？
3. 实现电视画面切换应具备哪些基本条件？
4. 键控特技有哪些类型？它们之间有什么不同？
5. 数字视频特技系统由哪些部分组成？其主要作用是什么？
6. 数字视频特技有哪些常用效果？
7. 简述画面特技制作流程。

第六章
高清晰度摄像机

本章提要

本章从高清晰度电视的定义出发，分别介绍了高清晰度摄像机的工作原理、高清晰度摄像机的相关行业标准、高清晰度摄像机的主要技术参数和视频格式；并以松下 AG-HPX500MC 型高清晰度摄像机为例，重点介绍了高清晰度摄像机的操作和使用步骤。对高清节目的后期制作流程亦做了简要说明。

第一节 高清晰度电视与高清晰度摄像机

一、高清晰度电视的原理与技术指标

1. 高清晰度电视概述

NTSC制、PAL制和SECAM制是在黑白电视广播制式的基础上发展起来的、世界上现行的三种模拟普通清晰度彩色电视广播制式，在清晰度、编码、传输方式等方面都存在着不足，很难实现真正的高清晰的彩色图像和高质量的声音效果，无法满足现代社会人们对更高质量电视节目的需求。因此，高清晰度（简称高清）成为新一代的视频标准。目前世界上对高清还没有一个完全统一的标准，但有一个基本的标准，即视频比例一定为16∶9且分辨率大于或等于1280×720。相应的，低于这个分辨率的视频，一般称为标清。高清晰度与标清晰度电视的差别主要体现在宽高比、清晰度、色域以及亮度方程等方面。

高清晰度电视（High Definition Television，HDTV）又称高清电视，是一种电视业务下的新型产品。美国研制成功的世界上第一款高清晰度电视于1998年的面世，令众多电视爱好者欣喜若狂，它有着更高的分辨率和数字环绕立体声，能使观众享受真正的视听盛宴。在CCIR（国际无线电咨询委员会）801报告中对HDTV做了以下描述："高清晰度电视系统的设计要求是观看者在图像高度大约3倍距离处能看到或接近看得清楚细节的程度，达到视力正常的观看者看原始景物时相同的感觉。"高清晰度电视追求的目标是：提高电视的图像质量和声音质量，让观众们看到清晰鲜艳的画面，听到优美的环绕立体声，使观众有身临其境的感受。

电视的清晰度是指画面再现物体细部的能力，即对不同色调物体的极小的相邻面积、极其细节部分的分辨能力。清晰度的高低直接影响着电视的画面质量。电视机的清晰度主要取决于两个因素：分辨率和带宽。分辨率是影像清晰度或浓度的度量标准，用来表示平面图像的精细程度，通常都以横向和纵向的数量来衡量，表示成"水平点数×垂直点数"的形式。如1024×768，其中1024表示屏幕水平方向显示的像素，即水平清晰度，也就是我们常说的多少线；768是屏幕垂直方向上的像素。平面图像的分辨率越高，代表可使用的水平和垂直的点数越多，影像也越清晰。带宽是指显示设备的视频带宽，它等于分辨率×场频×135%。例如：人们日常用的普通模拟清晰度电视（LDTV）的分辨率为340×255，场频为50Hz，那么其视频带宽＝340×255×50×135%＝5.84MHz。显然，带宽值越大，图像越细致。

高清晰度电视（HDTV）的分辨率共有3种：1280×720p、1920×1080i、1920×1080p，我国采用的是1920×1080i（标清电视的分辨率为720×576），相当于目前模拟电视画面清晰度的2倍多，具有极高的图像分辨率和清晰度；采用16∶9的屏幕比例，宽屏显示效果更符合人们的视觉范围。在音频处理方面，高清晰度电视采用杜比公司的AC-3解码技术，可接收和输出5.1声道信号，并具有极好的音质和真正的环绕音效。高清电视是所有数字电视标准中最高的标准，清晰的画面、高质量的画质将是未来电视发展的趋势。

2. 高清晰度电视的发展

日本是最早研制开发高清晰度电视的国家，随后高清晰度电视成为国际上的热门话题，欧洲、美国等发达国家也纷纷效仿，投入大量的人力、物力和财力进行开发研究。高清晰度电视发展至今，主要经历了模拟高清晰度电视和数字高清晰度电视两个发展阶段。

（1）模拟高清晰度电视。

1964 年，日本的 NHK 科技实验室开始研究模拟高清晰度电视制式 Hivision，图像宽高比为 16∶9，每帧有 1125 个扫描行，场频 60Hz，2∶1 隔行扫描；亮度信号带宽为 20MHz，色度信号带宽分别为 7.0MHz（宽带色差）、5.5MHz（窄带色差）。NHK 科技实验室采用数字信号处理技术和时间压缩技术开发了信号频带压缩方法，使 Hivision 模拟高清晰度电视信号的基带带宽经过 4∶1 频带压缩后达到 8.1MHz，但只能在 24MHz 带宽的卫星频道中进行传送，不能通过已有的地面广播电视频道传输。日本从 1989 年开始正式播出模拟高清晰度电视，每天播出 1 小时，从 1991 年起又开始每天 8 小时的广播。

为了与日本的 Hivision 相抗衡，欧洲于 20 世纪 80 年代中期提出了模拟高清晰度电视制式 HD-MAC，图像宽高比为 16∶9，每帧有 1250 个扫描行，场频 50Hz，2∶1 隔行扫描。MAC（Multiplexed Analogue Components）是复用模拟分量的缩写，HD-MAC 采用 D2-MAC（普通清晰度电视制式）的信号编码方式，在压缩中采用亚取样技术，模拟高清晰度电视信号的基带带宽经过 4∶1 频带压缩后达到 11.5MHz。与日本的 Hivision 一样，HD-MAC 只能在卫星频道中进行传输。

（2）数字高清晰度电视。

20 世纪 90 年代之后，计算机技术、通信技术和数字压缩技术得到了迅猛发展，广播电视技术也迅速走向了“数字时代”，数字高清晰度电视由此诞生。数字电视（DTV）的拍摄、编辑、制作、播出、传输、接收等电视信号播出和接收的全过程都是使用数字技术来完成的，数字高清晰度电视是数字电视标准中最高级的一种，拥有最佳的视频、音频效果。

在国际计算机工业处于绝对领先地位的美国最先进入数字高清晰度电视的研究领域，美国把 HDTV 称为先进电视（Advanced Television，ATV）。1987 年 11 月，美国联邦通信委员会（Federal Communications Commission，FCC）成立了先进电视业务的民间咨询委员会（ACATS），开展 ATV 的研究工作。1988 年 9 月美国 FCC 提出新一代数字电视必须与现有 NTSC（美国电视广播制式）接收机有尽可能的兼容性，且不能打乱现有的电视频道划分。美国共提出了 24 种 ATV 系统，ACATS 对提出的各种 ATV 系统进行了审查比较，最后保留了 6 种系统进行测试。1993 年经过第一轮测试淘汰了模拟系统，只剩下 4 个数字传输 ATV 系统。由于每个数字 ATV 系统各有优缺点，没有任何一个系统明显优于其他系统，因此，1993 年 5 月研制这 4 个数字传输系统的七个公司和组织成立了 HDTV 大联盟（Grand Alliance，GA），集各家之所长，制定了一个统一的美国 HDTV 标准，它使美国的数字高清晰度电视在国际上名列前茅。1996 年 12 月 FCC 通过了美国数字电视地面传输标准 ATSC（Advanced Television System Committee）。1998 年美国开始试播数字高清晰度彩色电视节目，开播了世界上第一个高清频道；2009 年 2 月美国已完全淘汰模拟电视，取而代之的是数字高清晰度电视。

为了研制数字电视节目，欧洲放弃了 HD-MAC 模拟高清晰度电视制式，于 1993 年成立了 DVB（Digital Video Broadcasting，数字视频广播项目），开始 DVB 标准只包括普通清晰度电视 SDTV，后来又加进了 HDTV 的内容。欧洲的全数字电视系统包括了地面广播、卫星传送、有线电视，所使用的标准分别为 1994 年 12 月起先后制定的 DVB-S（卫星）、DVB-C（有线）、DVB-T（地面）标准。欧洲于 2004 年 1 月 1 日正式开播其第一个高清电视频道——Euro1080，覆盖 30 多个国家，在 2005 年又增加了 HD2、HD5 两个频道；德国也于 2005 年开播了高清频道；英国 BshyB、BBC 和法国 TF1 及 M6 也都在 2006 年开展高清卫星服务，BBC 公司也计划在 2010 年全部进行高清节目制作。研究表明，未来 5 年内，欧洲数字高清电视市场仍将取得突飞猛进的发展，拥有数字高清电视机的家庭将超过 1.7 亿户，是 2008 年的 3 倍。

1983 年，日本开始研究综合业务数字广播标准（Integrated Services Digital Broadcasting，ISDB）1999 年制定了 ISDB-T 地面综合业务数字广播标准，2000 年日本开始利用 ISDB-S 体系进行卫星数字广播，并于 2001 年开播了 6 套数字卫星高清晰度电视节目。2003 年 12 月，日本利用 ISDB-T 体系在主要城市开展了地面数字高清晰度电视广播，计划在 2011 年完成地面电视广播数字化。

高清电视正在全球逐步发展，美国和日本是领先者。目前，美国、日本、欧洲的 Euro1080、澳大利亚的第七频道、韩国广播公司、中国中央电视台等已经正式开播了数字高清晰度电视，还有很多国家的广电部门正准备开办数字高清晰度电视业务。表 6-1 列出了欧洲和亚太地区部分国家数字高清晰度电视的开播情况。

表 6-1　欧洲和亚太地区部分国家数字高清晰度电视的开播情况

国　家	开播时间	标　准	高清或标清	模拟停播时间
英　国	1998 年 9 月	DVB-T	标清	2010 年
美　国	1998 年 11 月	ATSC	高清/标清	2009 年 6 月 12 日
瑞　典	1999 年 4 月	DVB-T	标清	2007 年 10 月 15 日
西班牙	2000 年 5 月	DVB-T	标清	2010 年
澳大利亚	2001 年 1 月	DVB-T	高清/标清	2010 年
新加坡	2001 年 2 月	DVB-T	标清（移动）	2012 年
芬　兰	2001 年 8 月	DVB-T	标清	2007 年 9 月 1 日
韩　国	2001 年 10 月	ATSC	高清/标清	2012 年
德　国	2002 年 10 月	DVB-T	标清	2003 年 8 月 4 日
加拿大	2003 年 2 月	ATSC	高清/标清	2009 年
荷　兰	2003 年 4 月	DVB-T	标清	2006 年 12 月 11 日
瑞　士	2003 年	DVB-T	标清	2010 年
日　本	2003 年 12 月	ISDB-T	高清/标清	2011 年
意大利	2003 年 12 月	DVB-T	标清	2006 年 12 月 31 日

数字高清晰度电视是推动数字电视发展的主要动力之一，推广数字高清电视将是一种

必然趋势。我国的广播电视界、工业界、科技界以及政府都对数字高清晰度电视的研制和发展给予了极大的重视和支持，已研制成功了多种制式的信道编/解码器、调制解调器和HDTV接收机。我国广电总局已经制定了有关数字高清晰度电视标准，如高清晰度电视节目制作及交换用视频参数标准、演播室高清晰度电视数字视频信号接口标准、数字分量演播室接口中附属数据信号嵌入格式、数字有线电视广播标准、数字卫星电视广播标准等。2006年8月30日，我国国家标准化管理委员会发布了具有自主知识产权的中国数字电视地面广播传输系统标准GB 20600—2006——数字电视地面广播传输系统帧结构、信道编码和调制，并于2007年8月1日起实施。

1998年9月，我国研制成功第一套数字高清晰度电视系统，成为继美国、欧洲和日本之后世界上第四个拥有数字高清晰度电视地面广播传输系统的国家，并于1999年10月1日成功地利用高清晰度电视对国庆五十周年首都的庆典活动进行了转播。2005年9月1日，全球第一个中文高清数字频道——央视“高清影视”频道正式在杭州落地试播，中国第一批高清电视用户也在这里随之产生。2006年4月13日，央视“高清影视”频道正式在深圳落地，深圳也因此成为第一个可以收看高清数字频道节目的珠三角城市。另外，上海文广新闻传媒集团、北京电视台、天津电视台、成都电视台、山东电视台、江西电视台等都相继建立了高清演播室，用来播放数字高清晰度电视节目。2008年1月1日，我国地面数字电视广播正式在北京开播，这标志着中国的地面数字电视广播正式步入了大规模普及阶段。按照北京奥组委对国际奥委会的承诺，2008年北京奥运会采用高清电视技术对赛事进行全程转播。广电总局已于2009年全面推进地面数字电视网络系统建设，加快推进我国高清数字电视广播事业的发展。2009年国庆节前夕，北京卫视、湖南卫视、东方卫视等5家省级电视媒体成功建立高清频道。依据《“十一五”时期广播影视科技发展规划》，我国将积极推进“三网融合”，最大限度地开发宽带通信网、数字电视网和下一代互联网的互通优势。到2010年，我国东部、中部地区县级城市、西部地区大部分县级以上城市的有线电视基本实现数字化，数字广播电视将全面实现；2015年基本停止模拟电视的播出，初步实现广播电视由模拟向数字的转变，力争我国数字电视产业规模和技术水平位居世界前列，成为全球最大的数字电视整机和关键开发和生产基地。

3. 技术参数和标准

目前，数字高清晰度电视技术不仅应用于广播领域，而且在非广播领域（如军事、医学、空间科学、文化艺术、遥感技术等方面）也有着广阔的应用前景，它已经成为集各项高技术于一身的新时代宠儿。了解了数字高清晰度电视的概况之后，下面将从技术参数、视频格式、HDTV标准三大方面对其进行进一步剖析。

（1）技术参数。

高清晰度电视的分辨率达到了标准清晰度电视分辨率的5倍，在图像质量方面实现了一个巨大的飞跃，这意味着更清晰的图像、更好的色彩保真度和宽屏格式。与HDTV相关的技术参数主要有以下几种。

①扫描行数。HDTV的扫描行数决定于人眼视觉系统的空间频率响应，扫描行数是观看距离的函数。主观评价质量相同的图像，观看距离越近，则要求扫描行数越多。研究表明，扫描行数增加时，扫描行干扰降低，图像清晰度提高，最佳视距缩短。HDTV的扫描行数要求在1200行左右，目前已提出1050行、1125行和1250行三种标准。表6-2

列出了在几种不同的观看距离时所需的扫描行数。

表 6-2　扫描行数与观看距离的关系

观看距离与图像高度之比	扫描行数
3.9	951
3.3	1125
2.8	1351
2.3	1601

注：表中数据是根据 2∶1 隔行扫描、帧频为 30Hz，宽高比为 16∶9 或 5∶3 时得到的。

②扫描方式。HDTV 采用两种扫描方式：隔行扫描和逐行扫描，在电视的标准显示模式中，i 表示隔行扫描，p 表示逐行扫描。

隔行扫描主要应用于电视信号的发送与接收中，显示屏在显示一幅图像时，先扫描奇数行，全部完成奇数行扫描后再扫描偶数行。它把每个帧分为两个场，每一场包含了一帧中所有的奇数扫描行或者偶数扫描行，扫描从左上角开始，一直扫描到右下角，跳过途中的每个交替行，通常是先扫描奇数行得到第一场，然后扫描偶数行得到第二场。因此，每幅图像需扫描两次才能完成，造成图像显示画面闪烁较大，而且画面清晰度稍差。

逐行扫描主要应用于计算机的显示器中，屏幕图像从第一条扫描线一直连续扫描到最后一条，而非先扫奇数条再扫描偶数条。与隔行扫描相比，逐行扫描在同样的时间里扫描了 2 倍，比如，一般的 HDTV 电视机在隔行扫描的状态下，每秒只扫描了 30 个完整的图像，而在逐行扫描的状态下，相当于每秒可以扫描 60 个完整的图像。这样可以消除因隔行扫描而产生的闪烁等现象。为了提高画面的清晰度，消除闪烁感，还可以增加扫描线数，使画面显得非常细腻、清晰。

实验证明，HDTV 采用 2∶1 的隔行扫描比较合适。当采用较大的隔行扫描比时，会出现比较严重的行间闪烁和图像闪烁现象。如果 HDTV 用于电影制作，则不能用隔行扫描，必须采用逐行扫描。

③图像带宽。任何图像都有一定的背景亮度，反映在图像信号上就是信号的直流分量，也就是说，图像信号最低频率是直流。只要知道了图像信号的最高频率，就可以确定图像信号的带宽。图像信号的最高频率应出现在传输一幅全是细节图像的情况下，且图像细节相当于一个像素，与一个扫描点相当。当要求图像的分辨率越高时，则亮度信号的频带越宽。根据人眼视觉系统的特性，不同扫描行数及宽高比的图像信号，其带宽也不同。HDTV 的图像信号带宽比现行的 625 行电视制式宽得多。

④图像尺寸及宽高比。图像尺寸也就是图像的大小，包括宽度和高度。实验表明，图像尺寸越小，图像质量主观感觉越好；图像尺寸越大，重现图像的真实感越强。宽高是指视频图像的宽度和高度之间的比率，如标准的电视视频图像的宽高比为 4∶3。据有关研究表明，人眼看图像的最佳视觉比例为16∶9。为了充分发挥人眼的视觉效果，高清电视（HDTV）已选定了 16∶9 的宽高比，因此，越来越多的 DC/DV 产品都附带了 16：9 的拍摄模式。

⑤信号带宽。信号带宽是指信号频谱的宽度，也就是信号的最高频率分量与最低频率

分量之差。如一方波信号最低频率为 2MHz，最高频率为 14MHz，则该信号的带宽为（14－2）MHz＝12MHz。对于人眼的视觉系统而言，彩色感觉特性的频带比亮度感觉特性窄得多，为了便于传输彩色图像信息，通常采用亮、色分离的传输方式。

⑥帧大小。视频电子标准协会（Video Electronics Standards Association，VESA）对显示器时序进行了规范，该标准制定了帧大小，用来定义分辨率和回扫次数之间的关系。帧大小即指水平像素数与垂直像素数的乘积，如 1280×720 或 1920×1080，由于水平像素值经常被忽略，因此不同系统通常指 720 或 1080，然后再加上字母 i 或 p（根据所采用的扫描方式）。

⑦帧速率。帧速率（Frames Per Second，fps），定义为每秒的图像帧数量，是指每秒刷新的图片的帧数，也可以理解为图形处理器每秒刷新的次数，主要用于衡量视频信号传输的速度，单位为帧/秒（fps）。帧速率越快，图像运动的感觉就越平滑连续，这也是衡量动态图像质量的重要指标之一。对于隔行扫描系统，这一数量通常指场率，这意味着帧数量通常是场数量的 2 倍，因为每帧是两个场。

世界各国曾分为支持 25/50fps 和支持 30/60fps 的两大阵营，很大程度上是因为电源供给的频率，这反过来又影响了图像稳定性。尽管如此，两个系统都遵从 HDTV，因此也满足视频监控的全帧速率要求。

（2）视频编码格式。

目前高清电视的视频编码格式主要有 MPEG-2、MPEG-4、H.264 和 WMA-HD 四种。

①MPEG-2。MPEG（Moving Pictures Experts Group，运动图像专家组）成立于 1988 年，专门负责为 CD 建立视频和音频的压缩标准，可实现帧之间的压缩，其平均压缩比可达 50∶1，压缩率较高，且又有统一的格式，兼容性好。MPEG 标准主要包括五大标准：MPEG-1、MPEG-2、MPEG-4、MPEG-7 及 MPEG-21。MPEG-2 标准是在以 VCD 和 MP3 为代表的 MPEG-1 产品研制成功之后，于 1994 年所推出的压缩标准，它不是 MPEG-1 的简单升级，而是针对标准数字电视和高清晰度电视在各种应用下的压缩方案和系统层做了详细的规定和进一步的完善，以实现视/音频服务与应用互操作的可能性。MPEG-2 特别适用于广播级数字电视的编码和传送，被认定为 SDTV 和 HDTV 的编码标准，一般采用“.mpg”、“.tp”和“.ts”为后缀的高清视频文件就是采用的 MPEG-2 压缩的。

DVD 就是采用 MPEG-2 进行视频压缩的，但这并不意味着能播放 DVD 的软件或者 DVD 播放像机就可以播放 HDTV。因为 DVD 节目中采用的是 MPEG2-PS 格式，全称是 Program Stream（程序流），主要用来存储固定时长的节目，如 DVD 电影，可添加字幕等一些程序操作。而 HDTV 节目中采用的是 MPEG2-TS 格式，全称是 Transport Stream（传输流），是一种视频流格式，主要应用于实时传送节目，比如实时广播的电视节目等。因此，要播放 HDTV 视频文件，如果选择了没有内建 HDTV 解码器和分离器的软件，就必须单独安装 MPEG2-TS 解码插件和专门的 HDTV 分离器了。

②MPEG-4。MPEG-4 是新一代基于内容的多媒体数据压缩编码国际标准，其研究活动开始于 1995 年 7 月，1998 年 11 月被 ISO/IEC 批准为正式标准，编号为 ISO/IEC14496。该标准第一次提出了基于对象的压缩编码新概念，它不仅针对一定比特率下

的视频、音频编码，更加注重多媒体系统的交互性和灵活性。MPEG-4 利用很窄的带宽，通过帧重建技术，采用 MPEG-4 的视频压缩方式，配上 MPEG-1 的音频压缩方式（MP3），生成了图像质量接近 DVD、声音质量接近 CD 的高清视频文件。与 MPEG-2 相比，MPEG-4 除了具有惊人的数据压缩比（经过 MPEG-4 的压缩的文件尺寸可以达到 MPEG-2 的 1/3），同时仍然保有极佳的音质和画质，可以用最少的数据获得最佳的图像质量，因此满足了低码率应用的需求。

MPEG-4 标准对传输速率要求较低（4800～6400bps），分辨率为 176×144，主要应用于视像电话、视像电子邮件等。在最新出品的 DV（数码摄像机）、PDA、手机，以至于视频点播、卡拉 OK、监控系统等产品说明上，都陆续出现“MPEG-4”字眼。它利用 MPEG-4 的高压缩率和高的图像还原质量可以把 DVD 里面的 MPEG-2 视频文件转换为体积更小的视频文件。经过这样处理，图像的视频质量下降不大但体积却可缩小几倍，可以很方便地用 CD-ROM 来保存 DVD 上面的节目。

然而，MPEG-4 很少直接用于对 HDTV 进行视频压缩，而是多用于 HDTV-Rip 上。HDTV-Rip 的 MPEG-4 即把原有的 HDTV 文件按照比例缩小到一定的尺寸，减少文件的大小，方便传输，同时画面效果不低于 DVD 效果，以寻求画面效果和文件尺寸的平衡。MPEG-4 标准派生出各种规格，主要有 DivX 和 XviD 两种，代表着不同规格利益的商业集团和一些支持免费共享资源的技术团体相互争斗的结果，导致各种 MPEG-4 规格的兼容性很差。采用 MPEG-4 压缩的视频文件的一般后缀名为“. avi”，很容易与微软的 AVI 格式混淆，不容易直接从后缀名辨认，所以只能通过解码器来识别。

③H. 264。H. 264 是一种高性能的视频编解码技术，也是一个高度压缩数字视频编/解码器标准。它在 1997 年 ITU 的视频编码专家组（Video Coding Experts Group，VCEG）提出时被称为 H. 26L，后来由 ITU-T（国际电联）视频编码专家组（VCEG）和 ISO（国际标准化组织）/IEC 动态图像专家组（MPEG）联合组成的联合视频组（Joint Video Team，JVT）提出，它既是 ITU-T 的 H. 264，又是 ISO/IEC 的 MPEG-4 高级视频编码（Advanced Video Coding，AVC），所以被称为 MPEG-4 Part10（MPEG-4 AVC）或 H. 264（JVT）。H. 264 标准的主要目标是在与其他现有的视频编码标准相同的带宽下提供更加优秀的图像质量。

H. 264 是在 MPEG-4 技术的基础之上建立起来的新一代的视频压缩格式，它具有很高的数据压缩比率，在同等图像质量的条件下，H. 264 的压缩比是 MPEG-2 的 2～3 倍，是 MPEG-4 的 1. 5～2 倍。这要归功于 H. 264 的低码率，在 MPEG-2 需要 6Mbps 的传输速率匹配时，H. 264 只需要 1～2Mbps 的传输速率，和 MPEG-2 和 MPEG-4 ASP 等压缩技术相比，经过 H. 264 压缩的视频数据，在网络传输过程中所需要的带宽更少，将大大节省用户的下载时间和数据流量收费。它的视频文件后缀名一般有“. avi”和“. mkv”两种。

与 MPEG-4 一样，经过 H. 264 压缩的视频文件一般也是采用 . avi 作为后缀名，同样不容易辨认，只能通过解码器来自己识别。但是目前网络上采用 H. 264 编码的 HDTV 文件并不多见，因为 H. 264 推出的时间较短，而且标准并没有完全地公开。另外，支持 H. 264 硬件解码 HDTV 回放的设备目前还属于广电级别，价格昂贵，并不适合普通用户购买。

④WMV-HD。WMV-HD 是由美国微软公司在 WMV9 标准的基础上创立的一种视频压缩格式，其压缩率远远高于 MPEG-2 标准。同样是 2 小时的 HDTV 节目，如果使用

MPEG-2 最多只能压缩至 30GB，而使用 WMV-HD 这样的高压缩率编码器，在画质丝毫不降的前提下都可压缩到 15GB 以下。在性能上，WMV-HD 的数据压缩率与 H.264 一样，两者的应用领域也极其相似，在新一代主流视频编码标准霸主地位的争夺之中，双方斗争的焦点集中在下一代光盘规格“HD DVD”和数字微波广播电视等领域。尽管 WMV-HD 是微软的独有标准，但因其在操作系统中大力支持 WMV 系列版本，从而在桌面系统得以迅速普及。微软公司强势的推广加上 WMV-HD 很高的压缩率，使 WMV-HD 很快就成了 HDTV 视频压缩格式中的后起之秀。

经过 WMV-HD 压缩的视频文件一般采用“.wmv”作为后缀名，目前网上采用 WMV-HD 格式的 HDTV 文件处处可见，其数量并不逊色于采用 MPEG-2 格式的 HDTV 文件。然而 WMV-HD 格式对系统有很高的要求，要想实现对 WMV-HD 格式的 HDTV 文件的播放，至少需要 P4 2.4G 的处理器，建议使用 P4 3.0G 以上处理器。而且根据微软的说法，建议配备 512MB 内存，并同时具备 128MB 显存的显示卡才能播放。同时，它还只适用于 Windows XP 以上的操作系统，软件方则要求用户安装 DirectX 9 和 Windows Media Player 9 系列。

(3) HDTV 标准。到目前为止，HDTV 还没有形成统一的国际标准，但一些在此方面有成就的国际组织和国家已经形成了一系列的技术规范和标准。HDTV 标准主要有以下几种。

①ITU 推荐的 HDTV 标准。1986 年 5 月 17 日，法国、德国、俄罗斯、意大利、奥地利等 20 个欧洲国家的代表在巴黎签订了一个“国际电信公约”，同时国际电信联盟(International Telegraph Union，ITU) 成立，它是世界各国政府的电信主管部门之间协调电信事务方面的一个国际组织。ITU 的宗旨是：维持和扩大国际合作，以改进和合理地使用电信资源；促进技术设施的发展及其有效地运用，以提高电信业务的效率，扩大技术设施的用途，并尽量使公众普遍利用；协调各国行动，以达到上述的目的。1998 年 2 月 1 日，ITU 发布了 ITU-R BT.709-3 建议书，英文名称为“Parameter values for the HDTV standards for production and international programme exchange”，内容主要是关于演播和国际节目交换的 HDTV 标准参数值，建议书部分内容参见表 6-3。

表 6-3 ITU (国际电讯联盟) 推荐的 HDTV 标准

每行有效样点数	1920
每帧有效扫描行	1080
取样结构	正交取样
像素形状	方形像素
画面宽高比	16∶9
每帧扫描行数	1125 行
垂直扫描类型	逐行或 2∶1 隔行扫描
垂直扫描频率	逐行 23.976/24/25/29.97/30/50/59.94/60 帧，隔行 50/59.94/60 场
取样频率	亮度：74.25MHz，色度：37.125MHz
标称带宽	亮度：30MHz，色度：15MHz
量化电平	8 或 10 比特

②SMPTE 的 HDTV 标准。SMPTE（The Society of Motion Picture and Television Engineers），中文名称为美国电影电视工程师协会，成立于 1916 年，它是电影、电视、视频和多媒体的标准开发和权威实践领域公认的全球领导者，现有来自世界 85 个国家超过 7500 名的会员。SMPTE 以提高行业发展水平、通过研讨促进学术和最新发展技术的交流、扩大销售网络等为理念，创办了每两年一次的在澳大利亚召开的 SMPTE 展会，它为从事于影视成像核心技术的工程师和科学家们提供了最丰富的业内论题，大大推动了影视成像领域的发展。目前，SMPTE 已定义了两个最重要的标准：SMPTE296M 与 SMPTE274M，其中 SMPTE296M 定义了采用逐行扫描的 1280×720 像素分辨率，而 SMPTE274M 定义了采用隔行或逐行扫描的 1920×1080 像素分辨率。SMPTE274M 标准部分内容参见表 6-4。

表 6-4 美国电影电视工程师协会的 HDTV 标准

每行有效样点数	1920
每帧有效扫描行	1080
取样结构	正交取样
像素形状	方形像素
画面宽高比	16：9
每帧扫描行数	1125 行
垂直扫描类型	逐行或 2：1 隔行扫描
垂直扫描频率	逐行 59.94/60 帧，隔行 59.94/60 场
取样频率	亮度：74.25MHz，色度：37.125MHz
标称带宽	亮度：30MHz，色度：15MHz
量化电平	8 或 10 比特

③中国国家广电总局的 HDTV 标准。1949 年 6 月，中国中央宣传部成立中国广播事业管理处，经过多年的发展和演变，2004 年 12 月更名为中国国家广电总局，其主要职能是起草广播电影电视和信息网络视听节目服务的法律法规草案，组织推进广播电影电视领域的公共服务，组织实施广播电影电视重大工程，监管广播电影电视节目、信息网络视听节目和公共视听载体播放的视听节目，审查其内容和质量等等。国家广电总局发布的 HDTV 标准部分内容参见表 6-5。

表 6-5 国家广电总局的 HDTV 标准

每行有效样点数	1920
每帧有效扫描行	1080
取样结构	正交取样
像素形状	方形像素
画面宽高比	16：9

续表

每帧扫描行数	1125 行
垂直扫描类型	逐行或 2∶1 隔行扫描
垂直扫描频率	逐行 24 帧，隔行 50 场
取样频率	亮度：74.25MHz，色度：37.125MHz
标称带宽	亮度：30MHz，色度：15MHz
量化电平	8 或 10 比特

二、高清晰度摄像机概述与工作原理

1. 高清晰度摄像机概述

从 1995 年 7 月日本 SONY 公司推出世界上第一台 DV 摄像机 DCR-VX1000 至今，数码摄像机在这十几年中已发生了翻天覆地的变化：存储介质从 DV 到 DVD 再到硬盘，总像素从 80 万到 500 万，影像质量从标清 DV（720×576）到高清 HDV（1920×1080），高清晰度摄像机将成为摄像领域的最新主宰。

如今，高清晰度电视走进千家万户已是大势所趋，各种配套的高清采编器材、高清产品也应运而生，其中用于拍摄高清电视图像的高清摄像机充当着重要的角色。HDV（High Digital Video）是一种使用在数码摄像机上的高清标准，由索尼、夏普、佳能、JVC 四大厂商于 2003 年 9 月 30 日联合宣布。HDV 是高清格式的一种，采用 HDV 标准的数码摄像机可以拍摄高质量、高清晰度的影像，拍摄出来的画面可以达到 720 线的逐行扫描方式、分辨率 1280×720 或 1080 线隔行扫描方式、分辨率 1920×1280，其目的是为了能开发准专业小型高清晰度摄像机和家用便携式高清晰度摄像机，使高清能够在更广的范围内普及。2004 年 9 月，日本 SONY 公司推出了世界上第一台 HDV 1080i 高清晰度摄像机 HDR-FX1E，HDV 的记录分辨率达到了 1440×1080，水平扫描线比 DVD 增加了一倍，且支持 DV 格式拍摄，向下兼容，为高清摄像机的生产与推广起到了很好的带头作用。

与传统的 DV 相比，HDV 具有以下几点特征。

（1）可以在 DV 磁带上录制高清晰画面。

HDV 标准可以和现有的 DV 磁带一起使用，以之作为记录媒介，也就是说，用于录制 DV 的 DV 磁带也可以用于高清晰影像的录制，录制时间是相等的，音质也很好。而且，主要的录制装置也与 DV 标准相同。这样，通过使用数字便携式摄像机，可以降低开发成本，提高开发效率。高清晰度数码摄像机可以保证“原汁原味”，播放录像的时候不降低图像质量。

（2）高保真音质。

HDV 的 MPEG-1 音频层 II 被用作音频压缩，音频码流的容量仅为当前音频码流的 1/10，其音质近乎 CD 的音质。

（3）先进的压缩算法。

为了在保持高画质的同时实现有效压缩，HDV 采用 MPEG-2 压缩方式作为 DV 磁带的记录方式。虽然与 DV 的码流相同，但由于 MPEG-2 制式的压缩方法通过使用数据量为常规视频信号4.5倍的帧间和HD视频信号之间的差异等信息，也能实现在极低比特率时的高分辨率，HDV的分辨率比DV要高出4倍。为了使用MPEG-2来压缩大量高清晰画面数据，要求有一种非常大的信号处理电路，SONY公司为此专门开发了先进的处理芯片，以确保在有效压缩的同时保证高清晰度的画面品质。

（4）具备强大的纠错功能。

利用使用帧间压缩的MPEG-2制式的压缩方法来压缩高清晰画面数据，数据的丢失会极大地影响画面的品质，而HDV标准的纠错代码能够实现比DV标准更加精确的纠错功能。与只在轨道内进行纠错的DV相比，HDV在多个轨道间进行纠错，显著改善了纠错功能，也增强了对于数据丢失的容错性。

（5）支持两类录制体系。

HDV标准具有两种类型的高清晰录制体系：一个是720p(逐行扫描)规范，规定了720个有效扫描行和1280个水平像素；另一个是1080i(隔行扫描)规范，规定了1080个有效扫描行和1920个水平像素。那么，哪个规范的清晰度更高呢？从表面上看，1080i的分辨率要远远高于720p，但由于它是隔行扫描，1080线是通过两次扫描来完成的，每场实际扫描线数只有一半，即1080/2＝540线。因而它在显示精细画面时仍然存在轻微的闪烁现象。而720p是逐行扫描，每次的扫描线数均为720线，因此其清晰度领先于1080i。

2. 高清晰度摄像机的工作原理

高清晰度摄像机的工作原理与标准清晰度数字摄像机相同，简单的理解就是光—电—数字信号的转变与传输，即通过感光元件（感光器）将光信号转变成电流，再将模拟电信号转变成数字信号，并将此信号通过电磁转换记录到磁带上。

高清晰度摄像机的感光元件也就是高清晰度摄像机感光成像的部件，它能把光线转变成电荷，通过模/数转换器芯片转换成数字信号，是高清晰度摄像机的核心器件。目前数字摄像机的感光成像部件有两种：CCD（电荷DI耦合）元件和CMOS（互补性氧化金属半导体）元件。

（1）CCD元件。

与其他数字摄像机相同，用高清摄像机进行拍摄时，被摄物体的图像经过镜头聚焦至CCD芯片上，CCD根据光的强弱积累相应比例的电荷，各个像素积累的电荷在视频时序的控制下，逐点外移，经滤波、放大处理后，形成数字视频信号输出。数字视频信号连接到监视器或电视机的视频输入端便可以看到与原始图像相同的视频图像。CCD芯片元件如图6-1所示。

图6-1　CCD芯片

(2) CMOS元件。

CMOS (Complementary Metal-Oxide Semiconductor)，中文名称为互补性氧化金属半导体，它和CCD一样同为在数码相机中可记录光线变化的半导体。CMOS主要是利用硅和锗这两种元素所做成的半导体，使其在CMOS上共存着带N（带负电）和P（带正电）级的半导体，这两个互补效应所产生的电流即可被处理芯片记录和解读成影像。然而，CMOS的缺点是容易出现杂点，主要是因为早期的设计使CMOS在处理快速变化的影像时，由于电流变化过于频繁而产生过热的现象。CMOS元件如图6-2所示。

图6-2 CMOS元件

高清摄像机所采用的感光元件除了CCD和CMOS之外，还有备受瞩目的SUPER CCD。SUPER CCD是由日本富士公司独家推出的，该公司宣称SUPER CCD可与多40％像素的传统CCD的分辨率相媲美，可以在240万像素的SUPER CCD上输出430万像素的画面来，打破了以往CCD有效像素小于总像素的金科玉律，因此SUPER CCD一经问世便引起了业界的广泛关注。SUPER CCD可以实现相当于ISO 800的高感度，信噪比较以往增加30％左右，颜色的再现也大幅改善，电量消耗亦减少了许多。它没有采用常规正方形二极管，而是使用了一种八边形的二极管，像素是以蜂窝状排列，并且单位像素的面积要比传统的CCD大，如图6-3所示。另外，SUPER CCD将像素旋转45°排列的结果是可以缩小对图像拍摄无用的多余空间，光线集中的效率比较高，效率增加之后使感光性、信噪比和动态范围都有所提高。

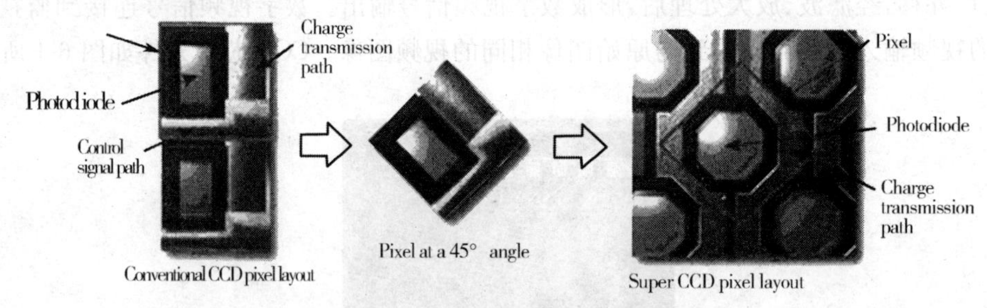

图6-3 SUPER CCD结构

与每个像素由一个二极管、控制信号路径和电量传输路径组成的传统CCD相比，SUPER CCD采用蜂窝状的八边二极管，原有的控制信号路径不再使用，只需要一个方向的电量传输路径，感光二极管就有更多的空间。如图6-4所示。

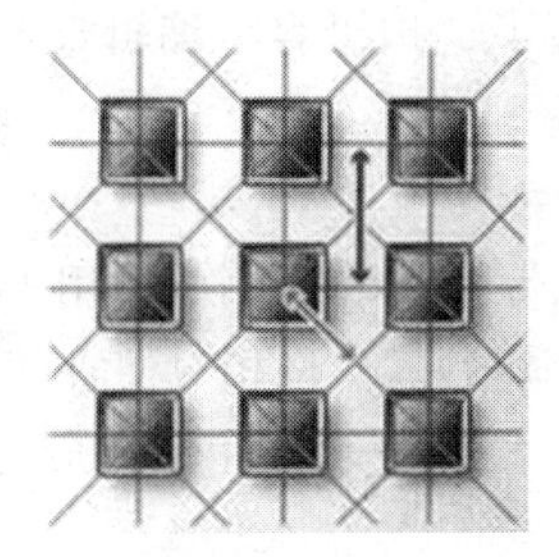
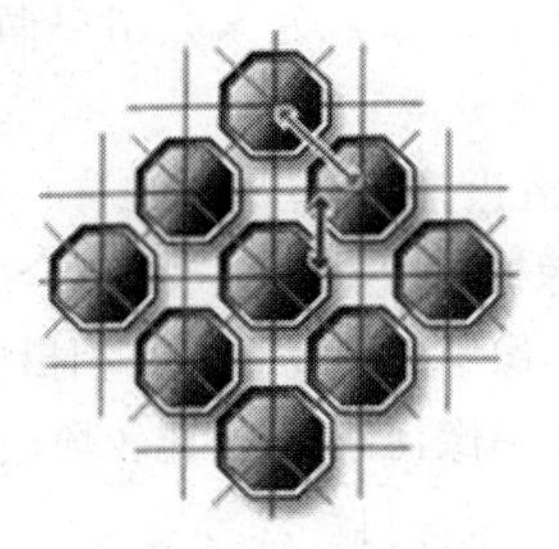

图 6-4　传统 CCD（左）和 SUPER CCD（右）

SUPER CCD 在排列结构上比传统 CCD 紧密，像素的利用率也较高。众所周知，CCD 对绿色不很敏感，是以 G-B-R-G 来合成的。各个合成的像素点实际上有一部分真实像素点是共用的，图像质量与理想状态存在一定的差距，所以一些高端专业级高清摄像机使用 3CCD 来分别感受 RGB 三色光。但是，SUPER CCD 通过改变像素之间的排列关系，做到了 R、G、B 像素相当，在合成像素时也是以 3 个为一组。传统 CCD 是 4 个合成一个像素点，其实只要 3 个就行了，浪费了一个，而 SUPER CCD 就发现了这一点，只用 3 个就能合成一个像素点。传统 CCD 是每 4 个点合成一个像素，每个点计算 4 次；而 SUPER CCD 是每 3 个点合成一个像素，每个点也是计算 4 次，因此 SUPER CCD 像素的利用率较传统 CCD 高，生成的像素就多了。在同一尺寸下，SUPER CCD 的感光二极管对光线的吸收程度也比较高，使感光度、信噪比和动态范围都有所提高。

第二节　高清晰度摄像机的分类

1. 按照使用用途分

（1）广播级高清摄像机。

广播级高清摄像机主要应用于广播电视领域，多被电视台或大型广告公司使用。该类机型的性能全面，清晰度最高，图像画质也最好；体积多数都较大，但日本松下、佳能等公司已生产出手持型便携式的机型，如松下 AG-HVX200、佳能 HDV High Definition XL H1。广播级高清摄像机的价格一般都很昂贵。

（2）专业级高清摄像机。

专业级高清摄像机一般应用于广播电视以外的专业电视领域，如工业、医疗、电化教育等，其机身轻便小巧，图像质量略低于广播级高清摄像机，价格也便宜一些。

（3）家用级高清摄像机。

家用级高清摄像机主要适用于家庭、娱乐等非业务场合，体积小、重量轻，便于携带，操作简单，即使在手持状态也能拍摄到对焦精确、稳定的高清画面。相对于广播级和专业级的高清摄像机而言，家用高清摄像机对图像的质量要求不太高，但画质依然很清晰，能够真实地还原生活画面，价格也略便宜一些。另外，该类摄像机采用硬盘、DVD 光盘、闪存等具有非线性特征的存储介质，使得家庭用户只需通过简单的重新排列镜头顺序、删除无用镜头、甚至对单个镜头进行分切等操作就能实现“后期编辑”，快速地播放

“编辑好”的家庭高清录像，为家庭用户彻底扫清了“拍摄容易编辑难”的障碍。

2. 按照存储介质分类

（1）磁带式高清摄像机。

磁带式高清摄像机采用磁带作为存储介质，因磁带可以随时更换，常用于需要长时间拍摄但没有条件将已拍摄影像导出的场合。其拍摄的画面质量好，价格相对便宜，但拍摄的时间较短，也不能使用电脑采集影像，后期制作比较烦琐。另外，磁带的耐用性不好，应时常做好防尘工作。

（2）光盘式高清摄像机。

光盘式高清摄像机采用 DVD 光盘作为存储介质，操作简单、携带方便，拍摄中不用担心重叠拍摄，也不用浪费时间去倒带或回放，拍摄完之后可直接通过 DVD 播放器即刻播放，省去了后期编辑的麻烦。

（3）硬盘式高清摄像机。

硬盘式高清摄像机采用硬盘作为存储介质，存储容量大，数据写入读出速度快，可通过电脑进行视频后期采集，编辑方便。拍摄过程中如果硬盘的空间满了，可以将拍摄的视频转存到电脑里，继续再拍摄。硬盘的拍摄时间长，但是防震性能差，且无法随时更换主要存储介质，所以常用于需要频繁用电脑采集摄像机中影像，但并不需要长时间外出拍摄的情况。

（4）存储卡式高清摄像机。

存储卡式高清摄像机也称为闪存式高清摄像机，它采用存储卡作为存储介质。存储卡可以从摄像机上取下来，通过电脑进行采集编辑，也可以放到别的摄像机上，使用操作简便，另外，存储卡的功耗低、体积小、不易损坏，性能稳定，便于维护。此类摄像机的拍摄时间取决于存储卡的容量大小，容量越大，拍摄的时间越长。

3. 按照传感器类型和数目分类

（1）传感器类型：CMOS 与 CCD。

CMOS 和 CCD 这两种传感器的主要区别在于它们的制作材料，前者集成在一种称为金属氧化物的半导体材料上，后者则集成在半导体单晶材料上，工作原理没有本质的区别。CCD 只有少数几个厂商（如日本索尼、松下等）生产，其制造工艺较复杂，采用 CCD 的摄像头价格都会相对比较贵，一般用于消费级别和高端的高清摄像机。CCD 高清摄像机的成像通透性、明锐度都很好，色彩还原、曝光可以保证基本准确。而 CMOS 的制造成本和功耗都远远低于 CCD，常用于低端的高清摄像机。其通透性一般，对实物的色彩还原能力偏弱，曝光也都不太好，但由于价格低廉且整合性较高，CMOS 在网络摄像头和手机摄像头等领域得到了广泛应用。

（2）传感器数目：单 CCD 与 3CCD。

单 CCD 摄像机是指摄像机里只有 1 片 CCD 并用其进行亮度信号以及彩色信号的光电转换，其中色度信号是用 CCD 上的一些特定的彩色遮罩装置并结合后面的电路完成的。由于要用一片 CCD 同时完成亮度信号和色度信号的转换，因此难免两全，以导致拍摄出来的图像在彩色还原上达不到很高的要求。

3CCD 高清摄像机上使用了 3 片 CCD。通常情况下，光线如果通过一种特殊的棱镜后，会被分为红、绿、蓝三种颜色（电视使用的三基色），通过这三基色，就可以产生包括亮度信号在内的所有电视信号。如果分别用一片 CCD 接受一种颜色并转换为电信号，然后经过电路处理后产生图像信号，这样，就构成了一个 3CCD 系统。和单 CCD 相比，由于 3CCD 分别用 3 个 CCD 转换红、绿、蓝信号，拍摄出来的图像从彩色还原上要比单 CCD 来的自然，亮度以及清晰度也比单 CCD

好，几乎可以原封不动地显示影像的原色，不会因经过摄像机演绎而出现色彩误差的情况。但由于使用了 3 片 CCD，3CCD 摄像机的价格要比单 CCD 贵很多，所以目前只有 SONY 推出了几款的 3CCD 高清摄像机，市面上的摄像机大部分是单 CCD。

第三节　高清晰度摄像机的操作和使用技巧

现以松下公司出品的 P2 卡高清摄像机（AG-HPX500MC）为例，介绍高清摄像机的操作和使用方法。

一、高清晰度摄像机的节目格式设置

要想使用高清摄像机拍摄画面，必须要了解该摄像机的记录、播放和输出的格式。根据拍摄需要选择合适的高清节目格式，对后期节目制作至关重要。

高清摄像机格式设置参见表 6-6、表 6-7。

表 6-6　高清摄像机格式设置（系统频率：59. 94Hz）

格式设置	记录状态			输出设置	输出状态				
记录格式	记录帧频	记录格式	音频记录声道	分量/SDI 选择	SDI OUT	SDIOUT AUDIO	COMPONENT OUT	VIDEO OUT	1394 输出
1080i/60i	60i	DVCPRO HD 1080i/59. 94i	4ch	AUTO	1080i/59. 94i	4ch	1080i/59. 94i	525i/59. 94i	DVCPRO HD 1080i/59. 94i
1080i/30p	30p over 60i			1080i	1080i/59. 94i		1080i/59. 94i		
1080i/24p	24p over 60i			480i	525i/59. 94i		525i/59. 94i		
1080i/24PA	24PA over 60i								
720p/60P	60p	DVCPRO HD 720p/59. 94p	4ch	AUTO	720p/59. 94p	4ch	720p/59. 94p	525i/59. 94i	DVCPRO HD 720p/59. 94p
720p/30P	30p over 60i			1080i	1080i/59. 94i		1080i/59. 94i		
720p/24P	24p over 60i			480i	525i/59. 94i		525i/59. 94i		
720p/30PN	30p 捕捉的 30p Native 记录	DVCPRO HD 720p/29. 97p	4ch	AUTO	720p/59. 94p	4ch	720p/59. 94p	525i/59. 94i	无输出
				1080i	1080i/59. 94i		1080i/59. 94i		
720p/24PN	24p 捕捉的 24p Native 记录	DVCPRO HD 720p/23. 98p		480i	525i/59. 94i		525i/59. 94i		

续表

格式设置	记录状态			输出设置	输出状态				
记录格式	记录帧频	记录格式	音频记录声道	分量/SDI选择	SDI OUT	SDIOUT AUDIO	COMPONENT OUT	VIDEO OUT	1394 输出
480i/60i	60i	DVCPRO 50 DVCPRO/DV480i/59.94i	4ch 或 2ch	禁用	525i/59.94i	4ch 或 2ch	525i/59.94i	525i/59.94i	DVCPRO 50 DVCPRO/DV 525i/59.94i
480i/30p	30p over 60i								
480i/24p	24p over 60i								
480i/24PA	24PA over 60i								

表 6-7　高清摄像机格式设置（系统频率：50Hz）

格式设置	记录状态			输出设置	输出状态				
记录格式	捕捉和记录帧频	记录格式	音频记录声道	分量/SDI选择	SDI OUT	SDI OUT AUDIO	COMPONENT OUT	VIDEO OUT	1394 输出
1080i/50i	50i	DVCPRO HD 1080i/50i	4ch	AUTO	1080i/50i	4ch	1080i/50i	625i/50i	DVCPRO HD 1080i/50i
1080i/25p	25p Over 50i			1080i	1080i/50i		1080i/50i		
				576i	625i/50i		625i/50i		
720p/50p	50p	DVCPRO HD 720p/50p	4ch	AUTO	720p/50p	4ch	720p/50p	625i/50i	DVCPRO HD 720p/50p
720p/25p	25p Over 50p			1080i	1080i/50i		1080i/50i		
				576i	625i/50i		625i/50i		
720p/25PN	25p 捕捉的 25p Native 记录	DVCPRO HD 720p/25p	4ch	AUTO	720p/50p	4ch	720p/50p	625i/50i	NO output
				1080i	1080i/50i		1080i/50i		
				576i	625i/50i		625i/50i		
576i/50i	60i	DVCPRO50 DVCPRO/DV 625i/50i	4ch 或 2ch	禁用	625i/50i	4ch 或 2ch	625i/50i	625i/50i	DVCPRO 50 DVCPRO/DV 625i/50i
576i/25p	25p Over 50i								

高清摄像机（HDV）与标清摄像机（DV）的主要不同在于扫描格式上，其他如外观结构、开关设置和操作使用等大致相同。两者的具体参数比较参见表 6-8（表格数据来源于索尼官方网站）。

表 6-8 HDV 和 DV 的参数比较

		HDV（1080i）	HDV（720p）	DV
	存储介质	DV 磁带		
视频信号	视频格式	1080/50i 1080/60i	720/25p，720/50p 720/30p，720/60p	576/50i（PAL） 480/60i（NTSC）
	像素	1440×1080	1280×720	720×576（PAL） 720×480（NTSC）
	宽高比	16∶9		4∶3（16∶9）
	压缩（视频）	MPEG-2 视频		DV
	亮度取样频率	55.6875MHz	74.25MHz	13.5MHz
	抽样格式	4∶2∶0		4∶2∶0（PAL）/ 4∶1（NTSC）
	量化	8 比特		
	压缩后的比特率	25 Mbps	19 Mbps	25 Mbps
音频信号	压缩	MPEG-1 音频层 II		——
	取样频率	48kHz		48kHz/44.1kHz
	量化	16 比特		16 比特（2 声道）， 12 比特，（4 声道）
	压缩后比特率	384kbps		1.5Mbps
	音频声道	立体声（2 声道）		立体声（2 声道）/ 立体声（4 声道）
数据格式		MPEG-2 系统		——
流类型		打包基本流	传输流	——
流接口		IEEE1394（MPEG-2-TS）		IEEE1394（DV）

注：

1. 宽高比：图像的宽和高之比；
2. 取样频率：当将模拟信号转换为数字信号时，用于测量每秒可以输出的数据样次数的一个单位；
3. 抽样格式：当将模拟视频转换为数字数据时，分配给三个色度差信号的频率比：即 Y（亮度信号）、R-Y（红色信号减去亮度信号后的信号）和 B-Y（蓝色信号减去亮度信号后的信号）；
4. 量化：指用于表示数据样的级别值（16 比特的表示方法为：$2^{16}=65536$ 级）；
5. 比特率：指一秒内使用的数据量（1Mbps 指在 1 秒内使用了 1 兆比特的数据）；
6. 数据格式：当将视频和音频录制为数字数据时使用的标准；
7. 流类型：在 MPEG-2 体系中，将视频和音频结合为单一一组数据的一种体系；
8. 流接口：数据传输标准。

二、高清晰度摄像机的各部分名称及功能

1. 机身部分名称及功能

高清摄像机机身部分如图 6-5 所示，各部件具体介绍如下。

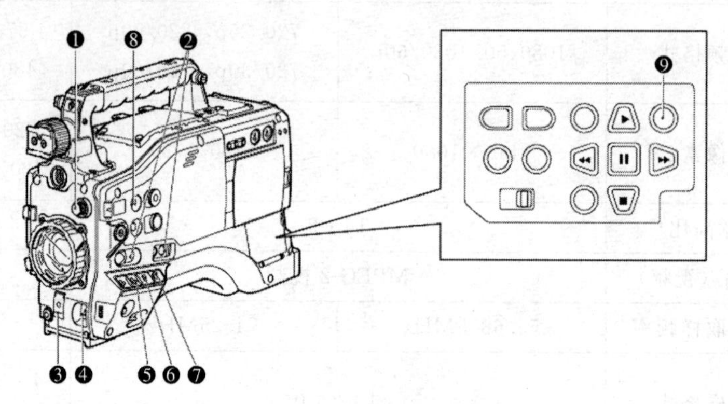

图 6-5　机身部分

❶ND FILTER：滤镜切换控制

该旋钮用于调节进入 CCD 的光量，适用于户外强光环境下拍摄（如沙滩）。ND FILTER 滤镜切换控制参数见表 6-9。

表 6-9　ND FILTER 滤镜切换控制

控制位置	位置	描述
1	OFF	切勿使用 ND 滤镜
2	1/4	将进入 CCD 的光量减少至 1/4
3	1/16	将进入 CCD 的光量减少至 1/16
4	1/64	将进入 CCD 的光量减少至 1/64

❷USER MAIN/USER1/USER2：用户自定义功能按钮

此功能按钮需要通过菜单操作调整。

❸SHUTTER：电子快门

ON/OFF 切换选择是否启动电子快门，SEL 选择电子快门速度。

❹AUTO W/B BAL：自动调节白/黑平衡

AWB 为自动调节白平衡，ABB 为自动调节黑平衡。

❺GAIN：增益

增益有 L、M、H 三个挡位，出厂设置值分别为 0dB、6dB、12dB。

❻OUTPUT/AUTO KNEE 开关

此开关用于选择由摄像机部件发送至存储卡记录器部件、寻像器和视频监视器的视频信号，参见表 6-10。

表 6-10　OUTPUT/AUTO KNEE 开关

CAM. AUTO KNEE ON	摄像机当前所记录的视频将通过激活的 AUTO KNEE 电路进行输出，视频信号的压缩水平（拐点）会根据接收到的信号自动发生更改
CAM. AUTO KNEE OFF	摄像机当前所记录的视频将通过已关闭的 AUTO KNEE 电路进行输出，拐点将被锁定为菜单中所设置的水平
BARS	彩条信号将通过已关闭的 AUTO KNEE 电路进行输出

❼WHITE BAL：白平衡存储选择开关

PRST 可预置白平衡值，出厂设置为色温在 3200K 时的白平衡值；A/B：白平衡调整值存储器 A 或存储器 B。

❽DISP/MODE CHK：显示/模式检查

按下此按钮以关闭 LCD 监视器和寻像器；再次按下按钮可以重新显示；长按此按钮，可以显示拍摄条件和分配给 USER 开关的功能。

❾MODE 按键

此按键可在 CAMERA 模式与 MCR 模式之间进行切换。

2. 记录部分名称及功能

高清摄像机记录部分如图 6-6 所示，各部件具体介绍如下。

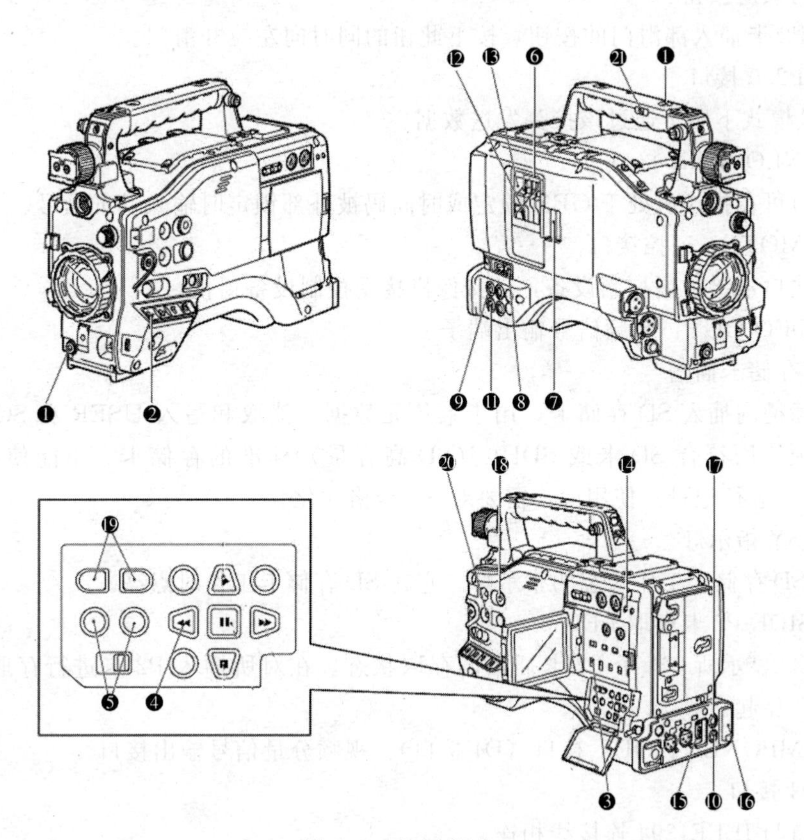

图 6-6　记录部分

❶REC START/STOP 键

按下该键则开始记录，再按则停止记录。它与镜头上的 VTR 按钮的功能是一样的。

❷SAVE：选择节能模式

ON：强制关闭 LCD；OFF：开启 LCD；设置为 ON 状态时，显示于寻像器中的操作状态显示随即消失。

❸OUTPUT CHARACTER

用来控制视频输出（指 VIDEO OUT、COMPONENT OUT 和 SDI OUT）上的字符重叠以显示状态或菜单。ON：重叠字符；OFF：不重叠字符。

❹走带控制按钮

用于播放、快退、快进、暂停和停止的操作。

❺REC 按钮（红白两色）

同时按下红、白按钮开始记录 1394 输入信号，按下 STOP 按钮停止记录。要想记录 1394 输入信号，应当确保记录之前将 MCR 格式设置为输入信号格式。记录期间切勿更改格式或中止信号输入。

❻P2 卡访问 LED

显示各个存储卡的记录、重放等访问状况。

❼滑门锁定按钮

打开 P2 卡插入部滑门的按钮。按下此钮的同时向左拉开滑门。

❽USB2.0 接口

在 PC 模式下用于通过该接头发送数据。

❾GENLOCK IN 接口

此接口可在摄像机处于 GEN 锁定或时间码被外部锁定时输入基准信号。

❿REMOTE：遥控接口

在此接口连接扩展控制设备，使摄像机接受控制设备遥控。

⓫VIDEO OUT：视频信号输出端子

⓬SD 存储卡插槽

在此插槽内插入 SD 存储卡，用于上传元数据，读取和写入 USER 和 SCENE 文件。注意：必须使用符合 SD 卡或 SDHC（SD 高容量）标准的存储卡。不能使用 MMC 卡（多媒体卡）进行记录。使用前，需要对 SD 卡格式化。

⓭BUSY 指示灯

显示 SD 存储卡工作状态的指示灯。它在 SD 存储卡工作时点亮。

⓮R-SIDE P2 卡存取 LED

该 LED 显示所有 4 个 P2 卡插槽的存取状态。在对所插入 P2 卡进行存取时，闪烁；插入卡时，亮起。

⓯COMPONENT OUT 接口（D4 接口）：视频分量信号输出接口

⓰1394 接口

该接口与 IEEE1394 连接线相连。

⓱SDI OUT：输出 SDI 信号

⓲SCENE FILE 拨盘

此拨盘允许用户加载并设置场景文件的拍摄条件

⑲PAGE/VAR 按钮

在缩略图显示中按此按钮可换页；在可变速播放期间按此按钮可更改播放速度，在暂停模式下则可以启动逐帧播放。

⑳FOCUS ASSIST：辅助对焦

打开或关闭辅助对焦。打开该功能后，可在寻像器和 LCD 显示器的右上角显示频率分布图。

㉑启用/禁用记录开关

ON：启用 REC START/STOP 按钮，OFF：禁用 REC START/STOP 按钮。

3. 菜单/缩略图操作部分

高清摄像机菜单/缩略图操作部分如图 6-7 所示，各部件具体介绍如下。

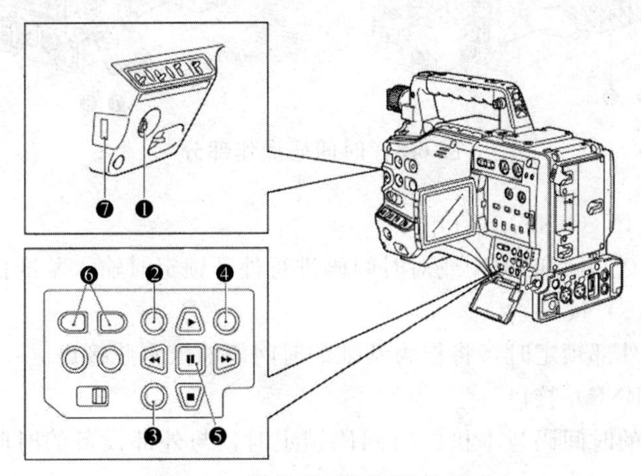

图 6-7　菜单/缩略图操作部分

❶MENU 按钮

按住该按钮显示设置菜单，再次按下则返回上一图像。此按钮在缩略图显示中不可用。

❷缩略图按钮

在 MCR 模式下，按此按钮可在缩略图画面和 1394 输入模式之间进行切换。

❸缩略图菜单按钮

在缩略图显示模式下，使用此按钮调用缩略图菜单功能以删除剪辑。

❹MODE 按钮

按此按钮在 CAMERA 模式和 MCR 模式之间进行切换。在 MCR 模式下长按该按钮 2 秒钟以上，进入 PC 模式。但是进入 PC 模式后，必须关闭电源才能退出 PC 模式。重新开机后，摄像机以 CAMERA 模式启动。

❺CURSOR 和 SET 按钮

用于操作菜单、菜单栏和缩略图。

❻PAGE/VAR 按钮

缩略图显示模式下，此按钮可以在页面单元中前后滚动缩略图页面。

❼JOG 按钮

使用此按钮可在菜单页之间进行切换，并且可以在打开的设置菜单中对各项进行选择和设置。

4. 时间码操作部分

高清摄像机时间操作部分如图 6-8 所示，各部件具体介绍如下。

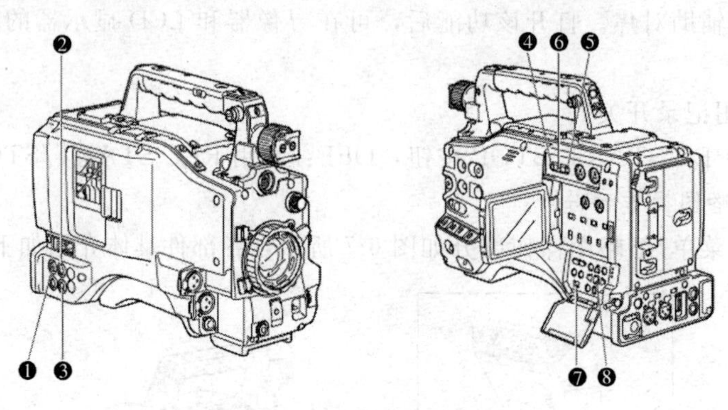

图 6-8　时间码操作部分

❶GENLOCK IN（BNC）接口

在摄像机上加载 GENLOCK 或对时间码进行外部锁定时输入基准信号。

❷TC IN（BNC）接口

对时间码进行外部锁定时，将作为基准的时间码输入到此接口。

❸TC OUT（BNC）接口

在将外部设备的时间码与本机的时间码锁定时，与外部设备的时间码输入（TC IN）接口连接。

❹HOLD 按钮

按下按钮的瞬间将计数器显示的时间数据显示固定，但是时间码发生器继续步进；再次按下，解除固定状态。它可以确定特定录制场景的时间码或 CTL 计数器。

❺RESET：重置

用于将计数器重置为 00：00：00.

❻COUNTER：计数器显示选择器

选择 LCD 监视器和寻像器显示计数器值、时间码、用户比特和帧频数据。

❼TCG：时间码切换

用于设置内置时间码生成器的步进模式。时间码设置参见表 6-11。

表 6-11　时间码设置

F-RUN	使时间码连续步进而且与 P2 卡记录的操作无关时使用。在将时间码与实际时间校对或将时间码外部锁定等的时候，设置在此位置
SET	在设置时间码和用户比特时使用
R-RUN	只在记录时让时间码步进的时候使用。执行普通记录时，将持续记录时间代码。但删除片段以及以 24P 或 24PA 的帧频继续记录以其他帧频所记录的片段，则可能会打乱时间代码记录的顺序

❽光标/SET 按钮

用于设置时间码和用户比特。4 个三角形按钮为光标按钮，中心的四边形按钮为 SET 按钮。

5. 音频操作部分

高清摄像机音频操作部分如图 6-9 所示，各部件具体介绍如下。

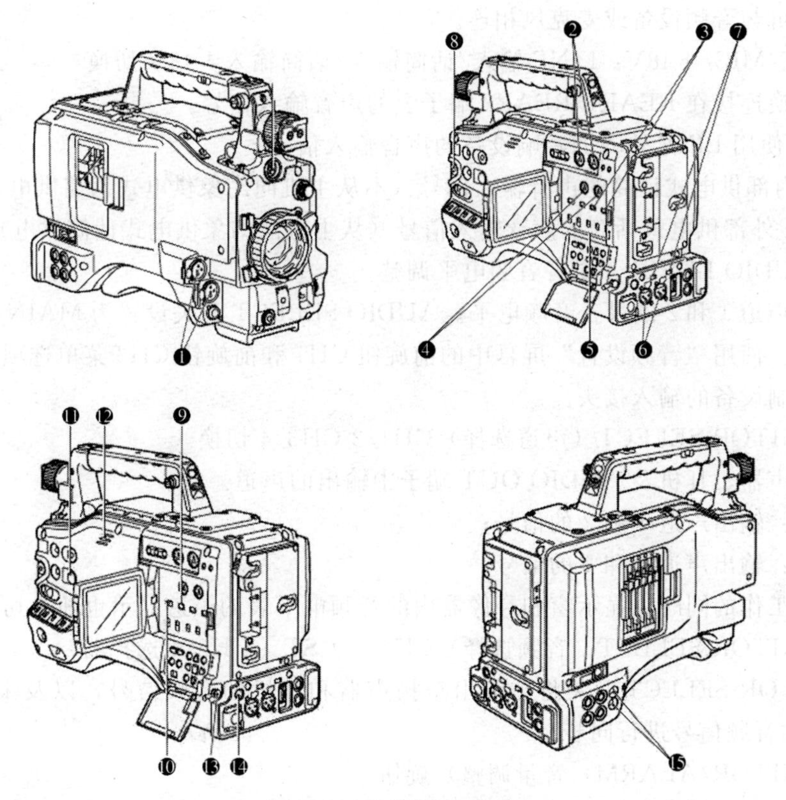

图 6-9 音频操作部分

❶MIC IN（麦克风输入）插孔、FRONT1/FRONT2

将麦克风插入这些插孔。麦克风电源由此插孔提供，并且还能提供幻象供电。在菜单“音频设置”屏幕上将菜单选项前话筒电源 1/前话筒电源 2 设置为打开。

❷AUDIO LEVEL CH 1/CH 2：声道 1/2 录音音频电平调整旋钮

将 AUDIO SELECT CH 1/CH 2 开关设置为“MAN”时，可用这些旋钮调整声道 1/2 的录音音频电平。旋钮设有锁定机构，调整时需要将旋钮压下后再旋转来进行调整。

❸AUDIO SELECT CH 1/CH 2：声道 1/2 自动/手动音频电平调整切换开关

此开关用于选择调整声道 1/2 的录音音频电平的方法。AUTO 为自动调整，MAN 为手动调整。

❹AUDIO LEVEL CH3/CH 4：音频通道 3/4 记录水平调节控制设备

在“音频设置”屏幕上将菜单选项自动电平 CH3/自动电平 CH4 设置为关闭，以调节通道 3 和 4 的记录水平。

❺AUDIO IN：声音输入切换

选择往声道 1/2/3/4 录音的输入信号。

FRONT：对连接在 MIC IN 端子上话筒的输入信号进行录音；

REAR：记录来自音频设备或连接到 REAR 1/REAR2 接头上麦克风的信号。

❻REAR 1/REAR 2：音频输入通道 1 和 2 接口（XLR、3 针）

此接头可与音频设备或麦克风相连。

❼LINE/MIC/＋48V：LINE 输入/话筒输入/话筒输入＋48V 切换

用于切换连接在 REAR1/REAR2 端子上的声音输入信号。

LINE：使用 LINE 输入的音响设备的声音输入信号；

MIC：内部供电式话筒的声音输入信号（不从主机向幻象供电式话筒供电）；

＋48V：外部供电式话筒的声音输入信号（从主机向幻象供电式话筒供电）。

❽F. AUDIO LEVEL：录音音频电平调整

可调整声道 1 和 2 的录音音频电平。AUDIO SELECT 开关设置为 MAIN 时，才可进行水平调节。使用“音频设置”屏幕中的前旋钮 CH1 和前旋钮 CH2 菜单选项，以选择对其使用此控制设备的输入接头。

❾MONITOR SELECT（声道选择）CH1/2 CH3/4 切换

切换扬声器、耳机及 AUDIO OUT 端子中输出的声道。

CH1/2：输出声道 1 和 2 的信号；

CH3/4：输出声道 3 和 4 的信号。

此开关工作的同时，显示窗和寻像器内的音频电平表的声道显示也随之切换。

❿MONITOR SELECT（音频选择）CH1/3 / ST / CH2/4 选择器

MONITOR SELECT 开关将与输出至扬声器和耳机的音频信号，以及来自 AUDIO OUT 接头的音频信号进行同步。

⓫MONITOR/ALARM（音量调整）旋钮

此旋钮用于调节监听扬声器和耳机的音量，还可调整警告声的音量。

⓬扬声器

可监听记录时的 EE 声音和重放时的重放声音。随着警告灯或警告显示闪烁、点亮，发出警告声。将耳机连接到 PHONES 端子上，则扬声器上的声音自动中断。输出警告声时将不输出 EE 声和播放声。

⓭PHONES：耳机接口（Mini Jack）

用于监听声音的耳机（立体声）接口。连接耳机则扬声器上的声音自动中断。两个接口（前、后）输出的声音相同。

⓮DC OUT：(DC 电源）输出接口

DC 12 V 的输出接口，可输出最大 1 A 的电流。

⓯AUDIO OUT 接口

输出声道 1/2 或声道 3/4 中记录的声音信号。输出信号用 MONITOR SELECT CH1/2/CH3/4 切换开关选择。

6. 菜单部分操作

高清摄像机菜单部分操作如图 6-10 所示，具体操作如下：

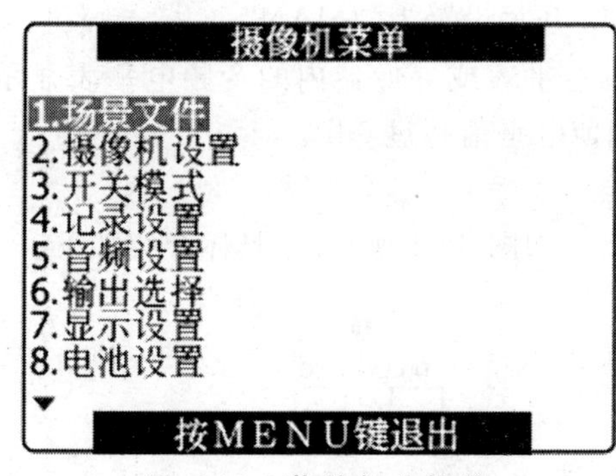

图 6-10　菜单部分操作

（1）当设备没有处于播放或记录模式时，按 MENU 按钮，打开菜单显示；

（2）用 JOG 按钮（UP 或 DOWN 按钮）来选择要更改的项目；

（3）使用 JOG 按钮或 SET 按钮进入某个项目具体设置；

（4）用 JOG 按钮（UP 或 DOWN 按钮）选择要更改的具体设置；

（5）使用 JOG 按钮或 SET 按钮更改参数值。

三、高清晰度摄像机的主要功能

高清摄像机在镜头部分功能、白平衡调整、黑平衡调整、电子快门设置的功能与普通标清摄像机的操作基本一致，在此不再赘述。下面主要介绍高清摄像机的一些数字化的功能。

1. 同步扫描

本功能无须到菜单里进行设置就能进行操作，非常方便。

（1）将电子快门开关从 ON 拨至 SEL 侧，设置为 SYNCHRO SCAN（S/S）模式（即同步扫描模式）。

（2）在 SYNCHRO SCAN 模式下，使用 JOG 按钮在 1/60.0 和 1/249.8 秒之间实现速度无缝切换，直至选择到适合的扫描频率。（在 60i 模式下启用了速度切换功能。）

（3）50 Hz 模式下的扫描频率有以下范围：

①50P/50i 模式：1/50.0 至 1/248.9；

②25P/25PN 模式：1/25.0 至 1/248.9；

③胶片摄像机模式：10.0d 至 360.0d。

2. 音频输入选择与音频电平调整

支持任意格式（HD 或 SD）的独立 4 声道音频记录。将 AUDIO SELECT CH1/CH2 开关设置为“AUTO”，则录制在声道 1/2 上的音频电平将自动调整。如果设置为“MAN”，则可手动调整。也可利用菜单选择录制在声道 3/4 上的音频电平。

（1）音频输入信号选择。

用 AUDIO IN 开关选择往声道 1/2/3/4 录音的输入信号。

（2）录音电平调整。

将 MONITOR SELECT CH1/2 / CH3/4 选择器开关置于 CH1/2，从而显示窗口中的音频电平计将提供 CH1 和 CH2 显示。确保窗口中显示的通道标志为 1 和 2。然后将

AUDIO SELECT CH1/CH2 开关设置为“MAN”。

查看显示窗的声道音频电平表或寻像器内的音频电平表显示，调整 AUDIO LEVEL CH1/CH2 旋钮。注意不能使电平值超过 0dB。

3. 寻像器状态显示功能

(1) 寻像器指示灯显示（如图 6-11 所示），具体介绍如下。

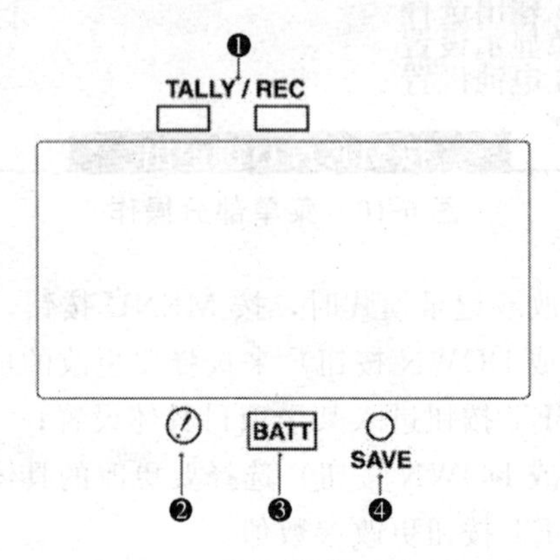

图 6-11 寻像器指示灯显示

❶TALLY/REC（记录）指示灯

记录时该指示灯呈红色点亮，发生异常情况时闪烁。

❷（非正常工作状态警告）指示灯

当此部件处于 VF 菜单选项所指定的任意异常操作状态时，此灯均会亮起！LED 屏幕。

❸BATT（电池）指示灯

在电池的电压下降而变得无法使用前的几分钟时开始闪烁，若无法使用则点亮。为防止操作中断，应在电池消耗完之前更换电池。

❹SAVE 指示灯

在 SAVE 开关设置为 ON 且 LCD 关闭时，此灯亮起。

(2) 寻像器画面显示选择。

按下 MENU 按钮进入菜单显示，选择“显示设置”项目进行打开或关闭某项目的设置。

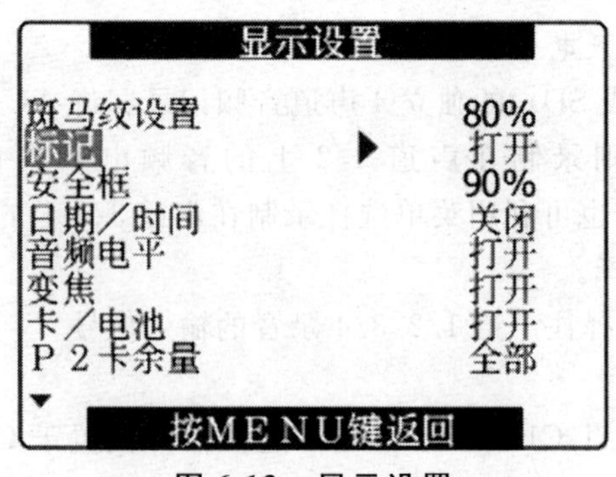

图 6-12 显示设置

4. 格式化 P2 卡

（1）按 MODE 按钮进入 MCR 模式，液晶显示器上会显示缩略图画面。

（2）按缩略图菜单按钮打开菜单。

（3）从菜单栏选择“操作”→“格式化”，显示如图 6-13 所示的画面，选择要格式化的 P2 卡的卡槽号码。不格式化时，选择“退出”即可。

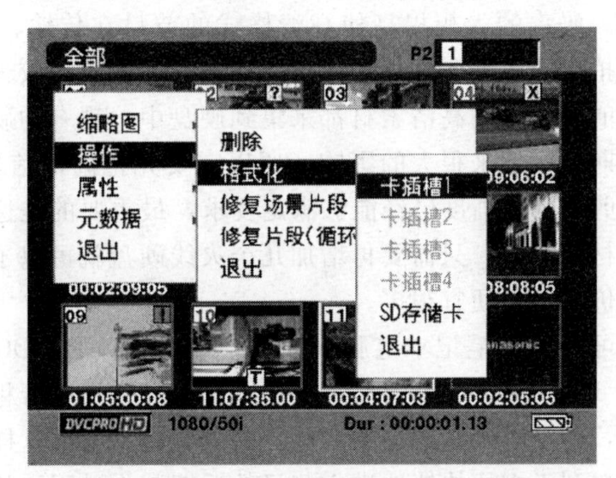

图 6-13　格式化选择

（4）使用 CURSOR 和 SET 按钮在确认是否要格式化卡的屏幕中选择“是”，P2 卡即被格式化。

另外，若想格式化 SD 存储卡，则在同样的菜单设置中选择“SD 存储卡”项目即可。

5. 场景片段操作

（1）场景片段重放。

按 MODE 按钮进入 MCR 模式。用光标按钮移动指针，使其对准要重放的场景片段。按下 PLAY 按钮，则指针所对准的场景片段会在 LED 显示器上重放。在场景片段的重放中，可根据需要按下快退、快进、暂停、停止按钮。

（2）场景片段的删除。

按 MODE 按钮进入 MCR 模式。

①LED 显示器上会显示缩略图画面。使用光标按钮将指针移动到要删除的剪辑上，然后按 SET 按钮。

②按下 SET 按钮，选择场景片段。按缩略图菜单按钮以选择菜单栏中的“操作”→“删除”。

四、高清晰度电视节目的后期制作

2000 年 8 月我国公布 GY/T 155—2000《高清晰度电视节目制作及交换用视频参数标准》，对应国际标准 ITU-R BT. 709，这是我国规定的高清晰度数字电视（HDTV）标准。近几年，我国的高清晰度电视快速发展，并已被列为重点发展项目。在高清电视剧的后期制作中，主要采用低成本的高清制作方式，结合普通非线性编辑和高清非线性编辑，创新工艺流程。先将高清信号变换成标清信号，高压缩比采集到普通非线性编辑的阵列硬盘中进行粗编、精修以及一些简单的叠化和剪切，然后输出 EDL 表，重新进行高清的批采集工作（无压缩），从而完成整个高清电视节目的后期制作。高清节目的后期制作流程具体如下。

1. DV格式的粗编、剪切、叠化和简单的特技

众所周知，高清画面的分辨率可以达到1920×1080，而标清为720×576，高清远远优于标清。例如，同样采用10比特量化，HD码率为1485Mbps，SD码率为270Mbps，前者是后者的5.5倍。码率的大幅提高使高清格式的节目在传输、存储、制作上难度更大。在使用高清格式拍摄的电视剧的后期制作中，由于高清码率较大，所占的硬盘空间相应地也很大，如果把前期拍摄的高清素材都采集到硬盘中，现有的硬盘空间根本无法满足要求，给电视剧的后期制作带来很大的影响。所以需要先把高清信号下变换为DV信号，因为用DV进行后期剪辑其清晰度已经能够满足要求，最重要的是这样做使占用硬盘的容量大幅降低。如果素材量增加，只需要再增加几个火线硬盘就可以了。比起一个专业的硬盘阵列，火线硬盘在价格上要便宜很多。

为了便于操作，可以采用笔记本电脑（如苹果的POWER BOOK）在标清非线性编辑系统（如Final Cut Pro或Avid DS/HD）中对DV格式素材进行粗编，这样可以随时随地地进行采集和编辑，不受时间和地点的变化。携带笔记本电脑这样轻便的采编设备进入高清节目摄制现场，有利于方便快捷地进入节目的后期制作过程，从而大大缩短节目的制作周期。在标清非线性编辑系统中进行粗编的过程中，可以为素材添加叠化、淡入淡出、快慢动作等简单的特技。

2. 输出EDL表

在标清非线性编辑中对DV格式素材进行粗编并加入简单特技之后，再对其进行2～3次精编生成标清版成片，输出EDL（Edit Decision List）。EDL提供了一个系统到另一个系统的编辑信息，也提供了多种存储格式（cmx、gvg等）。EDL记录的信息包括原来素材的入点和出点、编辑后的入点和出点以及它们之间的长度、叠化的长度、划像的长度等，也就是说，EDL表把剪辑和特技的信息都以某种格式的表单形式予以呈现。

在粗编过程中对素材所做的效果往往在批采集之后发生改变，所以使用EDL时对粗编的要求比较严格。EDL在存储时只保留2轨的视频信息，即使在粗编的过程中使用再多的轨，存储EDL表时也会丢失其他轨道上的信息，所以在批采集之后，需要对素材的效果重新添加和设置。另外需要注意的是，高清和标清的非线性编辑系统最好采用同种类型，版本最好也一致，比如都是Final Cut Pro 4.0。如果采用的版本不同，EDL表调用到高清非线性编辑中容易出现一些问题，再加上叠化、淡入淡出、快慢动作等地方有丢帧现象，这就需要对这些地方重新进行调整。

3. 无压缩的批采集

根据标清版成片的EDL表，用高清非线性编辑系统对素材进行无压缩的信号批采集，便可以对片子进行更细致的修改。这里要说明的是，批采集必须要建立在有详细和严格记录的场记单的前提下。在高清编辑界面下调用标清版成片，把标清版成片中的特技参数根据需要修改并复制到高清成片当中；对高清版成片进行最后的调整及特效处理，再输出并作为高清成片母版带保存，从而完成高清节目的后期制作。

目前，世界上还没有一种单一的高清成片的母版格式。美国有18种数字电视播出格式，包括HDTV、SDTV，逐行与隔行扫描方式，以及不同的扫描线。这样导致电视节目

制作人不得不应付18种不同的格式，业界人士都在期盼一种单一的格式作为通用的母版格式，方便使用和交流。日本SONY公司认为，1080/24P将成为通用的母版格式，因为它能够方便地转换成任何电视格式。即使节目是使用35mm或16mm胶片拍摄的，也可以通过胶转磁设备制作成1080/24P格式的母带。一旦拥有了1080/24P格式的母带，就可以转换为任何所需的格式，如适合60Hz/NTSC制地区的1080/60i、720/60P、480/60P和480/60i等，或适合50Hz/PAL制地区的1080/50i、625/50i等。另外，还可以转换为磁转胶设备可识别的胶片。因此，1080/24P已经被众多著名的电影制作人，以及众多的制作公司和广播电视机构广泛采用。

本章思考题

1. 什么是高清晰度电视？
2. 什么是CCD和CMOS？
3. 与高清晰度电视相关的技术参数主要有哪些？
4. 高清晰度电视标准主要有哪些？各具有什么特点？
5. 怎样选择高清摄像机的节目格式？怎样使用高清摄像机调整白平衡？
6. 如何使用高清摄像机调整电子快门？如何调整音频设置？
7. 如何使用高清摄像机的同步扫描功能？怎样格式化P2卡？
8. 高清摄像机是如何进行分类的？
9. 简述高清节目的后期制作流程。

第七章 非线性编辑技术

本章提要

本章主要介绍了非线性编辑的工作流程、系统组成与工作特点；结合 Adobe Premiere Pro 软件，重点对素材的采集、管理、剪辑、字幕制作、输入输出等基本操作技能做了介绍；并简要介绍了网络非线性编辑系统。

自从影视艺术诞生至今，影视编辑经历了物理（磁带）剪辑方式、电子剪辑方式、时码编辑方式、非线性编辑方式四个阶段。目前，非线性编辑技术不但在影视创作得到了越来越广泛的应用，而且还在多媒体资源制作、网络流媒体制作等计算机传媒领域得到了广泛的应用。非线性编辑技术是一门新综合性技术，它涵盖了电视技术、数字媒体技术和计算机技术等多个领域，涉及电影与电视编辑技术、数字视频与音频处理技术、数字图形与图像处理技术、数字压缩技术、数字存储技术、多媒体网络技术以及计算机硬件技术等多种技术。

第一节　非线性编辑概述

随着计算机技术、通讯技术和网络技术的迅猛发展，计算机不但可以实时采集和重放高质量的视频图像，而且还可以使电视节目制作人员对电视画面进行超乎想象的创作，从而把电视节目制作带入一个崭新的领域，这就是当前在电视节目制作中被广泛采用的非线性编辑（Nonlinear Editing）。

20 世纪 70 年代，世界上出现了第一台非线性编辑系统，从而揭开了非线性编辑时代的序幕。这是一种记录模拟信号的非线性编辑系统，它将图像信号以调频的方式记录在磁盘上，可以随机访问磁盘，改善了编辑点定位问题。但其功能只限于记录与复制，计算机的处理速度限制了编辑中复杂特技的实现。随着计算机处理速度的提高以及计算机图像理论的发展，20 世纪 80 年代出现了纯数字计算机非线性编辑系统，这才真正开始了非线性编辑时代。20 世纪 90 年代以后，随着数字媒体技术和存储技术的发展，实施压缩芯片的出现，以及压缩标准的建立及相关软件技术的发展，使得非线性编辑完全实现数字化，并与模拟视频信号高度兼容，从而广泛地应用于电影、电视、广播、网络等传播媒介中，非线性编辑进入高速发展时期。进入 21 世纪以来，伴随计算机技术、网络技术的迅猛发展，非线性编辑向网络化、集成化深入发展。

一、非线性编辑

非线性编辑是以计算机技术为基础，使用数字化技术和计算机存储技术与设备，用计算机文件的形式存储和记录视/音频素材的信息，再配合相应的专业编辑软件，以时间线为轴，组织和安排各种素材文件，添加各种字幕和特效，从而最终完成节目制作或输出的编辑方式。

所谓“非线性编辑”，是相对于传统上以时间顺序进行的线性编辑而言的。传统的线性编辑是按视/音频信号存储的顺序，从磁带上读出视/音频信号进行编辑的，需要较多的外部设备，如放像机、录像机、特技机、字幕机等，工作流程十分复杂。非线性编辑借助硬盘、光盘等介质存储数字化的视/音频信息，在编辑时可以随机读取，与存储信息的顺序完全无关。利用计算机的数字化制作，将编辑、特效、字幕、音频甚至动画等功能高度集成，来完成几乎所有的编辑工作，不再需要过多的外部设备；系统内部对视/音频素材数字化处理，使素材可直接调用而无须在磁带上反复查找，且多次的重复使用不影响信号的质量；即使制作多层特技，也无须工作版，一次编辑即可得到完成带，确保了播出的声像质量；节目的编辑突破了单一时间顺序的限制；基于软件编辑的方式，便于功能扩展，形成联网工作群，实现资源共享；提高了节目制作人员的编辑效率，拓展了节目创作的空间，同时赋予创作人员前所未有的修改自由度与编辑精度。

二、非线性编辑的优点

随着数字技术、图形图像技术的发展和成熟，与传统的编辑系统相比，非线性编辑具有其独特之处。

1. 编辑制作灵活方便、效率高

非线性编辑采用硬盘为记录介质，利用计算机内部的二进制数来编码记录信息，记录检索方式为随机存取，省去了磁带录像机线性搜索编辑点的卷带时间，编辑精度可以精确到零帧。数字化的视/音频信息在存储、复制和传输过程中，能多次读取和复制，图像质量不会发生变化；素材编辑操作非常容易，编辑效率高；能够长期存储，不易受干扰，不产生失真；能够对素材进行多层特技、二维、三维特技制作，可以对数字图像画面质量进行后期修饰或艺术加工创作；采用特殊的信道编码和调制技术后，数字视/音频信号经过长距离传输依然能够保持良好的画面质量和音频质量。

2. 编辑过程中图像信号损失小、质量高

非线性编辑系统的处理过程是数字化的，除了在编码、解码、数/模转换、模/数转换、压缩、解压缩和文件格式转换时会出现信号损失之外，实际编辑过程完全是数字化信号处理，对采集的素材进行反复编辑和修改都不会影响图像质量，克服了传统模拟编辑系统的弱点。传统线性编辑方式多次搜索和播放，会造成母带的磨损，磁带在检查过程中反复搜索、播放，录像带和磁鼓之间的磨损较大，而且在制作过程中，视频信号经过特技台、字幕机等设备后，信号质量有一定的衰减，导致图像质量不高。而非线性编辑的素材是以数字信号的形式存入计算机硬盘中的，采集的时候，专业非线性编辑系统都采用YUV分量或数字接口SDI采入信号，信号基本上没有衰减。非线性编辑的素材采集利用数字压缩技术，采用不同的压缩比可以得到相应不同质量的图像信号，即图像信号的质量在一定的范围是可以控制的。

3. 编辑设备集成一体化，稳定性高

非线性编辑系统代替了传统的录像机、编辑控制器、视频切换台、特技机、字幕机、二、三维动画制作系统、多轨录音机、调音台、时基矫正器等设备，将录制、编辑、特技、字幕、动画等多种功能高度集成于一身。数字视/音频信号的处理在计算机内部完成，减少了设备及设备间的连线和接口，避免了线性编辑多种设备工作时的技术指标、性能参差不齐、信号间重复转换的现象。设备小型化、零维护费用、功能集成、开放式软件的特点，使设备综合编辑能力提高，成本减低。非线性编辑系统结构简化，故障率大大降低，系统运行的可靠性和稳定性大大提高。以硬盘为记录介质的非线性编辑系统，工作寿命远远高于以录像带为存储介质的线性编辑系统。

4. 同一编辑操作环境，功能拓展方便

随着技术的发展，非线性编辑系统设备高度集成、功能高度兼容。系统可以通过软件对系统升级，实现非线性编辑功能的拓展，易于与其他非线性编辑系统或普通个人计算机联网形成网络资源共享，使编辑传输工作可以随时进行，从而大大缩短节目制作周期。非线性编辑可以调用计算机中丰富的视/音频等多媒体资源，创作多种二维、三维特技及多样效果结合的编辑；具有强大的绘图系统及高质量的动画制作能力；可以灵活控制与处理声音。在非线性编辑系统中，能轻而易举地完成图像、图形、声音、特技、字幕、动画等工作，节目制作的灵活性和多样性大大提高。一般非线性编辑系统都提供符合 YUV 分量、Y/C、DV、SDI 等输入/输出接口，可以兼容各种视频、音频设备，便于输出录制成各种格式的资料，满足不同层次的需要。

5. 编辑系统网络化，实现资源共享

非线性编辑系统不仅可以单机工作，还可以连接成网络构成制作群，形成视/音频和多媒体等资源的网络共享，实现电视节目后期制作与播出一体化。在网络化的非线性编辑系统中，上传、下载、剪辑、配音由专门的工作站进行处理，并通过网络快速传输，提高了节目制作的质量和工作效率。目前，我国很多电视台已经实现了由高速视频服务器、高速 FC-ATM 构成的非线性编辑网络，结合硬盘自动播出系统的电视节目后期制作系统。

第二节 非线性编辑系统

非线性编辑的出现、发展和成熟是依赖于计算机及其相关技术的。整个非线性编辑系统中最基础的是电子计算机，也就是说，在计算机的基础上添加各种专业板卡，使用驱动发挥板卡功能，利用软件进行编辑，从而完成非线性编辑的完整功能。

非线性编辑系统由硬件系统和软件系统两大部分组成。硬件系统包括高性能计算机、视/音频处理卡、大容量高速硬盘和接口系统；软件部分包括系统软件和视频编辑软件等，如图 7-1 所示。

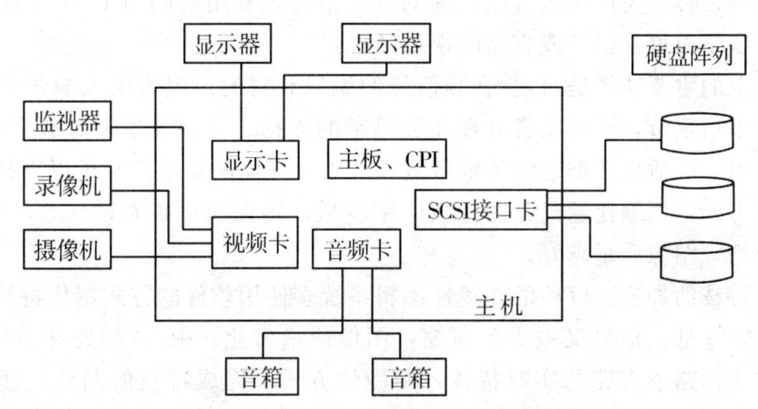

图 7-1 非线性编辑系统的构成框图

非线性编辑系统的工作原理如下：来自录像机或其他信号源的视/音频信号，经过视/音频卡转换成数字信号，并利用硬件进行实时压缩，然后将压缩后的视/音频素材数据存储到 SCSI 硬盘或磁盘阵列中。应用非线性编辑软件来进行节目编辑，根据创作意图可以联合使用多个编辑软件对硬盘中的素材进行特技加工处理，最后形成一个完整的电视节目。输出时，视/音频数据送至相应的板卡进行数字解压缩还原，用相应的磁带或 DVD 等记录介质记录下来。

一、非线性编辑的硬件系统

1. 计算机平台

计算机是非线性编辑硬件系统中的基础硬件，任何非线性编辑系统都必须在一台多媒体计算机上完成数据存储管理、视/音频卡工作控制、软件运行等任务。针对不同的非线性编辑系统，存在不同的计算机平台。非线性编辑系统通常采用工作站或个人 PC 机作为系统平台，由于各自计算机平台的优缺点，非线性编辑系统也有各自的优缺点。常用的系统平台有：基于苹果机的 Mac 系统，基于 SCI 工作站的 Octane 和 Tezo 系统，以及基于 PC 机平台的系统。三种系统各有所长：苹果系统由于在图形、图像方面的优势，是最早被应用的专业非线性编辑系统的计算机平台；基于 SCI 工作站的系统多为专业的、高端的、昂贵的，性能也是最好的，单开放性不够；随着 PC 机的发展，其 CPU 运算速度越来越快，总线能力不断加强，多媒体技术又使得 PC 机的图形、图像处理能力不断提高，软件平台性能也越来越好，故运行基于 PC 机平台系统上的非线性编辑软件和图形、图像处理软件也越来越多。

2. 视/音频处理卡

视/音频处理卡是非线性编辑系统的“引擎”，它决定着整个系统的性能。基于不同计算机平台的非线性编辑系统，所使用的视/音频处理卡也不尽相同；即使是相同的计算机平台，也可选择多种类型的视/音频处理卡。视/音频处理卡的作用如下。

一是完成视/音频信号的采集、压缩和解压缩、最后输出等工作。这类卡也称为视频采集卡，它是非线性编辑系统的决定性部件。非线性编辑系统中所使用的视频质量好坏，与视频采集卡的性能密切相关。通过视频采集卡捕获外部输入的视/音频信号，进行 A/D 变换与压缩编码，转化为计算机可以处理的数字信号，利用解码与 D/A 变换输出系统内的数字信号，恢复成可供记录或直播的视/音频信号。

视频采集卡的主要功能是对视/音频信号的编码和解码。因为庞大的数字视频数据使普通的计算机不堪重负，不能正常处理高数码率的数据。视频采集卡对数字视/音频信号的码率进行压缩，以适应数据总线传输带宽以及硬盘存储的要求。它可以支持多种压缩比例，即压缩比可调：压缩比越高，图像数码率越低，图像质量越差；反之，压缩比越低，图像数码率越高，图像质量越好。

二是进行特技的加速。以往的非线性编辑系统多使用软件的方式制作特技，需要很长的生成时间，效率低，信号又被重新压缩，图像质量劣化。视/音频处理卡中的 DVE 特技板，可以完成两路或多路的实时特技，用硬件方式来完成特技的制作，速度快，效率高，还可以回放。

三是实现叠加字幕的功能。

在早期的板卡中，视/音频处理卡的三类作用是独立的，分别安放在不同的插槽中，这既繁琐又影响处理速度。目前已经将视/音频采集、压缩与解压缩、视频回放、实时特技、字幕等全部集成在同一块卡上或同一套卡上，使得整个系统的硬件结构非常简洁。

视/音频处理卡的接口有复合、分量（YR-YB-Y）、S 端子 Y/C 等模拟接口和 IEEE1394、SDI 端子等数字接口两种类型。

3. 大容量的素材盘

非线性剪辑的特点对硬盘的容量和读写速度提出了很高的要求。非线性剪辑系统所要存储的是大量的视/音频素材，数据量非常大，需要大容量的存储硬盘来存储数字视音频信息。影响硬盘数据传输率的因素一是磁头的读写速度，二是接口类型和总线速度。磁头的读写速度既取决于采用何种磁头技术，又取决于硬盘的主轴转速。由于图像信号的数码率很高，通常采用具有 UITRA-SCSI 接口的大容量高速（7200 转/分钟以上）硬盘组成磁盘阵列 RAID。硬盘阵列 RAID 是具有冗余度的多重化磁盘阵列，它有独立的机箱和供电系统，通过计算机中的 SCSI 卡与计算机连接，不占用计算机 CPU 资源，提高了硬盘的容量和读写速度，也具有较高的可靠性。随着技术的发展，将会开发出大容量、低价格、便于携带的可读写光盘技术来进一步提高非线性编辑系统的性能。

4. 非线性编辑接口

在非线性编辑系统中，计算机平台与外部的输入/输出设备以及网络进行信号传送时，是通过视/音频信号接口来实现的。非线性编辑系统接口的主要功能是传送视/音频数字信号，常用的接口包括以下几种。

（1）模拟接口：视/音频有复合、分量（Y、U、V）、S 端子（Y/C）等接口；音频有平衡、非平衡两种接口。

（2）数字接口：串行数字接口 SDI，压缩串行接口 CSDI，串行数字接口 IEEE1394，数字音频接口 AES/EBU。

（3）网络接口：有数字光纤 FDDI 数据接口。

（4）控制接口：使得在非线性编辑软件中可以控制录像机的动作。

二、非线性编辑的软件系统

非线性编辑系统的硬件结构完成了视/音频数据的输出/输入、压缩/解压缩、存储等工作，但要完成非线性编辑工作，还要有相应的应用软件，才能组成一套完善的非线性编辑系统。由于非线性编辑系统基于不同的计算机平台，所以软件类型也千差万别。非线性编辑的软件要依赖于所使用的计算机硬件平台和相匹配的操作系统，才能发挥其特点和优势。

1. 稳定可靠的操作系统

运行在硬件平台上的是计算机的软件操作系统，对应不同的计算机平台存在着不同的操作系统。

（1）基于 PC 的 Windows 操作系统，是最常见的。此系统的硬件平台上的硬件种类繁多，兼容性强，易于搭建不同的非线性编辑系统，且应用软件丰富。但缺点是专业功能较弱，制作效率较低。

（2）基于苹果机的 MacOS 操作系统。为适应 MacOS 操作系统，苹果机的硬件来源和使用大大受限，但仍有众多的厂商为苹果平台出产各种硬件，而且其软件已很丰富。它在传统的视/音频处理上的优势依旧保留，且保有很高的用户忠诚度。其专业功能较强，效率高。

(3) 基于SGI工作站的UNIX操作系统。应用于少数高端的非线性编辑系统中，由于SGI的CPU和其他硬件的性能很高，所以非线性编辑软件能够高质量的完成大量编辑、特技与合成的工作。

2. 方便实用的非线性编辑软件

非线性编辑系统的软件是指运行在计算机平台和操作系统之上，用于非线性编辑所开发的应用软件系统。这是非线性编辑系统的核心，非线性编辑的大部分操作：编辑、特技、动画和字幕等，都要在非线性编辑软件中完成。不同档次的非线性编辑系统采用不同的非线性编辑软件，价位和性能也各不相同。非线性编辑系统的软件大致可分为专用型和通用型两类。

(1) 专用型的软件大都由非线性编辑系统的开发商根据视/音频处理卡的特点专门开发的，如国内的大洋、奥维迅、新奥特等公司开发的软件，国外的索贝、Avid系列、Medi-100、Flint等软件。由于专门开发的非线性编辑软件充分考虑了与视频卡的匹配，因此整个系统性能比较稳定。

(2) 通用型的软件是由第三方公司开发的，既不是视频处理卡制造商，也不是非线性编辑系统开发商。它可以不依赖于硬件运行，安装在任何平台上都可使用。这类软件种类繁多，功能十分强大，在很大程度上填补了非线性编辑系统在特技效果和多层画面合成功能的不足。常用的非线性编辑软件有Premiere、Ulead Media Studio、Sony Vegas、Pinnacle Studio、Pinnacle Edition、Final Cut Pro系列、Avid的MC系列等。

另外，还有一些配合非线性编辑系统的软件，如Photoshop、Infini-D（三维造型和动画设计，Media-100可直接调用）、Morph（动态画面变形）、Strata Studio Pro（三维造型和动画设计，Media-100可直接调用）。

三、常用视频编辑板卡

视/音频处理卡是整个非线性编辑系统中最核心的部分，主要功能为对视频信号进行压缩采集、解压播放。不同厂家的视频板卡采用的压缩技术各不相同，这就决定了视频信号的质量也有所不同。视/音频处理卡的品种繁多，差别也很大，价位由几千、几万、十几万到几十万、上百万不等。每款非线性编辑软件设备都有两个核心部件，一是板卡，二是软件。目前市场上典型的视频处理卡介绍如下。

1. Matrox公司

加拿大Matrox公司是视频编辑领域著名的公司之一，它推出的视频编辑板卡主要有广播级和专业级两大类。

(1) 广播级板卡。

Matro公司的广播级板卡主要为DigiSuite系列，包括有DigiSuite、DigiSuite LE、DigiSuite DTV和DigiSuite LX。DigiSuite系列非线性编辑板卡以其极好的稳定性、高性能和易于开发的特点深受广大用户和OEM厂商的青睐。

DigiSuite系列卡是以Motion-JPEG格式为基础的，可以提供最高级别的视频质量（无压缩）；DigiSuite LE也是以Motion-JPEG为基础，具有DigiSuite产品的很多功能，性价比高；DigiSuite DTV产品是专门为数字电视时代而准备的数字视频编辑平台。2001年Matrox又推出了DigiSuite MAX实时三维特效板卡，与以往的DigiSuite系列平台相比，Matrox DigiSuite MAX 平台最大的特点在于它的实时三维特效，强大的三维特效功能是基于 Matrox Flex 3D 结构的实时 3D DVE，以前特效卡的设计都是将三维特效算法固化在板卡上，要增加新的特效就必须更换硬件。而 Flex 3D 技术采用了全新的思路，它借鉴了电子游戏中三维图形的做法，使用软件编程建模，但将活动视频代替静止图像贴到模型上去。开发制作人员可以根据自己的想象，通过软件编程将新的特效随时加入，这样可以得到非常丰富的二维、三维特效效果，提供更强大的编辑功能和更多的创作自由。

DigiSuite MAX 可分别配合 DigiSuite 系列的其他板卡使用，因此有了 DigiSuite LE MAX 等产品。这些产品适用于实时非线性编辑、数字合成、绘画、字幕合成、二维动画、三维动画的录制、音频处理、DVD 刻录等。

DigiSuite 系列板卡的特技包括多通道二维特技、色彩校正、对每一层的透明度控制，每种产品都有两个色键和亮度键、两个独立的划像发生器、32bit 无压缩动画图文，对素材可以任意变速空盒子。在应用过程中，可以进行加速打包、加速图像传送，所有产品都提供 IEEE1394 和 SDI 输入/输出方式。

（2）专业级板卡。

专业级板卡包括 Matrox RT2000、RT2500、X10 等，与广播级系列相比其产品定位稍低一些，两者主要区别在以下几个方面：

①专业级板卡不像 DigiSuite 有很全的接口；

②两者在视频流上也有区别，专业级板卡最多只能达到 25Mbps，而 DigiSuite 可以做到 50Mbps；

③专业级板卡在软件支持上捆绑了 Premiere，而 DigiSuite 可以支持其他类型的非线性编辑软件，选择范围较广。

专业系列板卡的用户定位主要是中小型电视台、个人、学校、厂矿企业、事业单位、电教中心等，性价比高。

2. Pinnacle 公司

Pinnacle 的 ReelTime 系列广播级实时双通道非线性编辑卡采用了 4∶2∶2 全数字化 YUV 信号处理，Motion-JPEG 帧内压缩方式，数据率为 13.4Mbps，压缩比为 1.6∶1，具有独立的实时图文字幕通道；不需要生成的 A/B 卷实时特效除包括“亚拉丁”特效（Pinnacle 公司的经典特效产品）的全部效果外，还有专为该系统设计的 130 种专利特效效果，包括淡入淡出、实时抠像、心形、彩虹、钻石、碎片、水波、卷页、画中画在内的数百种实时二维、三维特效。

ReelTime 标准编辑软件采用 Adobe Premiere 作为桌面视频创作最早的倡导者，Premiere 首创的时间线编辑、素材项目管理等概念被几乎所有非线性编辑系统设计采用，成为多媒体非线性编辑人机界面设计的事实标准。而且 Premiere 5.1 以上版本更增加了双回放窗编辑模式，使软件的人机交互性更趋于完美。其内嵌的 TitleDeko 字幕使滚屏字幕的实时播出成为现实。

ReelTime 提供标准的 SDI 及 DV/1394 接口模块，同时为配合网络技术的广泛应用，ReelTime 支持用户根据需要自由地以 Fibre Channel 技术为基础，利用 Windows NT 本身的网络管理功能构建自己的编辑制作网络，以实现共享节目资源、无带播出或数字化媒体资源管理。

(1) DC 2000 MPEG-2 非线性编辑卡。

DC 2000 是 Pinnacle 公司继 DC 1000 后推出的基于 MPEG-2 压缩算法的高质量广播级非线性视/音频编辑产品。DC 2000 的整个处理过程从采集、处理到播出都以全数码的 MPEG-2 方式进行，充分利用了 MPEG-2 I 帧和 IBP 帧格式的存储小路和质量，能够实时编辑广播级 MPEG-2 IBP 格式，并能精确到帧编辑实时进行 DVD 刻录，也可实时制作广播级、专业级录像带。它采用双数据流 MPEG-2 编码，可实时编辑系统，并包括一个完整的视频编辑应用程序和完整的 MPEG-2 创作软件，编辑后的素材可直接输入 DVD 编辑软件进行编排和刻录，省略了各式转换时间。DC 2000 还可以升级到 DVD 2000，用于全面专业的 DVD 编辑制作。DVD 2000 带分量输入/输出及平衡音频，实时 DV 输入/输出选件，开放式设计结构，可使用任何 DVD 编辑软件。

(2) DV500 非线性编辑卡。

DV500 是一个带 3D 实时的 DV 视频编辑板卡，可提供实时特效、字幕和转场、适用于专业的视频编辑，可以在普通台式机上编辑制作 DV 作品。DV500 采用 DV 编码，在视频信号传输过程中完全无损，可实现实时特效、字幕和转场；提供高质量的 25Mbps 硬件数码编码；全制式兼容 720×480、29.97fps (NTSC) 和 720×576、25 fps (PAL)；使用通用计算机系统图形硬件，不需要特殊的显卡支持；提供显示器 Overplay 方式和视频播出同步键；提供外置式接线盒及 Pinnacle 的 3D 效果和转场插件等。

DV500 完全兼容数码摄像机和视频设备。采用 IEEE1394 接口可以方便地实现数码摄像机与计算机之间的连接。如果使用模拟视频设备，也可以使用内置的复合和 S 端子连接。DV500 灵活性表现在刻意对原始的模拟是素材和数码素材进行混合编辑，用户在界面上感觉不到格式的转换。DV500 使用双数据流技术实现即时的特效和转场播出而无须合成。

(3) miroVIDEO DC30 plus 桌面视频编辑卡。

miroVIDEO DC30 plus 是 Pinnacle 公司一款低端的高质量视频与音频采集卡产品，其利用可以全屏幕、全动态、不丢帧、实时可调的 Motion-JPEG 压缩方式采集视频与音频素材，通过软件可以实现完全的非线性编辑，无损生成，保证质量。此编辑卡采用完全拖放操作，所见即所得，多文件回放；并打破了视频文件的尺寸限制，通过无缝连接，把多个文件连接起来回放；得到完整的视频节目与音频同步；节目制作时，只生成添加特效和转换效果的节目片段，未改动的部分不需要重新编码，极大缩短制作时间，节约宝贵的磁盘空间。miroVIDEO DC30 plus 的可开发性非常好，它支持标准 MCI 控制和 API 调用，用户可以通过编写程序，把 miroVIDEO DC30 plus 融合到自己的系统中。

把录像机连接在 miroVIDEO DC30 plus 上，调节亮度、对比度和饱和度，根据需要采集各种质量等级的视频与音频；并且 miroVIDEO DC30 plus 支持连续采集和单帧捕获，这样就可以获得高质量的静态图像。

miroVIDEO DC30 plus 是把图形和动画制作成视频作品的最佳选择，用户可以利用非线性编辑软件把图像、图形和字幕加入影片中。同时，miroVIDEO DC30 plus 可以调入各种格式的动画文件，把动画文件和影片合成为完整的视频作品。

一旦采集好视频，就可以在其中加入特效、转场效果和字幕；同时对声音进行各种特效处理。支持的软件有 Ulead Media Studio、Adobe Premiere 等。

通过 miroVIDEO DC30 plus，可以把视频作品以复合或 S-Video 端子全动态、全屏幕的方式输出到录像带、监视器、VCD 压缩卡及多媒体作品中。

（4）miroVIDEO DV300 plus 桌面视频编辑卡。

miroVIDEO DV300 plus 是针对 DV 发烧友的桌面视频与音频编辑生产的。该产品可以利用 DV 摄像机和计算机以全数码方式进行搜索、采集、编辑和输出。它是一块高速度的 PCI 卡，使用 IEEE1394 接口连接 DV 摄像机和计算机。miroVIDEO 的 DV-Tools 软件会自动扫描 DV 磁带并查找出片段的出点镜头，可以在下载视频前控制 DV 摄像机来预览素材，然后通过拖放定位时码顺序组成下载视频资料库。如果要在下载视频资料库中进行编辑，miroVIDEO DV-Tools 将自动下载指定片段和帧。采集质量与主机性能无关。DV-Tools 使用独特的 multipass 功能完成无损采集，还可以自动恢复 DV 磁带丢失的重要结构。miroVIDEO DV300 具备 100% IEEE1394 标准和 SONY 公司的 CODEC 编码技术，高质量的静态图像捕获，绝不丢帧的无损采集，支持 miroINSTANT VIDEO 功能，多文件回放，视频作品可以超过 2GB，兼容 Windows95/NT 和 Mac OS 平台。

（5）TARGA 3100 增强型编辑卡。

TARGA 3100 增强型编辑卡可实时处理 3 个无压缩视频及 5 个含有 Alpha 通道的动态图像流，可对无压缩的动画图像做色键处理。每个图像流可同时支持多个实时特效，包括子轴 2D DVE、大小及位置移动、实时快慢动作、超级色键 RGB 抠像，同时还有亮键及 Alpha 键抠像；RGB 或 HSB 色彩校正。

TARGA 3100 可以采集 YUV、RGB-A、DV 和 MPEG-2 等压缩或无压缩视频格式，并在同一时间线上进行编辑，可输出到录像带、DVD、CD 及互联网上；同时提供无压缩的 4：4：4YUV 及 RGB，支持 HSL 及 RGB 色彩校正，有独立的曲线对应 RGB 的每个分量。它的 RGB 色键抠像能满足最严格的抠像要求，包括透明、溢出（Spills）及阴影。

TARGA 3100 有大量的实时特效工具。它强大的抠像功能包括真正 RGB 色空间亮键，Alpha 键及色键抠像。此外，TARGA3100 有一个独特的特效选择（FX Chooser）功能，提供几百种 2D、3D 特效及切换，包括 16 位 Alpha 画像及画中画。此外，TARGA 3100、FX Factory 允许创建可定义关键帧的 2D、3D 特效而甚至可以对同一段素材同时添加多种实时特效而不用生成。

当今的视频产品通常需要将模拟及数字格式的素材混用。TARGA 3100 支持 DV25、MPEG-2、无压缩 YUV 及无压缩 RGB-A（带有 Alpha 通道），另有 DV50 选件。还可以将压缩及无压缩图像在同一个时间线上混合。

TARGA 3100“任何输入/输出”的解决方案使任何旧的和新的、模拟和数字、专业及非专业的设备都可以混合使用。TARGA 3100 的 Digital Tether 接口箱系列支持模拟及数字输入/输出，包括：复合、分量、S-Video、SDI、SDTI（选件）及卡上自带的 DV/1394 视频接口；线性、平衡、AES/EBU、SPDIF 及 TDIF 音频接口。

（6）Pro-One 非线性编辑卡。

Pro-One 主要用于个人 PC 机非线性编辑系统。它的核心是一个视频效果引擎，可以支持实时处理复杂的多种特技效果。Pro-One 提供了 DV 的图像质量，同时支持实时的视/音频处理，并且捆绑了 Adobe Premiere 6.0，具有模拟和数字的输入/输出，同时支持多种流行的视频发布格式，包括：DVD、交互式 CD 和网络视频流。

Pro-One 硬件带有复杂的多层视频混合器和 3D 处理器，有真正的实时处理芯片，支持同时回放多路的有 3D 效果的视频和字幕，两百多种好莱坞二维、三维特技全部实时，并可通过软件升级扩展更多特效。同时，Pro-One 附带 3D DVE，TitleDeko RT 专业字幕软件，制作真正的广播级字幕和图文；多层画面实时合成，可实现两路视频加一路图文或三维物体动画和效果实时；可添加十层之多的滤镜、过渡和特技效果；预设四百多个扫换特技，可用 Photoshop 自己制作特辑达到无限种，还可以加各种各样柔边；独有的 3D 滤镜如剪裁、透视、变形、放大镜、复制、光点、水滴、画中画、卷页等。此外，Pro-One 的图像滤镜功能强大，如颜色校正、图像校正、缩放及旋转等效果；有超过 300 种的预制模板，包括霓虹和金属效果，提供任意的变化控制，同时带有专业的监视器显示功能。Pro-One 支持画中画，变化缩放、旋转、动画、粒子效果、卷页，可利用多通道二维、三维图像控制，制作变化、旋转、弯曲、贴图、变形、加光、调色盒粒子效果。其所有的实时特技都是可以添加关键帧动画的，特技效果可以按要求随着时间变化；具有实时多轨的音频调音，并利用显示 Overlay 芯片支持实时在显示器和监视器上回放。Pro-One 的视频画面为 720×576（PAL）或 720×480（NTSC），4：2：0 YUV（PAL）或 4：1：1 YUV（NTSC）真彩，外部接口有 IEEE1394、S 端子、复合接口和专用软件接口等。

目前，Pinnacle 公司已推出了 Pro-One RTDV 和 Pro-One 2.0 新版本，其中最新的 V2.01 版支持 Premiere 6.5，MPEG 性能大幅度提高，可按照接近 1：1 的速度从时间线上直接输出 VCD，高速输出 DVD、SVCD，单键按钮调用 Impression DVD 软件，可制作出有 10 层交互式菜单的 DVD 或交互式 CD。

3. DPS 公司

加拿大 DPS 公司是最早涉足视频编辑卡制造领域的公司之一，它的系列产品在中国有相当的用户群体，但一般都局限于高端用户领域。

(1) PVR3500 广播级模拟非线性编辑卡。

PVR3500 是 DPS 公司基于 PAL 制的数码视频硬盘记录板卡，具有 10 位视频编码，CCIR601 4：2：2 处理和完整的 SCSI 硬盘控制器，其录制时间仅受限于所用的硬盘容量和数量。PVR3500 支持 Windows NT 下的多平台；Intel 的 * 86 和 DEC 的 Alpha，其组件 AD-3500 实时视频捕获子卡，提供 S-Video 和复合输入支持动画软件和绘图软件的文件直接进行 RGB 视频文件转换。PVR3500 还能将不同格式的文件完全集成，进行无缝视频连接。在需要的时候，其他软件业可以直接存取硬盘上的 RGB 视频文件，存储的文件可以在监视器上回放。内部复杂的熵预测电路确保记录时获得最佳的压缩比率，也可以完全由人工控制压缩/质量设定。

(2) EditBAY PAL 视频编辑卡。

EditBAY PAL 是 PAL 制式的视频编辑卡，视频质量可达到广播级，入出端口为 S-Video 和复合格式。一台计算机、一块 EditBAY 卡、一台摄像机、再加上 Adobe Premiere 或 DPS VideoAction Pro 等非线性编辑软件，即可构成一套非线性编辑系统。EditBAY 卡上集成音频卡，保证视频与音频的精确同步及质量。

(3) SPARK DV 数字格式剪辑卡。

SPARK 卡是一款具有广播级质量的 DV 数字格式非线性编辑卡，是 DPS 公司与美国 ADAPTEC 公司合作开发的产品。SPARK 卡专用于处理 DV 数字格式的编辑系统和直接输入/输出 DV 数字格式的信号。SPARK 卡具有 IEEE1394 接口连接摄像机与计算机。DV 数字视频与音频信号实时地从摄像机传到硬盘上，然后用 Adobe Premiere 软件进行编辑和添加效果，最后将编辑好的节目通过 IEEE1394 接口的连线回录到摄像机或 DV Drive 驱动器中。整个制作编辑过程中都保持 DV 数字信号，没有信号损失。

4. Canopus 公司

日本 Canopus 公司也是生产视频编辑卡的著名公司，视频编辑卡主要有专业级 Canopus DVStrom、Canopus DVStrom2、Canopus DVStrom2 pro、CanopusDVRaptor、EZDV，广播级 CanopusDVRex 及升级产品 CanopusDVRexPro。

（1）DVStrom 系列非线性编辑卡。

DVStrom 可构成实时 DV 视频编辑系统，具有 DV、模拟复合、S 端子等输入/输出端口，可输出 MPEG 用于制作 VCD/DVD，也可输出为流媒体视频格式。DVStrom 集编辑卡和压缩卡于一体，直接采集视频素材为 MPEG 文件；采用 YUV4：2：2 方式，AVI 数据文件突破 2GB。它采用 Canopus 的高精度静态画面处理技术，将拍摄的动态画面进行 3 次 Y/C 分离处理，能够在动态素材中采集清晰的静态画面用以制作照片；有内置接口箱，带有 IEEE1394、S 端子、复合视频输入/输出接口以及音频输入/输出接口。DVStrom 卡配套的软件有：StromEdit、Strom Navi、Strom Video/Strom Audio、XplodeBasics 等。DVStrom 兼容的软件有：Adobe Photoshop、Sonic Foundry ACID Style、SpruceUp DVD 编辑软件。

DVStrom2 卡可实时 5 轨视频、4 轨可缩放的画中画，无限轨实时字幕和图文层；实时二维、三维特技，实时色键和亮键，实时抠像；30 大类实时视频滤镜，70 大类实时音频滤镜，28 大类实时二维和三维特技的数百种预制组合；完全 YUV 编辑和处理；实时模拟、数字输出。DVStrom2 在 DVStrom 基础上新增的功能有：高质量的 MPEG-1、MPEG-2、QuickTime、AVI 及 Windows Media 等格式。DVStrom2 含有 Canopus 的专利媒体技术，可用最快的速度编码最高质量的 MPEG 视频，还包含 MPEG 剪切和重新压缩工具，用来编辑已经被编码为 MPEG 的文件。DVStrom2 包含了一整套专业工具来帮助编辑处理节目，这些工具有波形监视器、矢量监视器、实时音频滤镜和适用于 Adobe After Effects、Photoshop、NewTek LightWave 3D 的实时视频输出插件；支持操作系统为：Windows XP Home、Windows XP Professional 和 Windows 2000。

DVStrom2 Pro 是 DVStrom2 卡的升级产品，为专业用户而设计。DVStrom2 Pro 具有分量视频输出、EDIUS LE 实时编辑软件，在一个全新的用户界面上提供了超乎想象的制作效率和灵活性，使创作绚丽专业的视频内容更加丰富。DVStrom2 Pro 新的 Adobe Premiere Pro 插件让用户可以同时实时预览和实时输出 Premiere Pro 自带效果和 Canopus 效果。DVStrom2 Pro 集合了稳定性和扩展的高性能，包括实时 5 轨视频流、无限字幕和图形层，众多的实时滤镜，三维特效，实时 DV 输出。DVStrom2 Pro 同时也提供了带有波形/向量表的实时色彩校正、可变速度控制、业界领先的 DV 色键、自动白平衡、区域滤镜、同步配音录制等等。针对 MPEG 格式，DVStrom2 Pro 提供实时的硬件编码器和 MPEGCraft 剪辑工具，MPEGCraft 为专业视频人士提供了帧精确 MPEG-1 和 MPEG-2 剪辑、基于 GOP 的编辑、段落重码等功能，用于快速高效的 MPEG 素材处理。使用附带的 Canopus MediaCruise MPEG 采集软件，DVStrom2 Pro 可以直接从 DV 和模拟输入实时编码 MPEG-1 和 MPEG-2 文件，支持 16∶9 和 4∶3 两种画幅比例，分量视频输出接口可以和 BetaCam 录像机或其他广播级设备相连接。

(2) DVRexRTPro 非线性编辑卡。

DVRexRTPro 是一套全功能、专业级的非线性编辑系统，其众多的特性，可满足现今编辑的所有要求，包括电视节目制作，企业事业单位内部节目交流，新闻制作，培训光盘制作，以及 Internet 网上视频传输。

DVRexRTPro 卡可直接从数字设备中读取数据，无须进行转换和压缩，也可以把模拟信号转化为 DV 信号采入系统进行编辑。19 英寸标准接口箱上集成了 IEEE1394 分量输入/输出、模拟分量、Y/C 和复合接口，平衡式音频接口、RS-422 录像机控制接口，视/音频电平指示器及音频输入电平调节旋钮，方便演播室设备的连接。

DVRexRTPro 卡采集素材并从时间线上实时输出 DV 和模拟信号，输出 MPEG-1，MPEG-2 及网络视频文件，DV 音频输入/输出，音频与视频锁定，达到完美的声画同步。此非线性编辑卡采用无限升级技术，多个实时滤镜和特效；多个声音轨、视频轨和字幕轨；所有效果实时；增加了实时非线性编辑功能，如实时颜色与亮度调整、实时复杂的变换、实时颜色校正、实时上色与定位以及实时具有复杂特性的带阴影或渐变的画中画功能。

DVRexRTPro 采用 YUV4∶2∶2 格式进行内部图像处理，保证了最高的图像质量。其捆绑的 RexEdit 软件可制作字幕与特效，并且有几块的生成速度；可提供简单的变换和静态字幕，每轨字幕皆可拥有独立的属性设定、特效、动态路径，所有处理程序皆为实时；同时也可存储已设定的字幕属性，以便在其他作品中使用。Boris FX3.5 提供了大量专业级的效果，包括真三维造型、曲线扭转、二维粒子、快速模糊、色彩效果、专业键效果与子像素选择技术。

另外，DVRexRTPro 卡还有一块集成了高性能视频引擎以及 32MB 显存的显示卡 Xplode，它提供了多种易于使用的特技效果，包括基于关键帧的、可调整的 Alpha 与 3D 特技，使用 Xplode 可以灵活制作比较复杂的 3D 特技，例如翻页、图像帧等。

第三节　非线性编辑系统的基本操作

一、非线性编辑系统的编辑方式

1. 联机编辑与脱机编辑

线性编辑系统一般工作在联机状态下，即放像机和录像机同时工作，直接制作出节目带。在非线性编辑系统中，系统可以控制多台放像机和至少一台录像机同时进行编辑工作。非线性编辑系统集中了编辑控制器、特技台、调音台等设备的功能，这样的编辑方式就是联机方式。与传统线性系统的联机方式相比，非线性系统的集成性更高，而且视频编辑完全在计算机中处理，信号质量损失小，同时设计合理的编辑软件使编辑工作更简单。

联机方式在某种意义上与线性编辑有相似之处，没有充分利用非线性编辑系统的优越性，特别是某些素材需要较复杂的编辑，这时，就应使用脱机方式来进行编辑。先将素材内容采集到硬盘中，在计算机中完成画面的剪辑、配音、字幕、特技等工作，编辑完毕认为满意后，再把编辑好的节目输出到录像带上。

脱机编辑节省了硬件设备，只需外加一台录像机就能进行编辑工作，是非线性编辑最常用的编辑方式。

2. 草稿编辑

由于硬盘的存储容量是有限的，在编辑较长的节目时很容易就会存满，故制作者除了要考虑镜头间的切换外，还必须费神地反复下载节目、上传节目、上传素材，这样做不仅不能节省时间，还给工作带来麻烦。为解决这个困难，提出了草稿编辑模式，它分两步完成：首先以高压缩比（如100：1）把所有的素材采集进来，进行非线性编辑，得到每个镜头的入点和出点时间、特技效果方式等数据，这些数据被保存为EDL表，即编辑决定表；第二步，待片审通过后能根据得到的EDI表重新以低压缩比上载素材，由系统自动完成节目的制作。

二、非线性编辑工作流程

利用非线性编辑系统制作节目的工作流程如下：①剧本策划，②素材的采集与输入，③创建项目工程，④导入素材，⑤编辑和调整素材，⑥添加特技效果和字幕制作，⑦输出与生成。

现以常用的非线性编辑软件Premiere pro cs3为例讲解非线性编辑工作流程。

1. 剧本策划

在开始利用非线性编辑软件进行创作之前，首先应该清楚要表达什么意思，用什么做，要加入什么效果才能突出主题，如何配上声音等问题，也就是人们平常所说的剧本策划，或者叫创意。剧本策划一般包括以下几个步骤。

（1）确定主题和表现方式。主题是指视频作品所要表达的主要信息内容，即讲述一个故事或描述一段场景运动变化的过程。一个视频作品不是各种剪辑和效果的简单堆砌，而是要表达具有逻辑关联的信息，所以这个过程就显得十分重要。选择适当的素材，并加上恰如其分的效果，才能使作品更加生动，更具有感染力。

（2）搜集素材。素材的搜集主要有两种方式：一是平时积累，二是在主题已经确定的前提下通过各种渠道进行搜集。无论哪一种方式，在制作的时候都要采用最能反映主题的素材进行剪辑。

（3）素材采集与变换。由于是通过多种渠道收集，故很难保证所有素材都是数字格式，对于这种情况，就要事先将素材转换为数字格式以便进行非线性编辑，同时还要注意保证素材质量。如果需要加旁白，还应注意事先录制好语音文件。

（4）视频编辑处理。视频编辑处理主要是将前面搜集好的素材加以处理并输出的过程。在处理的过程中应该注意要根据创意的风格使用各种效果。有音乐、旁白的时候，要注意使画面与声音同步，并尽量使背景声音配合作品的主题。

2. 素材的采集与输入

大量的原始视频与音频素材都来源于真实世界，需要用某种方式将其记录（摄像机）并存储（录像带）下来，但是这些数据并不能直接应用于计算机编辑，而是需要将其转入到计算机中，并以视频与音频编辑软件可以编辑的方式进行存储，实现上述功能的方式便是采集。

3. 创建项目工程

在 Premiere Pro 中，要编辑制作的节目叫项目（Project)。Premiere Pro 不仅能够制作视频作品，还负责作品素材资源的管理，如创建和保存字幕、转场过渡及其他效果，工作的对象实际上是一个项目。

创建项目工程是利用 Premiere 编辑制作节目的首要工作，可以通过以下步骤完成项目工程的建立。

(1) 启动 Premiere Pro。

(2) 在初始欢迎界面上选择“新建项目”按钮（如图 7-2 所示)。

图 7-2　Premiere Pro 的初始欢迎界面

(3) 设置接下来出现“新建项目”对话框（如图 7-3 所示)。在“位置”文本框中输入项目存储的路径，在“名称”文本框中输入项目的名称，之后点击“确定”按钮，则 Promiere Pro 会自动按预置格式创建一个空白项目，并在工作区中显示相应的窗口。

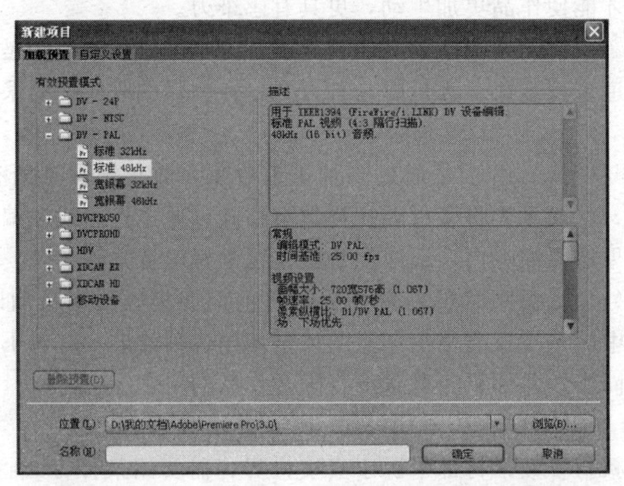

图 7-3　Premiere Pro 的“新建项目”对话框

创建项目工程后，还可进行项目参数设置。在将视/音频导入和编辑操作之前，必须先设定好项目的视频、音频的配置参数。其中最重要的配置是帧速率、帧大小及视频压缩方式；其次，还要对软件工作时一些环境参数进行设置，使其具有个人实用的风格。

4. 导入素材

Premiere 是一个视频与音频后期编辑软件，在开始制作节目之前，将所需要编辑的素材文件导入到项目窗口。在 Premiere Pro 的项目中，可以编辑多种格式的视频、音频和静态图像文件。所有的原始素材和剪辑都必须保存到硬盘中，即使是数码摄像机中的视频，也需要转存到硬盘中。Premiere Pro 能自动采集数码视频剪辑，并将之存储到项目中。

5. 编辑和设置素材

导入素材后，就可以着手进行节目的编辑工作了。素材编辑就是设置素材的入点和出点，以选择最合适的部分，然后按时间顺序组接不同素材的过程。而素材的编辑和调整是节目编辑的开始工作，编辑是指排放素材在时间线窗口的先后顺序和叠放位置，而调整是指对素材的播放时间、速度以及内容进行相应的调整，以符合节目编辑的意图。

对于素材的调整可以在两个窗口中进行，一是监视器窗口，二是时间线窗口。Premiere Pro 的操作界面如图 7-4 所示。

图 7-4　Premiere Pro 的操作界面

6. 添加特技效果和字幕制作

对于视频素材，特技处理包括转场特效、运动特效、合成叠加、视频滤镜等；对于音频素材，特技处理包括转场、特效。令人震撼的画面效果，就是在这一过程中产生的，往往也是体现在这方面。配合某些硬件，Premiere Pro 还能够事先特技播放。

字幕是节目中非常重要的部分，它包括文字和图形两个方面。Premiere Pro 中制作字幕很方便，有丰富的效果实现，并且还有大量的模板可以选择。

7. 输出与生成

用 Premiere Pro 进行节目的编辑制作，最终要生成一个合成好的电影文件。节目编辑完成后，就可以输出到录像带上；也可以生成视频文件，发布到网上，刻录成 VCD 或 DVD 等等。输出所需要的时间由计算机的硬件配置决定。配置越高，生成的速度越快。

第四节　网络化电视制作技术

一、非线性网络编辑系统

网络化是计算机的一大发展趋势，非线性编辑系统可充分利用网络方便地传输数码视频，实现资源共享，还可利用网络上的计算机协同工作，对于数码视频资源的管理、查询更是易如反掌。目前在一些电视台中，非线性编辑系统都在利用网络发挥着更大的作用。非线性网络编辑系统如图 7-5 所示。

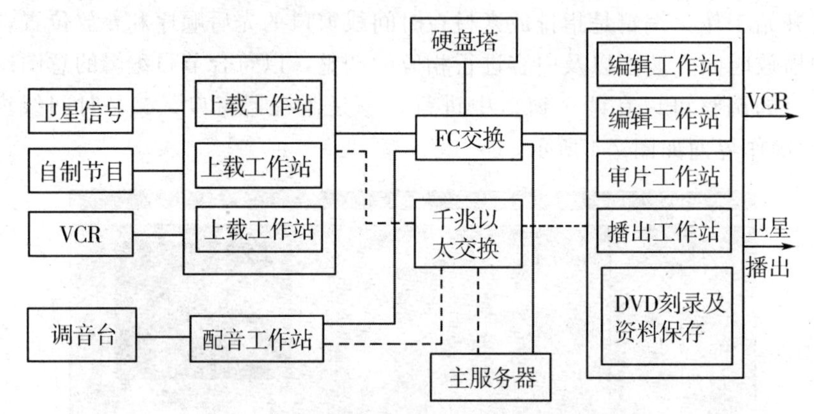

图 7-5　非线性网络编辑系统框图

非线性编辑的网络节目制作系统是将不同专用多媒体计算机（工作站）连接成一个能相互传输信息和共享的网络，各工作站使用由电视的视/音频信号转换而成并存储在计算机网络存储器（硬盘）中的数据来进行电视节目编辑的各种操作（如硬切、叠化、配音、加字幕和制作特技等），然后把这些操作结果再从数据转换成视/音频信号，从而得到编辑完成的电视节目。这种系统的特点如下。

（1）多媒体计算机（工作站）是专门进行编辑工作的设备。这些工作站使用高速网络技术连接成为一个网络系统。节目编辑过程中各个环节都使用存储在网络系统中的共享数据。

（2）非线性编辑系统可调的高/低压缩比视频数据。当视频信号（无论是模拟信号还是数字信号）转换为计算机系统可存储和处理的数据时，为了减少数据量，需用某种特殊算法对这些数据进行压缩；数据量的减少程度（用原始数据量与减少的数据量之比，即压缩比来衡量）对以后从数据再转换成视频信号时的画面质量直接相关。压缩比越高，画面质量越差，高压缩比（对 M-JPEG 压缩标准而言，一般认为 8∶1 以上）一般只能用于编辑，而不能用于播出。在实际使用中，通常是根据节目对视频画面质量的要求来决定高/低压缩比的数值的。

（3）系统的计算机网络采用 Fibre Channe 光纤网和以太网共存的双网结构。在 Fibre

Channe光线网上介入实时实用低压缩比（数据量很大）视频数据进行工作的设备，以实现节目制作数字化，并实现在整个节目制作过程中高质量视频素材的集中存储和实时共享。在以太网连入实用高压缩比（数据量较小）视频数据上进行工作和处理新闻文稿的设备，完成工作量较大的编辑工作，大大加快了节目制作速度，并为今后编辑站点的扩充留有较大的余地。另外，以太网将系统中的所有工作站连接起来，以实现各工作站的制作结果共享与相互传递。

（4）专门的上载/下载工作站节目制作网络采用专门的磁带上载/下载工作站，可以在很大程度上增强接口能力，并将各种规格的录像机集中相连，用少量的录像机完成与整个网络系统的上载/下载问题。磁带上载/下载工作站是专门用于磁带信号上载/下载的设备，它采用Matrox DigiSuite板卡，配齐全的输入/输出接口。上载/下载工作站与光纤网和以太网相连，实现双压缩比同时采集，分别存放到FC网和图文服务器中。可以将磁带交流节目、广告、片头片尾以及成片节目等不需要进行视频编辑的节目直接录入到FC硬盘中。

原始素材通过上载工作站略作筛选，将同一素材以两种不同的压缩比分别存储到FC硬盘和以太网服务器中，高压缩比的素材供新闻服务器节目编辑终端使用，低压缩比的素材供FC网非线性编辑站和节目合成播出工作站使用。

（5）多种接口系统提供复合、Y/C、YUV模拟分量、DI串行数字分量接口，通过广播级标准的背版式固定接插座稳定连接到各种类型的录像机，无须频繁转换线。非线性编辑工作站是专门为网络编辑而设计的非线性编辑系统，完全针对节目的非线性编辑而设计，它遵循操作简洁、高效、高可靠性的原则，能够完成A/B卷编辑和实时字幕，可以实时地用FC磁盘阵列中的视/音频素材或本机硬盘中的素材进行节目编辑。编辑而成的节目文件，可供节目合成工作站完成节目的播放。

二、网络化电视制作技术

1. 制播网的组成

基本的制播网由编辑、采集、审片和播出四部分组成，各部分由高速网络交换机连接起来。最简单的制播网可由编辑和播出两部分组成，而其他功能则由某些计算机代理完成。大型制播网还会用到视频服务器、多通道播出系统，以及现场直播等。

完整的制播网大致由多个部门子网组成。部门子网是一定规模的由视频处理设备构成的系统，它能够独立承担一个部分完整的节目生产和播出任务。由于其处理的相对独立性，因此每个部分子网都具有类似的素材采集和管理、节目编辑和制作能力。它通常采用大容量中心硬盘以实现素材的共享，高速网络用于素材的即时存取及素材库和用户权限管理的控制信息系统。但由于各部门节目生产的流程各具特点，甚至对素材的使用方式也有不同的要求，导致不同部门的应用子网具有不同的结构。比较典型的有新闻子网、播出子网、节目制作子网以及台中心节目存档网。

（1）新闻子网。

在实际应用中，用户是并行实时访问网上素材的，因此视频服务器是由一组高速FC硬盘组成，并与一台运行在以太网上的数据管理服务器协同工作。视频服务器还可以完成新闻节目制作的自动归档、检索与中心存档系统的节目交换的任务。在用于新闻直播时，一个直播控制主机可以主控或被控的方式，将做好的节目或从演播室传来的实时数据转换成统一的实时数据流，送入播出子网。由于直播系统关系到安全播出，因此其设计应充分考虑可靠性及容错能力。设备管理服务器和业务管理服务器主要运行在以太网上，它们侧重于不同的角度监测和管理整个子网。

设备管理服务器主要从设备的角度监测网络中各个物理环节的状态，业务管理服务器则从使用的角度监测新闻节目的生产流程中各环节的运行状况。在实际中，它们可能安装在一台服务器上，甚至运行在一个程序中。一个设计良好的新闻生产管理系统将使网络更加高效和安全，并可使错误发生率降低。

由于新闻节目具有时效性强的特点，网络的设计和前端采集编辑设备应简单易用。系统操作智能化能够使视频服务器自动地与本部门存档设备和台中心存储网交流，智能地完成节目归档、检索和清理磁盘等任务。非线性编辑系统设备的可互换性和可选择性使用户在扩充和构建网络时有更大的选择余地。

(2) 播出子网。

由于播出子网承担着非常关键的播出任务，因此其设计原则是具有很高的可靠性和很强的容错能力。

节目的采集可有多种途径，比如：可通过普通的节目采集主机，将磁带节目采入核心播出服务器，或者播出服务器根据需要自动调取台中心存档网中的存档节目。频道控制机输入相应的节目播出表，并确定哪些节目可以从核心服务器中直接播出，然后将预备的节目清单提交核心服务器。核心服务器首先检查本地硬盘是否有相应节目，若有，则等待播出；若无，就需向台中心存档系统提出申请，待节目传送至本地硬盘待播后，通知频道控制机节目已经准备播出。播出时，每个频道播出机都随时监测频道的播出状态。

由于高可靠性的要求，核心播出服务器一般采用比较紧凑的设计，由一组可扩展的I/O模块通过高速媒介与高速硬盘相连接。这样，多I/O既能支持多频道的播出，又能作为播出备份。多频道播出系统应充分考虑I/O数量以及存储容量的扩展性。播出子网对节目处理要求不高，因此除了核心服务器与台中心节目存档系统由高速网络相连接外，节目采集、播出单编辑都无须高速视频网的支持，而直接控制实时视频流录入到核心播出服务器中。播出子网的设计成功与否，还与子网中相关的控制软件设计紧密相关。核心播出服务器与台中心节目存档网之间应能智能地更换数据，控制自动归档和播出缓冲。

播出子网一般拥有海量的本地硬盘，可以缓冲存储待播的节目。

(3) 节目制作子网。

节目制作子网是节目日常生产的公共部分。外部素材以实时数据（磁带信号）或非实时数据（文件、图像、文字）形式通过相应的媒介传入，并由高速网络进入中心服务器，然后进行节目的制作与处理。

由于节目制作网为多个部门、多个栏目所共用，主要用于节目后期制作，因此在设计上要有一些特殊的考虑。节目后期制作要求有高速的I/O，网络应该具有可扩展性，体现在制作节点、中心服务器节目容量及I/O可扩展。中心服务器由多个小型视频服务器构成，它们之间以FC等高速网相连。这种由小的构成块互连构成制作网络核心服务器的做法具有可扩展性，可以由支持数个高速用户，扩展到支持数十个甚至数百个高速网连接的节目制作主机。这样，用户就能根据需要，通过增加小型视频服务器来自由扩展网络。

考虑到各部门之间很少交换节目，可以在节目制作网中引入多个 FC、ATM 或其他高速子网，以进一步扩充有效使用带宽。

制作手段的多样性、不同的信号格式和可扩展性，要求制作网能够满足兼容性的要求。节目制作子网与台中心节目存档网相连，意味着中心服务器能根据用户的要求，从台中心节目存档系统网获取所需的素材。

由于节目制作网的特点，其设备和业务管理系统也应具有可扩缩性。另外，多个部门、多个栏目共用设备，业务管理系统的设计应考虑完善的用户权限和用户素材管理，并可实现智能监测和协调各栏目对网络资源、存储资源的使用。

(4) 台中心节目存档网。

台中心节目存档网是台级的节目交换、存档的中心，它具有海量的中心存档设备集，是全台节目调度的中心和数据源，应有存档缓冲、完善的检索机制、节目分裂和高速的节目传输能力。

台中心节目存档网主要从三种途径输入数据。

①先使用采集主机，可以先采集至本地，再以文件形式通过高速网传入中心视频服务器；也可以直接控制节目源（录像机等）的输出和中心视频服务器的录入通道，以实时数据流的方式传入服务器。

②先通过高速网与各节目子网相连，可以获取各子网完成的节目，以备日后播出。

③先通过与播出子网相连，可以获取首播磁带上的节目并存档，以备以后播出或检索。

中心存档设备可以直接与高速网通讯，以避免节目输入/输出一定要经过中心服务器的缓冲，这样可以减小中心服务器的负担，提高网络的吞吐能力。另外，中心归档设备集中，可以实现多台设备同时工作，可进一步提高网络的存储容量。当然，中心视频服务器仍然可以管理中心归档设备集中的节目。作为数据中心，数据的可靠性要求是第一位的。另外，一个强大、快速的节目检索机制也是不可少的。

大中型网络一般要求有 10～20 台有卡工作站，30 台以上无卡工作站。有卡非线性编辑站根据硬件板卡与软件系统不同，分别实现素材上载、精编、下载、配音、播出和审片等工作，可调用高画质数据，因此对数据读写速度有较高的要求。无卡非线性编辑站实现粗编、审片功能，既可增加编辑站点，又可以降低网络成本，但由于没有硬件板卡，只能通过以太网调用低画质的素材。节目制作网络同时要求有卡非线性编辑站和无卡非线性编辑站共享素材信息与 EDI 码文件，以实现镜像编辑。节目制作网络中配置多台服务器，以实现全面的网络管理和网络编辑。

2. 电视节目网络化的制作流程

当将节目素材拍摄完成之后，就可以进入网络化的制作播出流程了。

首先，将节目素材采集到素材库中，即进入节目制作子网。通过非线性编辑，结合台中心节目存档网中的资料，将节目素材编辑为成品，即可保存到本地硬盘或台中心节目存档网中待播。

其次，经由播出子网的中心服务器审核节目播出表，根据节目播出表查找需要播出的节目。如果节目存储在本地硬盘，则可以直接调用；如果没有，就需向台中心节目存档系统提出申请，待节目传送至本地硬盘待播，直至所有需要播出的节目全部准备就绪，待到播出时间到来时按顺序播出。

本章思考题

1. 非线性编辑系统的特点有哪些？
2. 简述非线性编辑系统的硬件构成及各部分作用。
3. 叙述电视节目制作的工作流程。
4. 结合 Adobe Premiere Pro 软件熟悉非线性编辑的基本操作流程。

第八章

虚拟演播室和数字演播室

本章提要

本章内容主要围绕虚拟演播室系统和数字演播室系统的组成和工作流程展开。首先阐述了虚拟演播室的定义、工作原理和关键技术，分析了虚拟演播室系统的组成和工作流程；然后分析了由模拟演播室向数字演播室过渡的发展历程，在数字演播室系统的组成方面列举了一个典型的数字演播室系统构成图并进行详细阐述，从总体上详细分析了数字演播室系统的组成；最后对数字演播室的工作流程进行细致的论述。

第一节 虚拟演播室技术

一、虚拟演播室技术概述

虚拟演播室（Virtual Studio，VS）是近年来在计算机图形技术和传统视频色键技术基础上发展起来的一种独特的电视节目制作技术。1978 年，Eugene L. 提出了“电子布景”（Electro Studio Setting）的概念，他提出在未来的节目制作里，布景和道具都可以由电子系统生成，只需演员和摄像机在空演播室内即可完成节目录制。随着计算机技术与虚拟现实（Virtual Reality）技术的发展，1993 年以后虚拟演播室技术真正走向了实用阶段。当时 IMP 和 VAP 两家公司同时研究全新的色键应用解决方案，即计算机生成的背景图像根据摄像机的运动而同步运动，并且将生成的背景图像输入色键器中。在 1994 年 IBC 展览会上虚拟演播室技术首次亮相，并在各种电视转播中得以实现。目前，经过了十几年的发展，虚拟演播室技术已经成为电视节目制作的一个重要手段，它使电视节目的制作流程以及节目的视觉效果都发生了相当程度的变化。目前，中央电视台和一些省级电视台节目中也采用了此技术。

作为数字演播室发展新技术，虚拟演播室技术已成为当今数字电视演播室新技术的热点。虚拟演播室技术是传统视频色键技术与计算机技术结合的产物。传统的色键技术是将演播室蓝色幕布前的人物叠加在另一个背景上，但当摄像机做任何运动（推、拉、摇、移等）时，背景不能相应变化，只是前景图像发生变化，所以，前景与背景的透视关系不符，好像人物飘浮在背景上，合成图像失去真实感。而虚拟演播室技术的实质是将计算机制作的虚拟三维场景与电视摄像机现场拍摄的人物活动图像进行数字化的实时合成，背景由计算机生成，计算机接受摄像机的控制，随着摄像机的推、拉、摇、移及俯、仰角度的变化，计算机改变相应的画面大小和角度。另外，通过精确测定摄像机的所有定位参数（包括镜头调整参数）对前景和背景实施空间锁定，以保证前景与背景正确的空间透视关系，实现场景的变换与人物的三维透视关系完全一致的模拟效果。

与人工精心设计和搭建的传统演播室相比，虚拟演播室的背景大多都是通过计算机设计并生成的，面积无须太大，制景费用低廉，更换布景简便，能够节省大量的时间、空间、人力及物力耗费，缩短了节目制作周期，既经济又快捷。在传统的电视节目制作中，背景与人物画面不能同步变化，节目显得极不真实，运动效果方面也略显呆板。虚拟演播室则不同，它以传统色键抠像技术为基础，充分利用计算机三维图形技术和视频合成技术，使背景画面的变化与前景的变化同步，甚至前景人物能穿插于背景物体之中，背景图像随摄像机镜头的运动而相应变化，在丰富多彩的设计场景下使人物和虚拟背景的融合天衣无缝，实现完美的视觉效果。另外，在计算机的帮助下，虚拟演播室能够使用大量虚拟特殊环境与道具，完成一些其他技术难以完成的特技效果，从而使主创人员可以充分发挥艺术想象力来构思场景而不受外景或搭景条件的限制，在有限的空间里实现无限的创意，制作出低成本、高品质的电视节目。

目前，虚拟演播室系统正广泛地应用于各种电视节目制作中，典型的应用如电影的各种特技制作、电视天气预报节目、访谈节目、体育转播节目等。随着计算机技术的不断发展和计算机的普及，基于计算机的图形、图像编辑也越来越多，虚拟演播室系统的应用面也越来越广，如家庭卡拉 OK 系统、旅游指南系统、商场导购系统等。

二、虚拟演播室的工作原理

下面以天创 UCX 3D 虚拟演播室为例介绍虚拟演播室的工作原理，如图 8-1 所示。

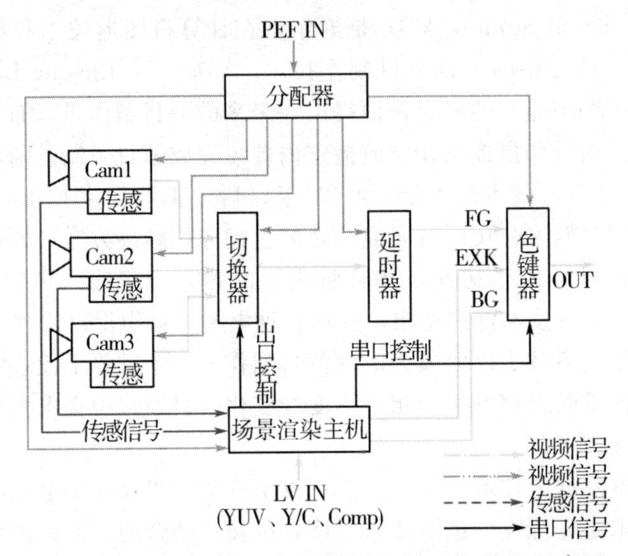

图 8-1　天创 UCX 3D 虚拟演播室的工作原理示意图

(1) 场景渲染主机：完成虚拟背景的渲染输出工作，同时采集传感跟踪系统摄像机的运动参数，最终的渲染输出包括相应的背景信号和作为前景遮挡的键信号；控制摄像机切换模块，当虚拟背景进行不同视角背景切换的时候，同时发出控制信号给摄像机切换模块，切换至相应视角的前景摄像机；控制色键，通过计算机软件调整和保存色键的各项状态参数。

(2) 摄像机传感跟踪系统：采用机械光电传感跟踪方式，采集摄像机平摇、俯仰、镜头推拉六个方位的动作信息。

(3) 色键器：完成摄像机前景和虚拟背景的实时合成输出。

(4) 切换器：完成摄像机前景信号的切换工作，受控于渲染主机串口信号。

(5) 同步信号分配器：完成外来同步信号的分配，分别将同步信号分配给背景渲染引擎、色键、切换模块以及预留给用户摄像机的三个同步信号输出口。

(6) 延时器：对前景信号进行延时一帧的处理，使得前景信号和渲染主机生成的背景信号同步。

三、虚拟演播室的关键技术

(一) 摄像机跟踪技术

在虚拟演播室节目制作过程中，虚拟场景中的摄像机需要与真实的摄像机完全同步运动，这样虚拟摄像机才能够根据真实的摄像机的拍摄情况确定虚拟场景中的哪些部分进入画面，所以，随时获得摄像机的拍摄参数（运动方向、焦距等）是虚拟演播室场景合成的关键。摄像机跟踪技术便是这样一种能够实时检测和提供摄像机运动参数和任务位置参数的技术。

在虚拟演播室里，专用摄像机数量通常为2～3个。与传统摄像机不同的是，除了镜头和云台以外，专用摄像机均配有运动检测和识别系统（即摄像机跟踪器）。虚拟演播室能否正确判断摄像机、主持人及虚拟背景之间的相对位置关系，是实现前、背景图像完全同步联动、再现最初透视关系的关键。摄像机跟踪系统就是用来检测和提供摄像机运动参数和演员位置参数的系统。它将检测到的摄像机的机头运动参数（推、拉、摇、移、俯、仰）、镜头运动参数（聚焦、变焦、光圈）以及空间位置参数（地面位置 X、Y 和高度 Z）等传感部位的运动数据，通过一个传感器装置传输到校准器，这样，真实的摄像机与虚拟演播室中的虚拟摄像机被相对锁定在一个位置上。虚拟摄像机还可以将真实摄像机的运动数据实时取出并加入虚拟摄像机的三维场景合成过程中，而计算机生成的虚拟场景，则可以根据虚拟摄像机运动的位置显示出正确的透视关系。因此，当现场演播室的真实摄像机运动时，虚拟摄像机因受摄像机跟踪器的控制而与真实摄像机同步运动。

目前，常用的摄像机跟踪系统主要有机械跟踪和图形识别两种方式。

1. 机械跟踪方式

基于机械跟踪方式的虚拟演播室如图8-2所示。

图 8-2 基于机械跟踪方式的虚拟演播室

在当前的虚拟演播室中，基于机械传感器的跟踪方式是主流的跟踪定位手段。机械跟踪系统通常被安装在摄像机的三脚架或基座之上，称为摄像机跟踪基站。为了精确地检测摄像机的镜头运动参数，需要在摄像机的镜头和液压摇摆头上安装镜头运动参数编码器，它是一种精确的旋转编码器，包括传感器和有关电子装置。机械跟踪方式通过加装了传感器的云台，获取摄像机的位置、高度、摇移、俯仰信息；同时在机头上加装传感器，获取镜头的聚焦、变焦信息。为了保证测量的精度，镜头编码器和机头编码器一般都采用高分辨的光学编码器。该编码器通过托架与镜头上变焦环和聚焦环的齿轮紧密咬合，当变焦环或聚焦环发生位置变化时，它能够检测出上、下、左、右摆动的细微角度并将其编码输出。传感器得到的信息数据经编码后，可以通过高速串行接口如RS-232或RS-422将其传送给计算机。

通过不同位置的机械传感器，可以采集到摄像机的三维位置变化信息和相关的透视数据。根据这些数据和信息，计算机就能够产生透视关系合理的三维虚拟背景图形。要获得正确的透视合成效果，虚拟背景的立体透视关系就要伴随着真实摄像机拍摄的状态实时地发生改变。为此，二维虚拟演播室系统中的虚拟摄像机应跟踪真实摄像机机头的左右摇移、上下俯仰、镜头推拉三个参数；三维虚拟演播室系统中，除了上述三个参数外，还应跟踪真实摄像机的机位横向、纵向位移，机座高度升降，摄像机旋转，镜头光圈变动等。虚拟摄像机各项参数与真实摄像机间各项参数之间并非是一一对应的线性关系，这就更增加了用模拟控制的困难程度。为了解决这个问题，机械跟踪方式采用了基于编码的传感技术，对这些参数进行编码，经过分析判断它们的优先级别，并将编码信息发送到同步跟踪分析处理计算机优先译码，转换为虚拟摄像机的参数指令，控制高性能的图形计算机生成虚拟背景，跟随真实摄像机同步移动。

采用机械传感器进行跟踪，单一蓝色背景布光容易，演员在蓝色布景范围内的活动自由度大，性能稳定，跟踪数据没有延时，无须额外的工作站处理跟踪信息，摄像机运动不受限制，且获取的运动参数精度高，所以机械跟踪是目前虚拟演播室主要使用的跟踪方式。但该跟踪方式也存在着一些不足之处：摄像机运动范围和轨迹受跟踪器工作范围约束，移动不便；定位、镜头校准过程复杂；它要求虚拟演播室里的每台摄像机都必须安装有一个跟踪器，但有的摄像机并不适合加装传感器，需对机头部分进行改造。另外，摄像机如果要在水平或垂直方向上运动，还需要加装专用的滑轮和升降系统。

2. 图形识别方式

基于图形识别方式的虚拟演播室如图 8-3 所示。

图 8-3　基于图形识别方式的虚拟演播室

与直接对摄像机的各种运动参数进行检测的机械跟踪方式相比，图形识别方式利用图形识别技术，对运动画面进行精确的计算，在拍摄期间同步控制并检测摄像机的各种运动参数，包括位置参数（X、Y、Z）、水平旋转参数、垂直转动参数和变焦，所以图形识别实际上是一种“运动估测算法”。换言之，图形识别方式是通过间接的方法，即对摄像机所拍摄图像的形态识别和分析来确定摄像机的各种运动参数，在检测过程中这些参数都被转化成位置参数，以便摄影师能够在拍摄过程中随意移动摄像机，而不需要特殊的摄像机。

图形识别方式要求用不同色度（如深蓝和浅蓝）组成的网格幕布取代机械跟踪方式中使用的同一色度的蓝色幕布，一般采用有浅蓝色网格图案的深蓝色背景板（如图 8-3 所示）。在实际拍摄过程中，得到的是深蓝色及浅蓝色格子图案组成的背景。利用电平差，可将浅蓝色格子图案从背景中分离出来，由于每个格子的图案是不同的，系统会对网格进行定位追踪，通过对所拍摄画面中网格的旋转和透视关系进行计算来获取摄像机的各项运动参数，以控制虚拟背景的生成。所以，当启动摄像机后，蓝背景网格会被定位跟踪，系统将利用图形识别的方法检测出其亮度的变化，通过计算机计算出每个图形中由于摄像机运动而引起的水平位移、垂直位移和镜头变焦参数的变化。这些参数被送入图形工作站中，用来控制用计算机制作出的虚拟场景中摄像机的运动。这样，在虚拟摄像机中看到的场景物体的位置和透视关系就与实际摄像机完全一致了。

当摄像机进行快速左右、俯仰摇动时，画面中的网格图案极易变得模糊从而影响跟踪效果。为了避免这种状况的发生，首先，演播室整个蓝色幕布（蓝箱）的布光要尽量均匀，另外，摄像机应该使用电子快门。电子快门的速度越快，允许摄像机运动的速度就越快。当摄像机的光圈为5.6、电子快门速度为1/120时，网格图案的信号电平应达到70%左右，这样可获得最稳定的跟踪效果。

采用图形识别方式检测摄像机的运动参数，无须在摄像机上加装传感器，无须对机头部位进行改造，对摄像机的种类、型号和数量都不做要求，且摄像机的移动没有轨道限制，无须繁琐的镜头校准；一个跟踪器可同时用于多个摄像机，增加摄像机不需要增加设备和投资，解决了使用传感器的摄像机系统所造成的限制和校准要求，便于摄像师运用摄像机以不同的角度进行拍摄。其不足之处在于：由于背景有两种色度的蓝色，不仅对演播室布光要求比较严格，色键过程中出现的阴影也很难处理；为了精确的跟踪，摄像机对网格图案的识别必须保持清晰，这使得摄像机景深范围受到限制，摄像机对蓝幕要有一定的聚焦，主持人有时会显得模糊；同时，由于只有当画面中含有一定数量的网格图案时系统才能进行测量计算，使得演员的活动范围受到一定的限制，这样就难以对人物特写镜头进行拍摄了；此外，由于要对每幅画面进行大数据量分析和计算，故对前景图像加配了视音频延时器，加大了视频延时量。

（二）三维空间背景合成技术

在早期的电视节目制作中，由于受显示屏幕的约束，图像合成一般是在X、Y两个坐标轴构成的二维空间中以叠显的方式合成，制作人员只能针对二维的显示画面进行创作。然而在现实中人的眼睛看到的物体均处于三维的空间中，为了更好地体现现实中的真实场景，如何在二维的画面中体现出三维的空间层次感、如何将前景人物与三维场景完美融合成为目前电视节目制作过程中创作人员和开发人员研究的重点课题。

1. 深度键技术

虚拟演播室技术，又被称为虚拟布景技术，它能够利用计算机产生出虚拟的三维背景和道具，用计算机场景工作站生成的三维图像代替简单的二维图像作为演播室的“虚拟”背景。二维场景几乎没有厚度，只是一个平面图形，只能作为背景平面出现在演员的后面，而三维虚拟场景中的景物具有Z方向的厚度（由若干个厚度很薄的二维图像画面组成），是立体的。处于三维空间中的各图像画面会因观察视角的不同和各自所处位置、角度即深度信息的不同而产生不同的遮挡关系、透视关系、聚焦关系和阴影，与二维场景相比较，能够产生空间感、透视感更强的合成画面。三维虚拟场景既能作为演员的前景，也能作为背景，演员还可以围绕着虚拟景物自由运动，所以在视觉上更具有纵深感，更加真实。利用三维图形制作软件将三维虚拟场景制作完成后，需要通过视频合成系统将演员与其进行合成，最后生成全三维、真人与虚拟布景和道具融合的效果，实现该功能的技术被称为三维空间背景合成技术。由于三维空间是在二维空间的基础上加入深度 Z 轴的概念而形成的，作为合成控制信息的 Z 轴数据即为深度键，所以三维空间背景合成技术也被称为深度键技术。所谓深度，是指前后关系。

运用传统的色键抠像技术，当摄像机做任何运动时，背景没有变化，演员好像浮在背景上，缺乏真实感。而深度键技术是区别于传统色键抠像的一种新技术，当调整和移动摄像机时，背景与摄像机同步运动，所以看上去前景与背景是一体的，其目的就是在把摄像机的位置及运动参数经过处理后传送到用于渲染虚拟背景的图形工作站之后，运用这些参数使其输出的背景画面根据摄像机运动而相应运动，实现前景与背景实时叠加，使之天衣无缝地合为一体，合成效果逼真、立体感强的图像。

虚拟演播室的一个基础就是前景和背景合成的时候，前景的演员可以被背景的内容所覆盖。在处理演员在虚拟场景中的位置方面，传统的虚拟演播室使用的是“分层级”深度键技术，即物体被分别归类到数目有限的几个深度层中，无法估计摄像机与演员之间的距离，演员在虚拟场景中的位置无法连续变化。而现在的虚拟演播室使用的是“像素级”深度键技术，构成三维虚拟场景的每一个像素都有相应的 Z 轴深度值，还有与摄像机的距离值，这两个值决定了前景和背景像素的可见性。前景信号通过色键抠像得到演员的信号，先与背景合成，得到色键序列值，由此确定前景在背景中的位置；再由深度值来进行前后关系的调整；最后输出的深度键值序列就确定了前景和背景的可见性，能够按常规方法合成。在实时合成的时候，高性能的终端通常使用一个深度缓冲区来存储像素的深度值；前景信号的每一帧与背景信号的对应帧合成，由于摄像机跟踪系统和实时生成都需要时间，所以前景信号必须通过延时来保证与背景信号的同步合成。因此，在现在的虚拟演播室里，演员在虚拟场景中的位置可以连续变化。

2. 红外检测技术

确定演员和摄像机之间的距离值是三维空间背景合成的前提。使用深度键技术时，为了使虚拟物体、真实物体以及演员能够在节目中动态地相互遮挡，还需要借助于另一个至关重要的技术——红外检测技术。因为在虚拟演播室的实际操作过程中，演员有时需要从虚拟景物（例如立柱、门等）的后面走到前面来，这时就需要人为地去控制键罩的开关，但是如果操作人员与演员配合不好的话就会很容易穿帮，于是红外检测技术便应运而生了。

红外检测技术主要用来确定被检测物体的纵向位置，即在演播室中被拍摄的前景位于背景内的深度。其原理为：首先在演播室上方固定 2～4 个红外线摄像机，作为红外线接收装置，然后用红外发射装置对演播室进行测量，最后绘制出活动范围的网格图。这样当演播室中的移动物体（如演员等）佩戴上红外线发射装置，其红外线被红外线摄像机摄取，通过计算机识别和计算出该物体在网格中的位置，将数据传输到工作站，根据背景与物体纵向数据自动计算出移动物体在模型中所处的位置及深度。现在的虚拟演播室就是根据红外线检测技术产生深度键，以确保演员置于虚拟背景内的正确位置。深度键容许在节目中虚拟物体、实际物体和演员相互之间动态地前后阻挡，从而创造出现实图像的感觉。这样当演员从虚拟景物（例如立柱、门等）的后面走到前面来时，不再需要人为地去控制键罩的开关，系统会自动利用深度键来分析演员和虚拟景物的前后定位关系，自动形成遮挡与被遮挡的画面，大大减少了穿帮的可能，也方便了节目的制作。

采用红外检测技术，可以实现 360°的拍摄扇区，使摄像机在蓝色演播室的真实场景中的运动不受任何限制。该技术配合“像素级”深度键技术之后，演员可以位于虚拟场景中任何一个合适的位置，也可以走到虚拟物体之前或之后，甚至走进虚拟物体的内部。

四、虚拟演播室系统与工作流程

（一）虚拟演播室系统的分类和组成

虚拟演播室系统如图 8-4 所示。

图 8-4 虚拟演播室系统

虚拟演播室系统（The Virtual Studio System，VSS）是传统演播室色键抠像技术与计算机虚拟现实相结合的一种新的电视节目制作系统，目前正广泛地应用于电影特技及各种电视节目制作中，典型的应用如电影的各种特技制作、电视天气预报节目、访谈节目、体育转播节目、新闻、座谈、娱乐、教育等。虚拟演播室系统具有一些传统演播室无法达到的功能和优点，可以更有效地利用演播室资源，节省大量的制景费用，还可以使制作人员摆脱时间、空间的限制，充分发挥其想象力进行自由创造，并能完成一些其他技术做不到的特技效果。

虚拟演播室系统具有不同的类型，可以分别从硬件平台和生成背景的维度两方面进行分类。

从硬件平台的角度可以把虚拟演播室系统分为基于 PC 平台的系统和基于 UNIX 平台的系统。基于 UNIX 平台的虚拟演播室系统问世较早，虽然技术比较成熟，但兼容性较差，发展相对缓慢，价格昂贵，市场空间相对狭窄；而基于 PC 平台的虚拟演播室系统是随着 PC 技术的迅速发展而不断强大起来的，获得了大量软件的支持，其未来的发展空间极其广阔。

在电视节目制作中根据生成背景图像的维度不同，可以把虚拟演播室系统分为二维虚拟演播室系统、三维虚拟演播室系统、真三维虚拟演播室系统、HD 虚拟演播室系统等四类。

1. 二维虚拟演播室系统

二维虚拟演播室系统生成的虚拟场景为二维图像，该类系统简单、实用、价格低，其背景生成装置一般采用图形、图像处理卡，对预先渲染好的一幅大图像进行变换，生成一个和前景匹配的平面背景图像。拍摄时摄像机无须移动，受相应镜头运动参数的控制，图形、图像处理卡会产生相应变化的图像与拍摄的前景合成。

2. 三维虚拟演播室系统

三维虚拟演播室系统生成的虚拟场景为三维图像，其虚拟场景必须事先在3DS MAX等三维动画编辑软件里设计制作成三维模拟场景，在摄像机运动参数的控制下，通过对制作好的三维模拟场景进行渲染，以生成比二维系统具有更好透视关系的三维虚拟场景画面。这样可以保证镜头在推拉、俯仰、平摇过程中，视频画面不会超出虚拟场景画面。背景生成装置一般采用功能强大的图形工作站或专用的高速图形处理器才能满足实时处理的要求。三维虚拟演播室系统事先生成场景，采用贴图的方式实现前景和背景的合成，因此在场景设计时可以不受约束、尽情发挥，但不支持前景演员带深度等方位信息的输入，不过提供虚拟物体的遮挡功能还是有的。

3. 真三维虚拟演播室系统

真三维虚拟演播室系统属于高档的虚拟演播室系统，可以创建全三维的虚拟场景，价位比较高。与三维虚拟演播室系统相比，该系统除了能够实时渲染并生成全三维的场景画面外，最主要的特点是能够支持带深度等方位信息的输入，并通过改进的色键合成技术实现前、后景的无缝合成。真三维虚拟演播室系统的摄像机能够在场景中自由运动，系统实时地读取3DS MAX、Maya或Softimage 3D等国际通用的建模软件设计好的场景模型。真三维虚拟演播室系统全面优于前两个系统，效果逼真，实现了演员能够真正进入虚拟场景的效果，但它对场景源文件进行实时渲染时，场景的精细度和复杂度受系统硬件和软件的限制较大。

4. HD虚拟演播室系统

HD虚拟演播室系统属于顶级的虚拟演播室系统，是为了配合高清晰度电视（HDTV）而发展起来，可同时兼容高清和标清，价格昂贵。它不仅能使演员天衣无缝地融入全三维的虚拟场景中，还能保证高品质的画面质量。

虚拟演播室系统是一套由计算机硬件、软件、现场摄像机、摄像机跟踪器、图形图像发生器、色键器以及视/音频切换台组成的节目制作系统，如图8-5所示。

演员一般位于呈“U”形或“L”形的蓝箱中，由前景摄像机（真实的摄像机）对其进行拍摄，背景图像大都是三维立体图，由制作人员事先用计算机生成。立体图的背景图像记录及生成系统称为虚拟摄像机，它与真实的摄像机始终是锁定的。为了使前景和背景实现同步，要确保虚拟摄像机和真实摄像机的参数一致，所以需要利用跟踪器来确定真实摄像机的位置参数，包括摄像机在演播室中的空间位置、摄像机的运动参数（倾斜、转动、翻转）以及摄像机镜头设置参数（变焦、聚焦、光圈）。跟踪器将检测到的数据送入计算机进行分析，实时生成与前景图像保持正确透视关系的背景图像，这两个图像通过色键控制器合成为一幅图像，于是真实的演员和道具出现在了虚拟的场景里；输出的图像可以直接播出或记录在存储媒介上。

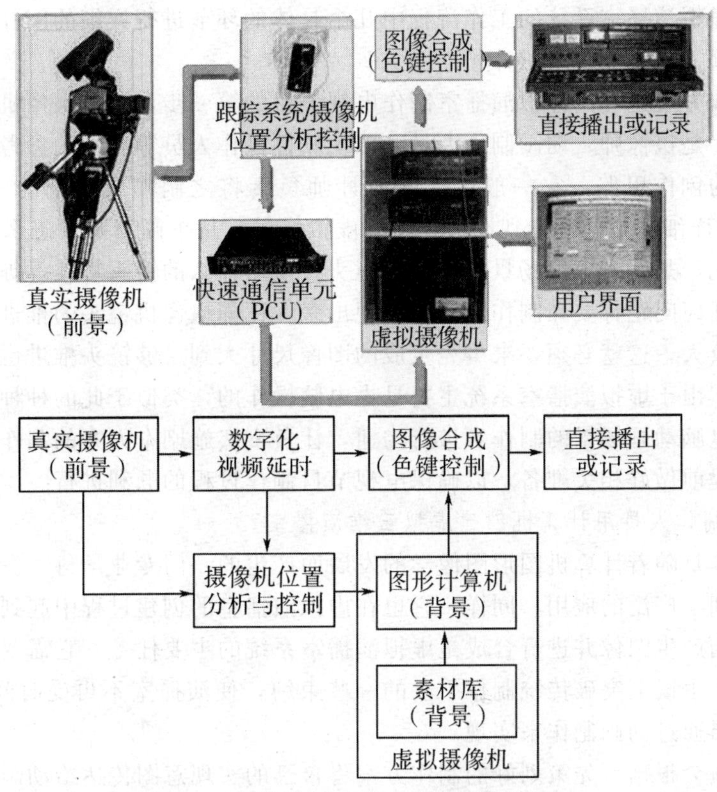

图 8-5 虚拟演播室节目制作系统构成

由此可见，虚拟演播室系统大致可以分解为三大部分：摄像机跟踪部分、计算机虚拟场景生成部分和视频合成部分。虚拟演播室系统一般包括两套计算机系统，一套用来处理摄像机跟踪的数据，通常采用高配置的微机、小型计算机工作站；另一套用来制作虚拟演播室的场景，要求具有能够达到高标准三维动画制作水平的极强的绘画能力和同时处理多重任务的计算能力，以及处理音频信号并能控制其他视频和音频的能力。

（二）虚拟演播室系统的工作流程

虚拟演播室系统的工作流程如图 8-6 所示。

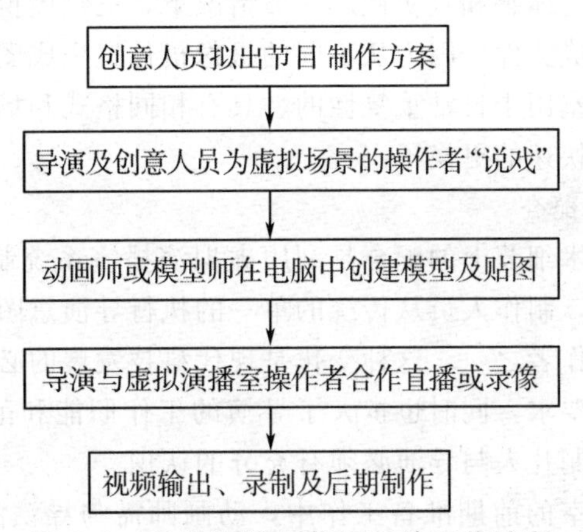

图 8-6 虚拟演播室节目系统工作流程

下面就虚拟演播室系统的工作流程中几个具体的环节进行详细的阐释。

1. 导演或美术设计师提出制作方案

拟定制作方案是利用虚拟演播室制作电视节目的第一步，它是摄像机运动、虚拟场景设计的前提，是摄像师、动画制作人员、系统软件操作人员等工作的参考标准。制作方案代表着导演的创作思路，它一般由美术设计师负责将之制作成详细的“剧本”（Story Book）。所谓详细，是指具体到设计怎样的虚拟场景，每个画面要素怎么运动，主持人的位置怎么变化，是否有虚拟场景中的特写镜头，使用什么的镜头特技等等。制作过程中需要考虑到的任何问题都要在制作方案中体现出来，比如摄像机镜头的推进，它意味着电脑生成的图像放大，这就必须要求事先生成的图像尺寸大到足够镜头推进也不至于产生像素变大的现象。由于虚拟演播室系统主要是靠电脑操作的，类似于此的种种细节问题，导演必须事先与电脑动画场景的制作者进行沟通，让负责实施剧本方案的制作人员能够充分理解其意图，提前做好相关准备，以确保电视节目制作过程的顺利进行。

2. 动画制作人员用计算机创建虚拟三维演播室

动画制作是随着计算机图形图像学的发展而产生的一门专业学科，发展至今已在社会各个领域得到了广泛的应用，同样，它也在虚拟演播室的创建过程中起到了至关重要的作用。利用电脑产生图像并进行合成是虚拟演播室系统的主要任务，它需要将演播室的观念物化，在制作手段上突破传统制作手段的一些束缚，使演播室不再受时间和空间的局限，而这些就需要通过动画制作来实现。

节目导演会根据事先策划好的制作方案将自己的实现意图传达给动画制作人员（动画师或建模师）。在导演的指导和监督下，动画制作人员开始设计虚拟场景。与传统的演播室相比，虚拟场景的设计同样需要时间、技巧和创意，但是在电脑的帮助下，它能从不同的视角生成场景以满足制作的整体要求，具有更强的灵活性和自由度。在虚拟场景的设计过程中，动画制作人员可以使用大量的制图工具和动画制作软件，利用它们可以创作出丰富多彩的高质量背景。当然，所用工具或软件的功能和特性越好，对电脑的要求也就越高，对动画制作人员的专业技能要求也就越高。通常，动画制作人员在创建三维虚拟演播室的时候，还要和具有计算机建模、图像生成技术的演播室设计专家进行合作。

三维虚拟场景设计并创建完成后，动画制作人员还需在导演或美术师的指导下对它进行纹理贴图，以增强其立体感和真实性。一般情况下，三维虚拟场景的背景应该在演播室使用前做成情节版并存成文件，因为从不同的摄像机位置生成图像时需要很长的时间，这样做的话，当虚拟演播室用于日常重复性的、具有相同格式和场景的节目时，电脑就可以对不同位置的画面进行快速的更换了。

3. 动画师与导演的配合

动画师与导演在技术细节上的配合是利用虚拟演播室系统制作电视节目的重要环节。与传统演播室不同的是，制作人员从传统的单一的执行导演意图的技术员转变成参与节目前期总体方案设计的创作者之一，这种变化是现代科技发展的必然结果，无疑提高了现代电视节目制作人的业务要求，同时也扩大了导演的工作职能和范围。对这种要求的变化，每个电视工作者特别是制片人与导演必须有充分的认识。

首先是在虚拟演播室的前期准备工作中，动画师需与导演配合来设计和制作虚拟场景，包括场景中用到的所有贴图。目前，几乎所有的虚拟演播室软件本身并不带有建模及绘画的软件包，多数是利用已有的图形图像制作或是二维或三维动画软件（如 3D Studio MAX、Softimage 3D、Lightscape 和 Photoshop 等）来创建模型及模型中需要的贴图。在这个过程中，导演负责设计场景、选择贴图，而动画师就是技术工作实施者。另外，动画师与导演的配合还体现在电视节目的制作过程中，如果导演希望虚拟场景中产生某些动作，如标志从墙上飞起来、演员前的桌子自己移走、地面某个部分腾空而起等，也必须将这些带有“动作”的物体提前与电脑模型师讲明，模型师在用电脑创建这些有动作的物体时就将它们分别作为单个文件单独储存，以便于动画师在节目制作过程中的实际操作（该操作过程也是在导演的指导下进行的）。这与导演看着监视器指挥调整现场镜头中的画面的传统方法是不同的，也正是虚拟演播室制作电视节目的主要特点。

4. 虚拟演播室软件操控人员

与传统演播室系统相比，虚拟演播室系统其实是一个电脑图像合成系统。作为摄像师的拍摄对象主体，演员所处的现场已不再是五颜六色的舞台，而是一个纯蓝色的背景，机位的运动则取决于电脑中建立的虚拟场景，摄像师通过监视器可以看到画面的效果。导演在电脑前与虚拟设计制作人员共同控制整个节目的制作流程。如果画面出现“穿帮”现象，如现场摄像机摇到蓝色背景以外，虚拟演播室软件能根据需要自制出虚拟蓝色背景。因此，虚拟演播室的控制中心是虚拟演播室的系统软件，它就相当于虚拟演播室节目制作的“导演台”。虚拟演播室软件的操作者不同于一般意义上的计算机控制人员，他们是实施导演意图的最直接执行者，既能熟练地运用虚拟演播室软件以及相关的三维动画制作软件，又具有一定的镜头意识和感觉，这样才能更好地与实现导演的意图，制作出优质的电视节目。

5. 视/音频的运用

在节目制作的过程中，虚拟演播室系统的任务之一是将蓝色实景现场摄像机所拍摄到的画面与电脑中的虚拟场景进行合成，在合成之前，拍摄的画面需要经过图像发生器的运算生成，这个过程大约需要 4 帧（大约 160ms）左右的延长时间。虽然虚拟演播室主要针对的是电脑中的图像画面，但它仍然离不开传统的视频切换台和调音台等设备，导演利用视频切换台可以根据需要在任何时候切入或叠加进前期拍摄的画面素材。受视频画面延时的影响，虚拟演播室中的现场同期声也需要相应的延时，这样做可以避免在调音台上与其他效果声音合成时出现声音与口型差时的现象。目前，已经有一些虚拟演播室很好地解决了视/音频延时的问题，实现了画面与声音的同步。

6. 灯光的运用

这里所说的灯光包括现场真实的灯光和计算机设计的虚拟灯光两种。与传统舞台灯光的调整方法不同的是，虚拟演播室系统中的现场灯光的所有光色必须保证蓝色空间场地基色，以适应色键器抠像的技术要求。因为虚拟演播室软件系统可以根据在软件环境中对其自身的灯光参数进行调整，而色键器则起到使实景中的投影在虚拟场景中得以真实自然地表现出来的作用，从而使拍摄的前景画面与虚拟的背景画面集成在一个合理的空间中。现场的灯光还可以用于制定控制现场主持人或演员的光区定位程序，便于导演通过该程序指挥现场演员的走位。

虚拟灯光是技术人员利用软件制作的灯光，其性能及作用与现场灯光相同，具有真实性。在设计虚拟场景时，必须考虑到虚拟灯光与前景灯光的组合问题，比如，如果演员在虚拟演播室中不能投下相同的阴影长度，虚拟场景的灯光设计就必须生成较长的阴影，以保证虚景和实景的灯光效果一样。虚拟灯光的设计一定要仔细，以免使现场人物与虚拟环境的结合产生投影环境的逻辑错误，同时要防止出现动画效果。

第二节 数字演播室制作系统

一、数字演播室概述

20 世纪 80 年代，数字时基校正器、数字录像机、数字特技机等开始运用于模拟演播室系统，但系统输入和输出的都是模拟信号，只是内部部分处理过程采用了数字信号处理，整个系统依然是模拟系统。

20 世纪 90 年代，模拟电视系统开始向数字电视系统全面过渡，数字摄像机进入演播室，出现了数字转播车和数字演播室。对于新闻节目的制作和播出率先采用了基于硬盘的制作和播出网络，基于硬盘的非线性编辑系统得到了推广应用，实现了部分范围内的资源共享。1995 年后，电视台把模拟演播室逐渐改造成数字演播室。在数字演播室内从摄像机到切换台和录像机等全部是数字设备，整个演播室内流通的是串行数字分量信号。在现在的数字演播室内，也可能还存在模拟摄像机和少量的模拟录像机，这正是过渡时期的特点。在模拟环境中个别数字演播室也称为数字岛。数字岛应具备节目直播和录制两大功能，并且是开放式的，即与台内的主控中心、后期节目制作系统及其他演播室相互连通。数字摄像机、数字录像机、磁盘录像机、数字切换台、数字切换矩阵、数字特技等数字信号发生器和处理器以及基于磁盘的非线性编辑系统得到了推广应用。1995 年后，电视台把模拟演播室逐渐改造成数字演播室。在演播室的节目制作部分（摄像机、录像机、切换台、矩阵和音频系统等）全部采用数字设备，在整个演播室内流通的是串行数字分量信号；在播控部门的输出分为数字和模拟两部分。

20 世纪末和 21 世纪初，广播电视的地面广播和有线传输及接收是模拟信号和数字信号并存。广播电视系统正向全面数字化过渡。广播电视中心率先进行数字化和网络化。后期节目制作发展了基于非线性编辑的节目制作网，新闻中心率先采用了基于硬盘的制作播出一体网络。目前，迫切需要解决电视台媒体资产管理和节目检索等问题，以逐步实现节目制播的全部数字化和网络化，最终实现广播电视系统的采集、制作、播出、传输和接收等全面数字化。

广播电视中心的数字化、网络化是电视发展的必然进程。建立以数字演播室为中心，电视节目采集、录制、编辑制作、存储管理和播出的一体化网络系统，是广播电视中心的发展目标，数字演播室结构也正向全面网络化和最大范围的安全共享发展。

二、数字演播室系统组成

（一）典型的数字演播室系统

数字演播室的视频源有数字摄像机、各种录像机、经微波或者卫星传输来的台外现场直播的信号等。这些视频信号统一由数字矩阵进行分配和调度，经过特技机和切换台进行特技处理和切换。由切换台输出的信号复合音频信号后送播控部门，播控部门控制录播或直播。典型的数字演播室系统组成如图 8-7 所示。

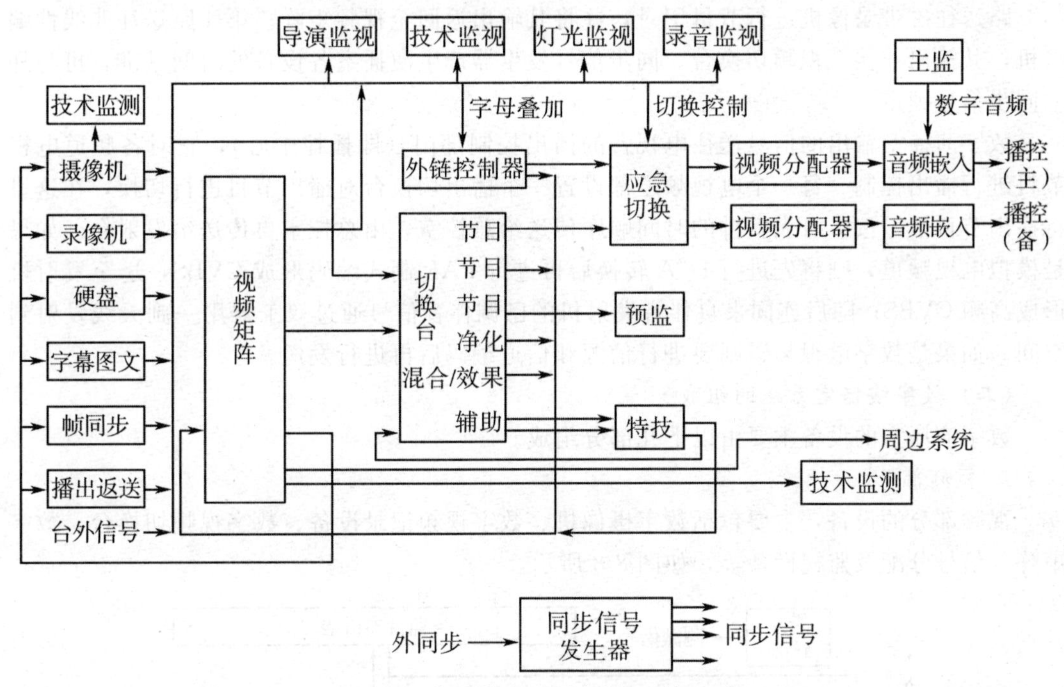

图 8-7 典型的数字演播室系统组成

数字视频矩阵是电视中心实现节目共享的设备，它有 M 个输入端口和 N 个输出端口，因而形成一个 $M \times N$ 的矩阵，输出端口的信号可从 M 个输入端口的信号中选择。数字矩阵的功能设置通过操作控制板实现。

视频切换台是电视中心在多个节目源中进行切换输出的设备，它可以从多个节目源中选择一路或多路的组合输出，切换方式可采用快切和特技切换。快切是指各路节目源间的瞬间切换，它在电视屏幕上的表现是由一个节目的画面迅速转换到另一个节目的画面。为防止切换时画面的分裂和跳变，通常切换是在场消隐期间进行的。特技切换是从多路输入的节目源中选择一路或多路实施组合输出以达到一定的艺术效果，如慢切换和划像等。其他较为复杂的特技则通过视频切换台与数字特技机的接口由数字特技机来完成。

数字特技机运用数字技术将视频信号在图像的二维或三维空间进行较为复杂的处理，使画面具有压缩、放大、旋转、翻页、水波纹、油画等一系列精彩的艺术效果。这些特技是视频切换台所不能完成的，视频切换台的特技切换只能完成几路信号以不同幅度比例进行的组合，也可以生成各种形状的分界线动态的分割屏幕，但不能对图像信号进行深度的处理，这也是数字特技机与视频切换台在特技处理上的区别。

图 8-7 中所描述的数字演播室系统是一个典型的系统。数字视频矩阵的输入端有数台摄像机、数台磁带录像机、字幕机、台外信号（包括通过卫星、微波等传输来的现场直播信号）、视频切换台的输出信号及播出返送信号等。根据播出的需要，数字视频矩阵从上述众多的信号中选择若干路作为输出，在其输出中有一路信号连接到视频切换台，而另一

路则用做导演监视及灯光监视等监视器的信号源。矩阵的输出还提供一个应急切换通路，当视频切换台在直播中出现故障时应急使用。由切换台输出的信号经数字视频分配器形成多路输出：第 1 路经嵌入声音信号后输出到播控中心进行播出；第 2 路送往其他演播室；第 3 路送往磁带录像机进行节目记录，并将其输出返回至视频矩阵；第 4 路送往非线性编辑机，其输出连接至视频切换台。同步信号发生器产生演播室各设备的时间基准，可与外来同步信号锁定。

数字演播室输出的信号送往电视台的播出控制部门（即播控中心），它对各频道电视节目进行播出控制。每一个电视频道都设置一个播出切换台对播出节目进行切换，在这里将播出节目信号按节目表安排的时间顺序传送给总控室，由总控室再传送给发射台。如果是模拟电视频道，则将先进行 D/A 转换后再进行 PAL 制式编码形成 CVBS，送至发射机形成高频 CVBS；随后连同来自伴音发射机的已调伴音信号通过双工器用一副天线发射到空间。如果是数字电视频道则要进行信源和信道编码后再进行发送。

（二）数字演播室系统的组成

数字演播室的设备主要由以下几部分组成。

1. 视频部分

视频部分的设备，主要包括数字摄像机、数字视频记录设备、数字视频切换台、数字矩阵、信号分配及监视设备等，如图 8-8 所示。

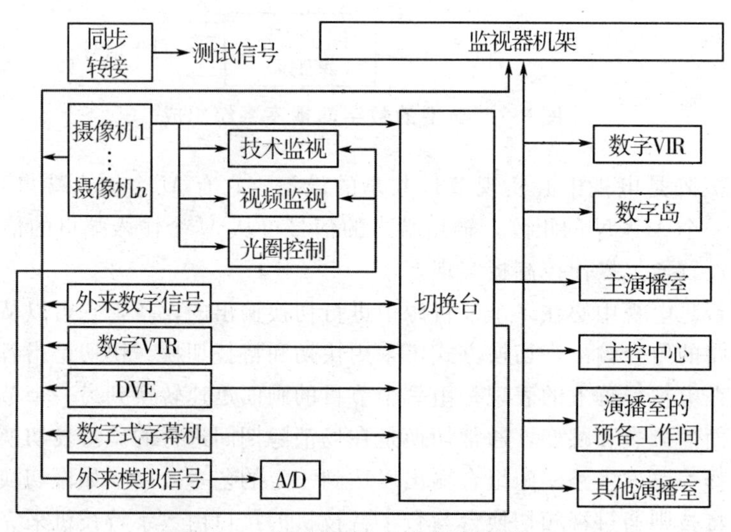

图 8-8　数字演播室的视频部分

(1) 数字摄像机。摄像机是前期信号的采集设备，其性能对图像质量的影响是决定性的。选购摄像机时，不仅要测评其灵敏度、信噪比、分解力、调制深度等技术指标，而且要对其 CCD 类型与像素数、A/D 转换器量化比特数、DSP 处理能力、功耗、使用环境和操作调整等进行全方位的评价，综合考虑演播室面积大小、制作节目类型、视频质量要求、原有设备情况等，进行选择和配置。

(2) 数字视频记录设备。目前，对于串行分量数字演播室而言，可供选择的广播级录像机有 D1、D5 和 Betacam DVW 系列等产品。在数字演播室中，应考虑到节目制作的质量、原有的大量素材的再利用等问题来选择视频记录设备。例如，原有大量 Betacam SP

格式节目素材时，可以考虑选择 Betacam DVW 系列的录像机。

（3）数字视频切换台。数字视频切换台是演播室的核心设备，切换台的数字化是演播室数字化的关键所在。与模拟切换台相比，数字切换台具有如下特点：可直接实现计算机控制和联网操作；其输入的 SDI 接口不再与控制面板按钮一一对应，而是通过菜单设置调整其所属的对应关系；输入的视频信号与键信号不再区分，并可接入任一路 SDI 输入口；具有强大的菜单设置功能，可对包括制式、格式、宽高比、各种键及特技等在内的几乎所有参数进行设置。在进行数字视频切换台选型时，应考虑采用串行数字分量信号格式，保证足够的直接切换的信号源；至少要有两级 M/E、一级 PGM/PST 和两个下游键，以便存储某些特技效果；运行可靠性高，最好有备份电源系统；各信号源之间应自动同步，能进行软件操作，保证面板失灵时软件能代替面板进行正常切换操作。一般在系统中配置主控切换台、备切换台以及主、备切换的应急切换矩阵，例如：某数字演播室系统中选定的主控切换台为 Thomson/GV Kayak-DDI，备切换台选用 LeitcLPl 62SO，主、备切换通过应急切换矩阵 LeitchH6×1 SAEBO 进行 2 选 1。目前，各种大、中、小型的数字切换台和特技机有很多种，如 SONY 的 DVS 系列、PHILUS 的 DD 系列、泰克公司的 GVG 系列、THOMSOM 的 TTV 系列，还有 UTAH、ABEKAS、SNELL 等公司都纷纷推出各自的产品。切换台的选型不仅要考虑演播室的节目制作类别和容量，还应考虑后期节目制作功能的兼顾，以充分发挥作用。

（4）数字矩阵。随着演播室功能的增多，数字矩阵在演播室的应用越来越普遍。系统中使用矩阵的作用是为整个系统进一步扩展提供选择，它的主要功能是：扩展切换台有限的输入通道；根据节目制作需要改变监视屏上的信号排布；记录对设备输入源的选择和摄像机返送源的选择；提供紧急备路输出通道，便于各设备环节的检测和调整，等等。目前，生产数字矩阵的主要厂家有：索尼、飞利浦、日立、PROBELI 等，具体型号和矩阵大小用户可根据自己演播室的实际需要进行选择。选择数字短阵时还要考虑控制方便、工作稳定、通道指标高、具有多种格式混合切换功能等因素。

（5）数字串行设备。数字串行设备指串接在数字电路中，对数字信号进行变换和存储的设备，包括 A/D、D/A、数字信号帧同步机、数字台标发生器、数字视频分配器等。由于大规模集成电路的采用，数字串行设备的体积比相应模拟设备大为减小，通常只是一块电路板。虽然数字串行设备并非数字演播室的核心设备，但它通常串接在系统的输入/输出端口处，直接影响系统与外部时基及相位关系，也影响经各种变换后信号的技术指标，因而对其选型也要予以重视。

2. 音频部分

演播室音频系统包括声音接收装置、音频信号传输装置、音频信号编辑处理装置、扬声器等。广播音频将音频取样频率规定为 44.1kHz 或 48kHz。而 AES（美国音频工程师学会）/EBU（欧洲广播联盟）建议采样频率为 48kHz，这样做除了能够得到高质量的数字音频信号外，也使得音频采样与视频频率之间具有简单的换算关系，有利于解决音频信号与视频信号之间的同步问题。

对音频设备选型的原则是：满足各类节目的制作要求，适应现代音乐制作方式，符合演播室数字音频标准。

数字调音台是音频系统的中央处理设备，目前使用最为广泛的当属小型数字调音台，它们大多数都采用模拟输入/输出，一般有1～2个数字输入/输出接口，接口的方式一般有AES/EBU和同轴两种。演播室音频系统通常也采用主、备倒换方式。例如，某电视台的数字演播室的配置如下：主调音台选用Panasonic DA732路数字调音台，备调音台为Samson MDR88路模拟调音台，为主持人配备了可自由调节的咳嗽盒等辅助设备，通话系统选用了C1ear-Com MS440为通话主机、RM220为通话分站，以方便演播区几个机房的连接。演播室数字音频标准参见表8-1。

表8-1 演播室数字音频标准

量化比特	16～20b 取样频率 30～50kHz
接口	平衡卡侬/音频电缆或BNC/75Ω同轴电缆
音源输入电阻	110Ω/75Ω
声道数量	1AES/2AES通道＝2个/4个拟声道
传输特点	AES音频码流可以嵌入数字视频码流一同传输

3. 技术监视和检测系统

技术监视和检测系统，如泰克（Tektronix）公司的模拟/数字波形监视器6UA，用于监视摄、录像机等设备的输入和输出信号，也可通过跳线和切换矩阵监视通路中其他信号指标，实现对演播区所有信号的全程跟踪和精确调测。为确保直播安全，往往还将送出的播出信号返送回来，再次对录制的视频信号指标进行监看，对于音频信号可利用监视器或外接音箱进行监听。工作中，系统信号除利用测试设备进行客观测试外，还可通过对录制图像的清晰度、杂波和干扰的损伤程度、亮度层次、颜色逼真情况、不同镜头的色彩一致性，以及声音与画面协调情况等进行主观评价，这也是非常必要的。

4. 其他

在数字演播室系统的设备配置时，还需要注意数字接口标准、视/音频信号的延时、所有信号的同步等问题。

在数字演播室系统各设备间通过数字信号串行数字接口（SDI）相连接，SDI是被世界上众多数字视频生产厂家普遍采纳的标准视频接口，SDI系统能满足各种节目制作的要求，能确保在数字环境下使演播室各设备之间连接的需要。但SDI接口不能直接传送码率压缩的数字信号，通过SDTI接口可在现有的SDI系统中传输打包的压缩数字视频信号，减少解压和压缩的次数，减少图像质量损失。SDTI规定的打包数据与SDI数字信号均可在现有的数字演播室内流通。

数字系统中，视频信号经过带内存储器的设备后，相对于音频尤其是模拟音频信号会有一定的延迟，要解决这个问题，可在系统中添置音频延时器，以保证视/音频信号的协调一致。

三、数字演播室工作流程

由于计算机参与了电视节目制作的全过程，数字技术提高了电视制作的速度、效率和灵活性，以及增强了数字电视节目制作系统强大的处理能力，可以完成任何一种视听媒介的录制、编辑和传输。以数字系统为基础的制作环境是将图像、文字、声音等信息作为数字数据统一处理，例如选材、合成和编辑都是以综合方式来完成的。图像、文字、声音是直接作为数字数据记录在服务器上，外景素材储存在磁盘存储器中，然后传送到服务器上，运用非线性编辑系统进行制作。

由于数字电视节目制作比传统的视频磁带编辑具有更多的优越性，如今，数字化技术已经应用到电视制作的每一阶段和各个领域，极大地提高了工作效率。

1. 数字化的前期准备

数字电视节目在拍摄之前，需要进行大量的前期准备工作；前期准备工作的好坏，在很大程度上直接影响到作品的成败。数字化技术的应用给前期准备工作带来了极大的便利。

（1）拍摄文案的准备：包括数字电视剧本的写作、制片预算计划、制作时间表的产生。计算机广泛应用于数字电视的前期制作工作。文字处理软件有效地帮助编写人员形成和修改剧本。制片人和导演运用计算机软件制作拍摄计划和编制预算，还可以直观地列出电视剧本的每一场景中需要的设备和人员，并且可以计算出每一个项目的成本，很快地得到总的预算，同时产生一个完整的制作时间表。

（2）数字化故事板。在数字电视节目的剧本、预算或时间表完成后，利用故事板绘制软件高效率地制作出剧情描绘板，它可为摄影、编辑和整个故事叙述提供视觉化的指导。剧情描绘板由一系列图像、影像组成，指明在电视节目中每一关键镜头的摄影构图和组成。

（3）形象化预审视。利用场景和灯光设计软件在开始拍摄之前就进行现场场景的设计，按实际比例建立场景模型，由电脑软件中的摄影机进行拍摄预演；在实际安装照明之前提供可视化的灯光模拟照明效果，使照明设计可迅速地进行修改等等。另外，还可以利用软件使服装视觉化，并使其在实际制作前进行协调。

（4）演员数据库。计算机化的演员数据库给演员自我引荐和导演挑选演员提供了极大的方便。导演可以迅速、直观地查阅演员资料，演员也可以通过资料库扩大知名度。

（5）资料准备。计算机数据库也给外景地的选择带来了好处，通过网络可以提供可选择的外景地的图像，从而减少差旅费用和筹备制作时间。

2. 数字化的现场制作

（1）数字摄录设备。新的数字记录设备为摄像机的拍摄提供了很多优越性。例如，计算机硬盘可附加在摄像机上，数字影像和声音可在数字非线性编辑系统中立即进行编辑，这就大大加速了节目的制作过程。

（2）照明控制。计算机化的数字调光台使得摄影师或照明师能够预先编好照明程序，并将之存储起来。

（3）摄像机控制。用带有电脑控制装置的摄像机拍摄画面，一方面可以拍摄到高难度的镜头，一方面可以用于复杂的场景合成。

（4）现场录音。数字音频记录处理技术和设备极大地改进了录音。例如，数字化记录的声音可以比模拟记录的声音更有效地滤除不需要的背景杂音，在进行复制和编辑配音时也可以减小噪声和音质损失。

（5）道具控制。用电脑来控制拍摄现场中道具的运动。

3. 数字化的后期制作

数字化技术在电视制作中最有意义的贡献是在后期制作领域。数字非线性编辑系统使得编辑和修改电视就像操作文字处理软件一样简单和快捷。数字非线性编辑使得编辑能灵活地瞬间改变声音和影像的顺序及持续时间。沿时间线处理视频和声音片断的能力不仅使编辑过程更灵活，而且也使编辑效率更高并节省费用。非线性编辑用于电视节目的制作一般要经过下面几个步骤。

(1) 数字电视节目素材的搜集，包括相关的模拟视频信号和数字视频信号、计算机动画信号和图像信号。例如用扫描仪扫描的图片、Photoshop 制作或处理的图像、3DMAX 制作的动画等高质量的原始信号是非常重要的。

(2) 数字电视节目的视频采集。数字非线性编辑的第一步是向非线性编辑系统输入素材，这一步是通过视频采集压缩及相应的软件来实现的。视频采集的主要工作是对模拟视频信号进行动态捕捉、压缩和存储，目的是将模拟视频信号经捕捉、压缩卡压缩转换为计算机中的数字文件。

(3) 数字电视节目的数字视频编辑。数字电视节目的数字视频编辑是指利用非线性编辑软件对采集的数字视频进行编辑加工。非线性编辑软件可提供多种编辑处理功能与特技效果，如视/音频剪辑、重新排序，各种素材衔接、特技、字幕等。编辑过程要注意音频和视频的同步，编辑人员的经验对编辑的效果影响很大，如画面组接、画面转场、蒙太奇等效果。

(4) 数字电视节目的生成和输出。在非线性编辑平台中完成了对素材的装配和剪辑之后，就可以进行影片文件的生成。这一阶段计算机要做大量的计算工作，所以性能优越的计算机生成数字电视节目的效率会较高。数字电视节目生成后，可以通过计算机的硬件卡的输出接口直播出去，或录制到播出带上等。

本章思考题

1. 什么是虚拟演播室？
2. 虚拟演播室的关键技术包括哪些？
3. 根据生成背景图像的维度不同，虚拟演播室系统可分为哪几类？
4. 简述虚拟演播室的工作流程。
5. 什么是数字演播室？
6. 数字演播室系统主要由哪几部分组成？
7. 数字演播室的工作流程主要分为哪几个阶段？
8. 简述数字演播室的工作流程。

第九章

电视录音技术

本章提要

本章主要介绍了电视录音技术的基本原理、基本录音设备和录音工艺流程。重点阐述了传声器、调音台、磁带录音机和数字录音机等主要录音设备的工作原理和使用方法，并简要介绍了数字录音工艺流程。

第一节　录音基本原理

1877年，爱迪生发明了一种录音装置，可以将声波变换成金属针的震动，然后将波形刻录在圆筒形蜡管的锡箔上。当针再一次沿着刻录的轨迹运转时，便可以发出留下的声音。这个装置录下爱迪生朗读的《玛丽有只小羊》的歌词："玛丽抱着羊羔，羊羔的毛像雪一样白。"总共8秒钟的声音成为世界录音史上的第一声。爱迪生的此项发明，开创了录音事业。

录音从最单纯的还原本声，到后来可以把它记录在相应的记录媒介上，如磁带、硬盘录音机等。经过调音台这一中心设备对声音素材进行适当的修饰，如音色、动态、音量等的平衡，同时经由一系列附属设备的效果处理，最后送至扬声器放出声音。每一个环节都至关重要，而录音这一行业也正是技术和艺术相结合后诞生的工种。

一、录音工作原理及流程介绍

现以模拟录音实验室（集录音教学、演示、实验、制作为一体的综合性实验场所）为例，将录音的工作原理及使用方法介绍如下。

（一）实验室设备组成及工作程序

1. 组成

实验室共分录音室及控制室两大部分。录音室应为一个密封场所，室内布局上有严格的声学设计，是专供各类声源、节目进行表演的地方，也是录音制作的拾音场所。控制室是专门为收录声音及对声音节目进行加工制作而设置的场所，为密封空间，室内布局上有严格的声学设计标准。另外还有一些专门用作录音制作的设备，如调音台、均衡器、压限器、功放、音箱等。录音室与控制室之间有隔音窗，以供录音时及时查看，并有一套对讲设备，便于录音室和控制室之间及时通话。

2. 设备

录音室内：拾音设备——话筒，声音返听装置——耳机，联络设备——对讲音箱。

控制室内：模拟调音台为核心的录音制作设备一套。以及双通路监听放大器、卡座一体机、MD光盘录音机。

3. 录音工作程序

进入录音室后，首先观察设备情况，检查录音室内的设备有无异样。如调音台各路推子是否拉下，48V幻象供电全部在off位置。将功放的音量调到最小，检查PAD衰减器开关以及均衡开关和各旋钮是否调整到默认位置，各设备连接是否完好，发现问题应立即予以纠正。在此基础上，接通总电源，开启设备。开启调音台及所用到的周边设备并安装话筒（在进行语言、音乐、音响录制时的准备工作）；随后开启监听放大器，试验能否听到所录声音，并校正录音设备通路。这要求首先打开音频信号发生器，设定1000Hz满调幅标准信号；然后利用它来设定监听音量大小，设定总输出大小（一般设定为－12dB）。最后打开对讲系统，实现录音室与控制室的顺畅沟通。

（二）常用声音录音技巧

1. 语言及音响录音工艺

（1）调整话筒的拾音方向及声源的拾音高度和距离；打开所用电容话筒的 48V 幻象供电电源开关；先调整话筒放大器增益，然后再调整话筒音量，同时调整耳机返送音量大小。

（2）通过 EQ（均衡器）调整声音音色，对声音音质进行补偿。

（3）通过分路推子（FADER）调整音量。

（4）效正效果器（如果使用的话），选择所用效果，调整音量及输入的声轨。

（5）信号可记录在 MD 光盘录音机、硬盘录音机或电脑硬盘中。

2. 音乐录制（以笔记本电脑为例进行歌曲录制）

录音实验室中，借助于外接笔记本电脑和调音台相连接配合使用。

（1）先将伴奏带导入到电脑软件中相应轨道，将笔记本电脑返回给调音台的通路设为 13、14 路。

（2）当对演员进行录制时，话筒输入在 1 路，通过 13、14 路播放伴奏，让在录音室的演员能够边听伴奏，边进行演唱。（建议声轨信号先不加效果，等缩混时统一处理，如果此时加上效果，会给补录工作带来困难。）

（3）重新补录：在原始录音中，补录工作也是专业录音工作者的一个强项，可在录音现场对演员的演唱进行及时补正。具体方法为：首先和演员共同商定补录点，选定后提前 5～10 秒播放已录好的段落，这时演员可轻声跟着演唱，到补录点时将音量放出来，而对录音室来讲，要听准音乐的节奏，当补录点前句的尾音结束就可以按下录音机的录音键。开始进入补录状态，完成后按下录音停止键。

3. 缩混

（1）无论是语言，音响节目，还是音乐节目，都是要在初次原始录音的基础上，经过声轨编辑的信号。混合缩制后记录下来的节目被称为母带。因此，在这样的节目载体的前面，必须要录制 10～20 秒的 1000Hz 千周信号（在将来此节目还音时，用以作为信号调幅大小的标准）。

（2）注意双声道立体声输出。

（3）缩混与原始录音最大的差别，是注意各声轨信号大小的比例关系、远近关系、混响效果关系等各种平衡关系。

第二节 电视录音设备

录音过程中的所有设备可以简单地分为如图 9-1 所示的四大部分，即分别为：对声源信号进行拾音的传声器，整个录音系统的中心环节调音台，进行各种效果处理的声处理设备，以及还音监听的扬声器。声音自声源发出后第一个能够改变其音色的便是声场，但当声场一定时，最能影响声音音质的便是第一关：传声器，以及能够对声音信号进行处理的第二关：调音台。下面将详细阐述一下关于这两方面设备的使用及注意事项。

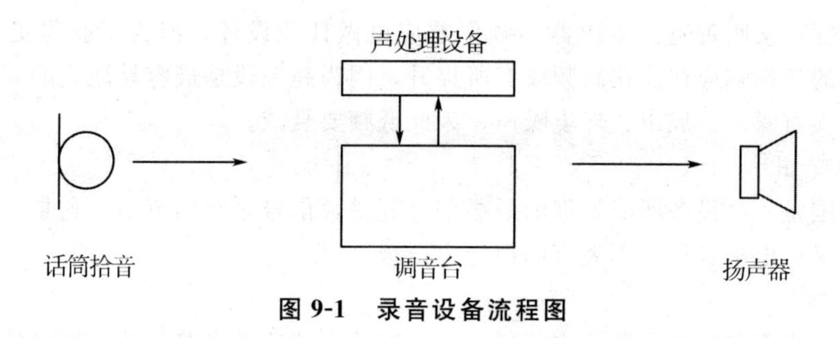

图 9-1　录音设备流程图

一、传声器

（一）基本术语介绍

1. 输出阻抗

输出阻抗用来表明作为信号源的传声器对所接负载提供信号大小的能力，用欧姆（Ω）表示。传声器的输出阻抗通常用 1kHz 信号测得，从输出端测得的交流内阻就是该传声器的输出阻抗。

2. 灵敏度

灵敏度是表征传声器电声换能能力的一个指标，指在自由声场中，当向传声器施加一个声压为 0.1Pa 的声信号时，传声器的开路输出电压。采用灵敏度高的话筒拾音，可对较低声压级的声音获得较高的信噪比，有利于改善声音质量，但对于拾取动态范围大的声音就易产生失真。

3. 指向性

指向性是指因入射声波的入射角不同而使传声器灵敏度产生变化的特性，又称方向性，表明传声器对不同角度入射的声波的响应。它是在某一特定频率下，声波以 θ 角入射到传声器膜片时的灵敏度与声波轴向（$\theta=0$）入射时灵敏度的比值。

指向性又可分为以下几种。

（1）全指向性（无指向性）：它对声压的响应与方向无关。其振膜对其表面上所有声压变动同等的响应，而与声源的位置无关。全指向性传声器对各个方向的声波灵敏度相同。

（2）心形指向性：类似人心脏，在正向具有较高的灵敏度，而背面几乎为 0。

（3）锐心形：可看作不对称的双方向指向，它可以用两个心形组合而成。

（4）超心形：一种较心形指向性更尖锐的指向。（心形、锐心形、超心形话筒对主轴正前方声音最敏感，对主轴后方的声音有所抑制。）

（5）双方向性（8 字形）：振膜在前轴、后轴均可接收声波，两个方向灵敏度相同，但两者间的相位差为 180°。

（6）强指向、超指向：狭窄的棒形，犹如棒球运动中击球棒的形状。

4. 频率响应

频率响应是指传声器灵敏度随频率变化的特性，即对于恒定的不同频率输入信号传声器输出电压的大小（话筒在恒定声压和规定入射角声波的作用下，各频率声波信号的开路输出电压与规定频率时传声器开路输出电压之比）。而频率响应的范围是指传声器正常工作的频带宽度，又叫带宽。传声器的频率响应可做任意设计，但为了获得更好的声音效果，传声器的频率响应往往在高频段有所提升，因为高频段是最容易缺失的频段。低频段有传声器的固有噪声、风声、环境噪声，因此低频要衰减。

5. 动态范围

动态范围是一个设备所能处理的最小信号到最大信号之间的范围。它是一个声压级范围，从等效噪声电平到最大不失真的声音声压级。

6. 等效噪声

传声器的噪声包括传声器的内部噪声，前置放大器前级电路与传声器电信号输出部分相接处产生的噪声，以及当传声器置于磁场中或气流中使用时，因感应或振动所产生的外部噪声。在理想情况下，当作用于振膜上的声压为零时，仍有一定的电压输出，这时将输出的噪声电压可看成是由一个噪声声压引起的，对应于这一噪声电压的噪声声压级就称为等效噪声级。而等效噪声表明产生等于传声器自身噪声电压时所需的等效噪声级的分贝数。

7. 瞬态响应

瞬态响应指传声器的输出电压跟随输入声压级急剧变化的能力，是传声器振膜对于声波波形反应快慢的量度，它取决于振动膜的质量、支持物的弹性及阻尼等，该响应能体现出不同的音色。

（二）传声器

传声器，俗称话筒，之所以能传送声音，是根据能量转换原理，将外界声能转化为机械能，再转换为电能，用以传送。传声器类型可按声波接收方式、声电转换机理、声道、信号传输方式、信号类型等进行分类。常用的 6 种传声器分别为：动圈式传声器、普通电容传声器、铝带式传声器、驻极体电容式传声器、压电式传声器、炭粒式传声器。应着重了解常用的动圈式与电容式传声器的特性。

动圈式传声器（如图 9-2 所示）的结构简单，稳定可靠，无须供电，使用方便，输出阻抗小，固有噪声低，灵敏度低，易受外界磁场干扰，频率响应和音质相对不如电容式传声器；一般用于语言录音和流行歌曲演唱。

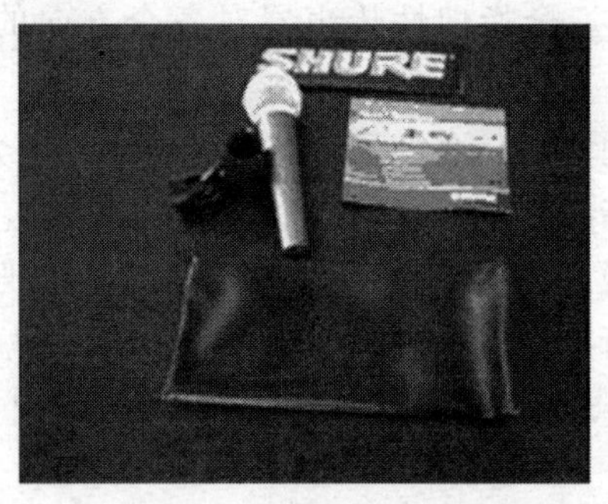

图 9-2　动圈式话筒（SHURE SM58）

电容式传声器（如图 9-3 所示）的灵敏度高，频率响应宽，音色优美，比较娇气，价格偏高，野外使用不方便，且易受潮，因此不用时要放在有干燥剂的盒子里；一般用于拾取乐器和美声歌曲录制等。

图 9-3 电容式话筒（AKG C414B/C3000）

在对声音进行拾取前，要先了解传声器的各种特性指标，诸如：灵敏度、指向性、频响特性、供电方式等等。传声器按其指向性可分为全指向性、双方向性（8 字形）、心形方向性、锐心形、超心形、超指向等（如图 9-4 所示），但各种不同的指向性叠加就会得到另一种新的方向。此外还有利用双膜片构成的多指向传声器。

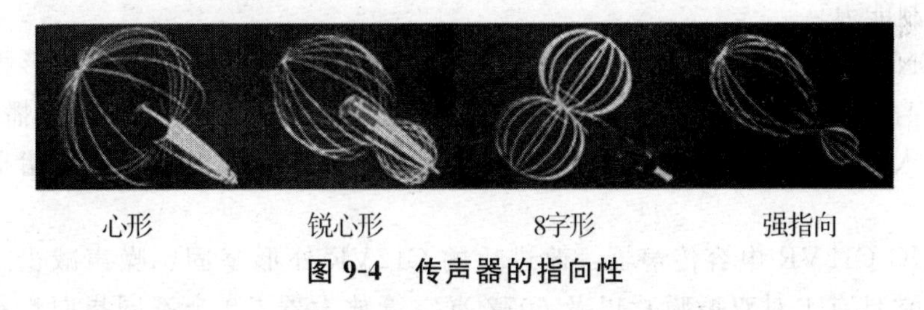

心形　锐心形　8字形　强指向

图 9-4 传声器的指向性

另外还要补充的一些特殊的话筒。

例如枪式话筒，它拥有强指向性，用于新闻采访和同期录音等，可以拾取距离较远的声音，依然保证清晰可听。

拾取同期声时（电影或电视），除使用举竿的方式外，还可应用无线话筒，用专业胶布将话筒粘在一起固定好然后粘在衣服的内侧，具有较好的隐蔽性。

由于话筒在近距离拾音时会产生高频提升、低频衰减的现象，因此特意生产出来的领夹式话筒在频响曲线的设计上对其进行了克服，避免了损失和弥补了不足。

近讲话筒往往采用能承受大的动态范围的动圈话筒。由于近距离拾音产生低频增强的现象，因此此类话筒在频响设计上每倍频程衰减 6dB，即做到低频衰减；同时，近讲话筒具有心形指向性，适合演员在舞台上做范围比较大的运动。

压力区传声器是一款特殊的电容传声器，简称 PZM，又称界面传声器，其形状为圆面、平底面表面锥体形。压力区传声器的底平面可平放在地面或者粘在乐器的共振箱表面。用于舞台拾音，但一般是挂在空中，以避免录进脚步声。界面传声器的优点在于其消除了梳妆滤波效应，即减少近次声和反射声之差，不致使声波叠加或抵消。AKG 的 C400BL-1、C680BL 等都是界面传声器。

传声器的选择在声音素材的拾取与采集中尤为重要，掌握各种传声器的性能和指标是十分重要的。国际上存在几种知名的品牌，例如 NEUMANN（德）、SENNHEISER（德）、Beyerdynamic、AKG（奥地利）、B&K（丹麦）、Electro Voice（美）、SHURE（美）、铁三角（日）等。下面就几例常用传声器做重点介绍。①

(1) NEUMANN U87Ai：高质量电容式传声器，常在录音棚中使用，内置双振膜压差式传感器和转换 10dB 的预衰减开关；可录语言、音乐等，使用此话筒为管弦乐队录音时经常用做主话筒，但不适宜高声压乐器声音的拾取；具有全指向、心形、双方向形三种指向，因此可对声源进行近距离拾音而不会产生音质变坏。

(2) NEUMANN U89i：同样应用于多种录音场合，适用于现场乐器录音，如管风琴、弦乐及钢琴等，其外有金属网保护双振膜，大振膜具有很平坦的频率响应，在拾音角为±100°以内频率响应曲线直到 10kHz 仍保持平坦；具有全方向、宽角度心形、心形、超心形及双方向形五种指向性。因此 U89i 很容易将分散的强声源分离开来或者拾取远距离的声音。U89i 自身噪声电平为 17dB，总的动态范围 117dB，最大声压级 140dB。低频滚动滤波器下限频率 80Hz 或 160Hz。这个滤波器既要抑制低频干扰又要保证不破坏声源的低频段频率响应，否则会影响声音质量。

(3) SENNHEISER MD421Ⅱ：具有优秀的声音质量，真实反映所在环境场合的声音状况，使得收录的声音非常清晰；五个位置的低音控制提高了它的全面质量；具有高效能的声反馈抑制能力。

(4) SENNHEISER ME66：与 K6/K6F 配合的短枪传声器头；锐心形指向拾取声音，固有自身噪声低，频响宽，灵敏度高；特别适用于采访、电影及广播现场应用，在有噪声和人声嘈杂环境的情况下仍能拾取轻的声音，抑制不是来自主拾取方向的其他声音。

(5) AKG C12VR 电容传声器：改进后的 C12VR 外形坚固、噪声减少、哼声的灵敏度提高；它具有 1 对双振膜片以及 6072 真空管放大器，9 个不同指向性；两极低音滚动倾斜滤波器，在正常灵敏度下可通过开关提高 10dB；内置一个装有磁芯的输出变压器，极小地低频失真以及特别的减震元件的使用，起到保护电路和达到听觉隔声的作用。

(6) AKG C3000：演播室话筒：镀金膜片采用大震膜技术，克服了声音发闷的缺点，使录下的声音完美清晰，突出个性，具有温暖感；同时有多种指向性供选择，低频滚降衰减和－10dB 预衰减；采用振膜弹性悬挂技术，有效地减少了对外部减震装置的需求；内层防风罩的采用，使得 C3000 适用于管乐器和户外使用。

二、调音台（Console、Mixer）

声音信号由传声器拾取后，通常还要经过调音台对拾取的信号进行一些必要的修正、补偿及控制。特别是在电影、电视节目制作中，都要进行后期的加工合成，调音更是必不

① 参考《声音素材拾取与采集》一书第二章中部分内容。

可少的环节。在这个过程中，要对各路信号进行电平平衡控制、音质补偿校正，以及根据艺术需要加入人工混响、延时处理等。其中各项工作都是围绕调音台来进行的。

调音台是一种将多路音频电信号进行必要的技术处理和合适的效果处理后，依所需的电平值加以混合、分配后输送给还音系统重放，或送入录音机予以记录的一种电子音频系统设备。因此调音台是录音、扩音、播音系统中的重要设备。在音频系统中，常以调音台为中心，连接各种信号和声频处理的输出设备。调音台是音响工作者进行艺术再创造的重要工具。

（一）调音台的功能

在录音系统中，调音台是音频控制的中心设备，调音台具有对原始信号进行放大、频率补偿、音量平衡、动态控制和混合等技术加工与艺术处理的功能。声音通过调音台进行传送和分配到所需要的周边设备、监听信道和录音输出及扩声信道。

调音台英文名称为 mixing consoles，直译就是“混合控制器”，其最基本的功能就是信号的混合；在录音或扩音过程中，调音台还具有电平调整和频率均衡的功能。调音台把来自各种音源（如话筒、卡座、CD 机等）、各种电子乐器（如电子琴、电子合成器、电吉他等）或各种电子设备（如混响器、延时器等）的音频信号，按一定的比例进行混合，并将强弱不同的声音信号电平调整到适当的位置，对不同的声音进行音色修饰处理等，最终混合为两路立体声或多路输出信号，再分别进入监听系统或录音机。

由于调音台作为音频信号的控制、处理中心，需要为许多周边设备提供输出信号，如为母带录音机提供立体声信号，为多轨录音机提供多轨编组或各个声道的输出信号，为各种效果处理设备提供信号，还有输出辅助通道、各种监听信号等，这就要求调音台将每一个音源输入的信号分配给不同的输出设备。因此，调音台具备信号分配的功能。同时，调音台还肩负着把需要进一步深加工处理的信号送到调音台外部的信号处理设备去的任务。

调音台的这些功能极大地改善了录音师的工作条件和工作环境，使录音师可以根据影视节目的不同需要对声音进行不同的处理，以完成和达到不同影视节目的艺术创作和技术制作要求。因此，了解和掌握调音台的各种基本功能，是衡量录音师专业水平高低的一个重要先决条件。

（二）调音台的分类

现代调音台的种类繁多，型号各异。根据体型大小，调音台可以分成大型、中型、小型和袖珍调音台；根据安置情况，调音台可以分成固定座式调音台和便携式调音台；根据信号模式，调音台可以分成模拟式和数字式调音台；根据操作模式，调音台可以分成手动式、半自动式和全自动式调音台。在电视节目制作过程中，应根据节目的需要选择不同类型的调音台。

1. 调音台按工作原理分类

（1）模拟调音台。

传声器的输出信号是经过声—电换能后的电信号，因其信号与声音信号一样也是连续的波动信号，且其性质如频率、振幅等与声音信号密切相关，故称模拟信号。不改变传声器插入信号的这种性质而进行信号处理的调音台称模拟调音台。如图 9-5 所示为美奇牌模拟调音台 onyx1640 正面板功能显示。

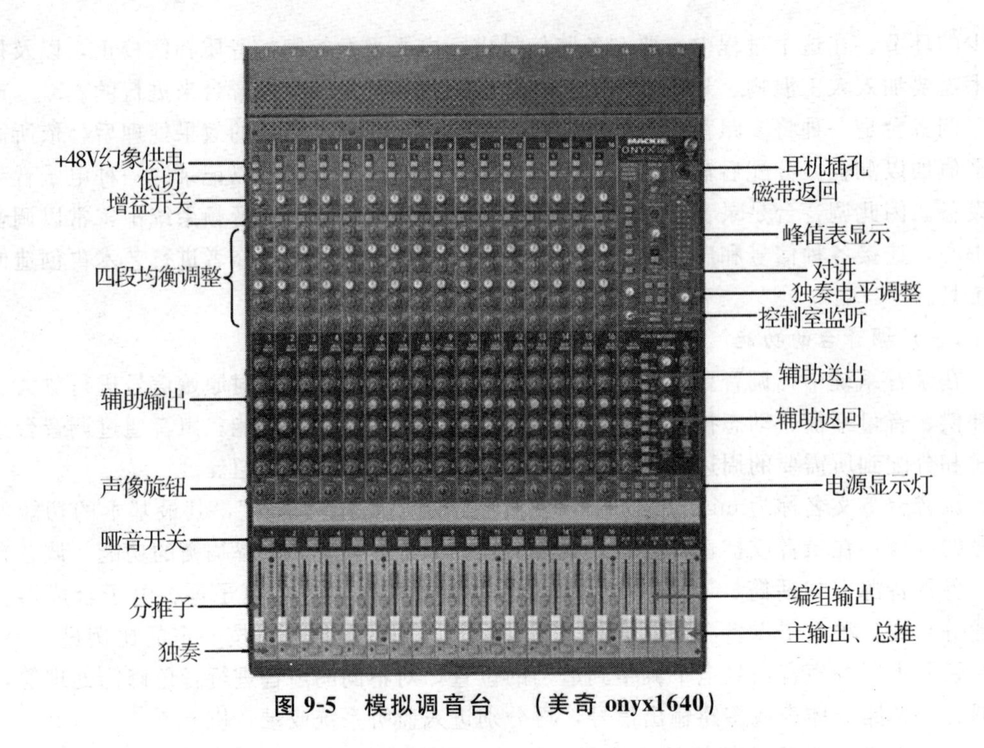

图 9-5　模拟调音台　（美奇 onyx1640）

（2）数字调音台。

数字调音台的各项功能单元基本上与普通模拟调音台一样，只不过数字调音台内部处理的音频信号是数字化信号，所有音源信号进入调音台后，首先经由模/数转换器转换成数字信号；而输出母线上的信号送出调音台之前，又须先由数/模转换器，转换成模拟信号。

在数字领域里，混音由增加和乘上二进制数据两部分构成，这些数据代表着声音信号。现代数字调音台都采用高品质的 DSP（数字信号处理器）芯片，保证了很高的精度，数字信号在总谐波失真和等效输入噪声这两项指标上可以轻易做到很高的水平。数字调音台的优点在于能够把各种声源，在不同的电平和阻抗上混合成立体声音响信号，并且没有任何失真和噪声。许多模拟调音台都非常好，但即使是最好的设备，由电路元件造成的非线性效果却不可避免，这是模拟台与数字台不能比的。数字调音台的另一大优点是其所有功能单元的调整动作都可以方便地实现全自动控制，给录音带来了极大的方便，大大提高了录音的效率。YAMAHA 数字调音台 D2R96 如图 9-6 所示。

图 9-6　YAMAHA 数字调音台 D2R96

数字调音台的对讲系统、测试信号发生器，以及演播室监听信号、控制室监听信号、节目信号、辅助信号等接口与模拟调音台大体一致，不同的是数字式调音台还有节目信号和辅助信号的数字信号输入、输出口。

2. 调音台按用途的不同分类

(1) 录音调音台。

寻音调音台是录音棚内录制音乐节目的专用调音台。它必须具备多轨录音的相应功能。多轨录音即将一首乐曲的各声部先分录在多轨录音机上的不同音轨，然后再进行缩混（Mix Down)。在缩混时，人们可以通过反复试听，以获得最佳的响度平衡、声像定位及各种特殊效果的配置方案。为完成这些工作，录音调音台具有一些特殊的功能单元设置，如磁带返回通路、直接输出接口、编组输出等。

录入多轨录音机内的音源信号应该是未经任何处理的原始信号，这样就不会因效果处理的调整失误而造成录音失败。因此，录音调音台的效果插入信号一般都无法进入多轨混合母线。并且为了保证原始录音信号的信噪比指标，其录音的最大电平峰值应保持在录音磁带所需的最佳录音电平上，而录音时的信号则又需通过一个专门的监听通道来监听。

(2) 扩声调音台。

扩声调音台是专为各类剧院、场馆舞台表演的扩声和现场直播设计的，也可用于双轨立体声录音。扩声调音台的主要功能是：将舞台上多路话筒拾取的现场信号进行一定的响度平衡、均衡处理、声像定位和加配适当的效果后，混合为两路立体声信号，送入功放，为表演现场的观众提供扩声信号，为舞台上的表演者提供返听信号。

(3) 直播调音台。

直播调音台专用于电台的直播节目，故有一些不同于录音台或扩声台的特点。首先，直播调音台要有很高的电声指标，以保证播出节目达到广播级水平。其次，其必须具有很高的可靠性，能够长时间连续播出不出故障。鉴于电台工作的重要性，直播调音台要求使用的设备具备最高的质量，以减少设备失效的机会，避免空播事故。如果某个通道模式出现问题，即使主持人正在播音，也可单独将其更换。再者；直播调音台还必须操作简便，控制面板的设置力求醒目、明了。调音台的简单控制意味着主持人能通过简单快捷的培训，在实况播音时，尽量少出差错。从功能上讲，直播台比录音台或扩声台都要简单，但其具有一些特殊的功能系统。如对于外接音源设备的遥控功能，它使主持人可以通过带触点控制开关的推子直接启动外接音源，如 DAT 、CD、卡座、热线电话系统等。

(4) 外采便携式调音台。

外采便携式调音台主要用于外出录音。其特点是结构简单，输入路数少，如 4 路、6 路、8 路等，体积小巧、轻便，便于搬运，功能模块也少，但其电声指标并不因此降低，同样具有很高的质量。虽然通道少，但调音台上仍装有简单的高、中、低音的补偿器和高、低通滤波器，有音量控制和混合电路。外采便携式调音台输出是立体声通道。调音台上有音频测试信号供校对机器使用。电源由电池提供或外接稳压电源，监听采用耳机监听。这种调音台由于携带方便，常用于影视节目的现场语言录音和立体声效果的收录，也可以用于现场扩声。

(5) DJ 调音台。

DJ 调音台是专用于迪斯科舞厅的调音台。其结构简单，但有较多的输入接口，此外还有一些特殊的功能单元，如用于两条立体声信号的平滑软切换的软切换电位器。在此类场合下，常常希望将两首乐曲不露痕迹地头尾接在一起，以便在节奏不间断的情形下将乐曲接长，因而用到软切换电位器。此系统一般都配备有两套完全一样的音源设备（如唱机、CD机等），这样就可以在一台设备上的乐曲即将结束时，开启另一台设备上的乐曲，并将这两路乐曲的节奏加以调整，以便在其精确同步后，搬动软切换控制钮，将后一乐曲切入主输出。软切换控制通常是由一横向放置的直滑电位器来完成，可对A、B两组音源进行淡入淡出控制。一般是电位器推子位置在A端时，A组信号源全开，B组全断；推子滑向B端，则A音源淡出，B音源淡入；推子位置在中心时，则A、B两音源响度一致。此外DJ调音台还有一常用功能：数码采样器，它可以对音源进行数码采样录音，然后用特殊方式进行播放，如变速播放、循环播放等。

三、调音台的结构

尽管调音台有不同的种类和规格，但绝大多数的调音台是由输入组件、输出组件和主控组件等三部分构成。输入部分主要承担各种不同型号的传声器信号及各种不同的线路信号；输出部分主要承担对记录设备及扩大设备输送经过调整的音频信号；调音台的主控部分主要承担对输入的信号进行音量的平衡、音色的调整和加工、声音动态的控制。此外，调音台还包括监听监视系统、分配线路的输出和输入、对讲系统和测试系统。

1. 调音台的输入部分

调音台的输入组件主要由输入部分、均衡部分（EQ）、辅助部分（Aux）和通路状态几部分构成。输入部分可以对不同来源的声音信号进行选择（Input Selector）及电平增益（Gain）的调整，如对传声器信号（Mic Input）、外接设备输出的线路信号（Line Input）和多轨录音机的还音信号（Tape Input）进行选择和电平调整，同时还可以对这些声音信号的相位进行调整。输入部分一般还可以提供电容传声器的幻象工作电源。调音台的信号输入部分主要由输入接口、电平调节、相位倒换、幻象电源以及用于切除低频的高通滤波器等组成。

（1）输入接口（MIC/LINE INPUT）。输入接口主要是指调音台输入部分的每一个通道上信号源进行连接的插座，一般由低电平输入MIC IN和高电平输入LINE IN组合而成。低电平输入插座主要用于连接传声器等低电平输出的信号源，高电平插座主要用于连接录音机、电子合成器等电子乐器CD、MD等线路输出的高电平信号源。

（2）输入电平调节（GAIN）。当信号通过输入插座进入调音台后，需要对其电平的大小进行调整以满足调音台的要求。输入信号大小的调整主要是通过输入电平调节GAIN旋钮（增益旋钮）来完成的。调节输入电平的目的是使输入到调音台里不同大小的音频信号，都能够调整到与调音台最佳工作电平相适应的范围内。

（3）衰减器（PAD）。在一些功能齐全的调音台输入部分，还安装有预衰减（PAD）按键，当遇有输入信号的幅度超过电平调节旋钮所能够调节的范围时，可按下预衰减键，使输入电平的幅度预先衰减20dB，再通过电平调节旋钮对其进行调节。

（4）高通滤波器FITER（低切）。在调音台的输入部分一般设有一个高通滤波器，常称作“低切”，主要用来去除输入信号中有害的低频噪声。大多数的调音台上安装的是一个HPF按键开关，按下时将切除信号中100Hz以下的频率信号。有些调音台还设有频率选择旋钮，可对切除的频率位置进行选择。

（5）相位倒换（PHASE REVERSE）。由于传声器内部接线方式以及信号电缆、插头插座和信号录制等原因，会产生输入到调音台的信号与调音台其他同时输入通道信号相位相反的现象。在调音台的信号输入部分安装有相位调整（PHASE）按键，按下按键时，能使输入信号的相位翻转 180°当输入信号出现反相时，可按下相应的相位键对其进行调整，用以改变输入信号的相位，避免两路输入信号相位相反时混合产生“梳状滤波”的不良效果，或引起立体声的声像错位。

（6）幻象电源（PHANTOM）。电容传声器在工作时需要极化电压，传声器内部的放大器也需要电源才能工作，为了使调音台能够向电容传声器提供电源，在调音台的输入部分安装有幻象开关。当某个输入通道接有电容传声器时，按下相应通道的幻象电源（+48V）开关，就可以通过信号电缆向传声器提供电源。幻象电源只能送入到低电平插座，不管幻象电源是否接通，高电平输入插座都不会有幻象电源送入。如果在送有幻象电源的通道上接有不需要幻象电源的动圈传声器，幻象电源本身将不会影响动圈传声器的正常使用。

此外，有些调音台的信号输入部分还设有高、低电平输入 MIC/LINE 的转换开关，以及可以分别对输入的高、低电平信号进行单独调整的旋钮，这些只是电路设计上的不同，其目的都是为了满足信号源与调音台之间的电平匹配。应当注意的是，虽然调音台的输入部分有高电平和低电平两类输入插座，但在调音台工作时，一个输入通道只能选择一个输入信号（即：或是选择高电平输入，或是选择低电平输入）。

2. 调音台的主控部分

（1）频率均衡部分。

频率均衡部分由均衡器（EQUALTSER）组成，可以调整声音的各种频率成分从而达到调整声音音色的目的。一般来讲，均衡部分的均衡器有单点和多点均衡器两种。单点均衡器只有一个厂家设置的固定频率点，因此使用时不太方便；而多点均衡器则可以根据需要，分别选择不同的频率点。为了使用上的方便，一般调音台上将单点和多点均衡器组合成高频（HF）、高中频（HMF）、中低频（MU）和低频（LF）四个频段来处理声音信号的音色。有的大型调音台还装有高通滤波器（HP）、低通滤波器（LP）、Q 值和峰谷形选择开关；以用于不同的需要。

频率均衡部分由均衡器（EQUALISER）组成，可以调整声音的各种频率成分，从而达到调整声音音色的目的。

信号的均衡处理主要由以下三种类型的均衡器组合或单独组合而成。

A. 频率点固定的均衡器——频率点固定的均衡器是由生产厂家根据调音台的基本功能而设置的固定频率点，因此使用起来不是很方便，常用在小型调音台。

B. 频率点可调的均衡器——由于其均衡的频率点是可以选择的，所以它比频率点固定的均衡器多了一个中心频率选择旋钮，操作时需先定好需要均衡的中心频率，再调节增益旋钮对其进行补偿。目前常见调音台的均衡部分，多数是由 1 个高频（HF）端固定均衡器和 1～2 个中频带（MF）频率点可调的均衡器及 1 个低频（LF）端固定均衡器组合而成。

C. 频率点和 Q 值可调的均衡器——频率点和 Q 值可调的均衡器除具备频率点可调均衡器的特点外，还能够对均衡位置的 Q 值进行调整，从而改变了此位置的频带宽度，使得整个的均衡调整更加精密准确。由于它的电路复杂，成本较高，一般在大型高档的调音台上才能够见到。每一个这样的均衡器都是由中心频率选择旋钮、增益调节旋钮和Q值调整开关（或旋钮）等三个调节部分组成，使用时，除了频率点可调外，还可对均衡位置的Q值进行调整控制。此类均衡器在数字调音台上使用得比较普遍。

此外，一些功能齐全的调音台上都设有均衡器（EQ）开关，用来控制调音台的均衡部分是否插入到信号的通道。当按下此键时，通道上的均衡部分被插入到信号通道上，这时可以对信号进行补偿调节；当按键被弹起时，均衡部分将退出信号通道，不再对信号进行均衡处理。其作用主要是用来对比均衡前、后的声音变化。

(2) 输入控制、分配和辅助开关。

这部分主要由信号声像定位（Pan Pot）、衰减器推子（FADER）、单独选听（SOLO）、声道分组（GROUPS）、声道哑音（MUTE）等几部分构成。它起到将经过处理后的声音信号送到调音台的输出部分及主控监听部分去的作用。

输入部分每个通道的信号，是经过每个通道上的衰减器（常称作分推子）调整控制后再输送到不同的输出母线上，目的是为了能够单独调整和控制每一个输入通道在母线上的电平大小。信号分配是用来控制每一个通道信号输出的方向。

辅助部分一般由辅助增益电位器（AUX GAIN）、衰前（PRE）和衰后（POST）开关等组成，它的主要作用是把主信号通路上的部分信号馈送到调音台外部的其他声音信号处理设备中去做进一步的深加工处理。

输入通道信号的输出控制一般可分为两种：一种是由每个输入通道的衰减器进行控制的，它控制的是输送到主输出母线和编组母线上的信号大小；另一种是由每个输入通道上的辅助（AUX）旋钮进行控制的，它控制的是输送到辅助母线上的信号大小。

输入到辅助母线上的信号又分为两种控制，一种是受输入通道衰减器控制的（称作衰减器后输出：POST），它是从通道衰减器后端取出信号，再通过辅助旋钮将信号输送到母线中去，其特点是输出到辅助母线上的信号大小除受本身的辅助旋钮控制外还受通道衰减器的控制；另一种是不受输入通道衰减器的控制的（称作衰减器前输出：PRE），它是从通道衰减器的前端直接取出信号并通过辅助旋钮将信号直接输送到辅助母线上。

不管是哪种方式，输送到辅助母线上的信号都会受到辅助（AUX）旋钮的控制。大型调音台是通过辅助旋钮旁的衰减器前PRE/衰减器后（POST）转换，对这两种辅助信号的控制方式进行转换。一般的调音台主要是采用将通道上的辅助旋钮连接成通道衰减器前输入（一般设为AUX1或根据调音台实际情况设置），将另一部分辅助旋钮连接成通道衰减器后输入（一般设为AUX2或根据调音台实际情况设置），以适应不同的使用需要。

输入部分的信号分配一般是由与各个输出母线相连接的开关或调节旋钮来进行选择分配的。在调音台上通常是由声像（PAN）旋钮和编组（GROUP）及主输出（MIX）按键组成。按下相应的按键，输入通道的信号将输送到与按键相对应的母线中去。在立体声工作方式时，输入到母线的信号大小除受到通道衰减器控制外，还会受到声像旋钮偏转位置的影响，当声像旋钮偏向某一侧时，输出到此侧母线上的信号将按偏转的比例提升，另一侧的母线信号将按偏转的比例衰减。当声像旋钮居中时，分配到两侧母线的信号大小相等。

调音台在立体声方式工作时的母线分配方式一般是：将主输出的母线和编组的奇数母线设定为左母线组（L），将输出的右母线和编组的偶数母线设定为右母线组（R）。有些调音台在单声道工作时，为保证分配到所选母线的信号大小一致和不受声像旋钮偏转的影响，常在声像旋钮旁安装一个声像PAN按键：当按键抬起时，信号将不受声像旋钮的控制，而直接把信号分配到所选的母线上；当按键按下时，分配到母线上的信号将受到声像旋钮的控制。

为便于操作和管理，在调音台的每个输入通道上还安装有哑音（MUTE）或通道开关（ON）以及衰减器（PFL）前监听等辅助操作的开关按键。哑音（MUTE）开关实际上是控制输入通道信号是否输出的一个开关：抬起时，输入通道向选定的母线输送信号；按下时，切断向外输送的信号。通道（ON）开关的功能与哑音按键的功能完全相同，操作状态却完全相反。通道开关抬起时是切断信号，按下时是接通向外输送的信号。衰减器前监听（PFL）按键，也称作选听键，是专门用来查看此输入通道的电平幅度和声音效果的，所选的信号取自通道衰减器的前端，不受通道衰减器的控制。按下此键时，主输出的电平显示器将会显示所选信号的电平大小，同时耳机或控制室监听扬声器里会自动播放所选信号的声音，便于操作人员监听原始信号的质量和电平大小。

衰减器（FADER）采用无源的直线推拉式电位器或旋钮式电位器来控制工作电平，二者的区别主要是调音台空间的利用。在使用上，推拉式比较方便，旋钮式则一般多用在小型调音台，电位器上的衰减刻度以指数衰减器的曲线来设计，这样符合人耳的听觉。

3. 调音台输出部分

输出组件一般分成组输出部分（GROUPS）和磁带返回部分（TAPE RETURN）。它可以根据输入组件的选择，由开关来控制和分配声音信号的最终去向，其作用是把处理过的声音信号输出至其他外部录音设备及监听声音信号的质量。

调音台的输出部分一般包括有主输出（MIX OUT）、编组输出（GROUP OUT）、矩阵输出（MATRIX OUT）、辅助输出（AUX OUT）以及一些相应的控制按键。它们用来控制调音台各个输出通道的输出信号大小。

（1）主输出。主输出通常有左（L）、右（R）两个输出通道，有些固定安装的调音台还增加了中间C声道的输出通道。这些输出信号的大小由各通道上的通道衰减器进行控制。主输出的通道衰减器通常称作主推子。

（2）编组（GROUPS）输出。编组（GROUPS）输出是调音台除主输出通道以外最重要的输出通道，除可以通过编组输出的接口向外输送各自独立的编组信号外，还可以通过编组上的主输出开关和声像旋钮将编组信号送至主输出通道上。编组输出信号的大小由各编组输出通道上的通道衰减器进行控制。编组输出的通道衰减器通常称作编组推子。编组输出在作为音乐录音或演出使用时，通常将不同类型的乐器按种类或声部通过输入通道上的信号分配按键进行编组，排练时用输入通道上的衰减器调整好每个组内乐器间的平衡，在录音或演出时只需要通过调整不同声部所在的编组衰减器，就可以直接对声部间的平衡进行调节。当作为扩声系统控制时，可以将不同位置的扬声器或音响设备连接在不同的编组上，这样在演出时可以根据需要对各个位置的扬声器或不同的音响设备分别进行控制。

（3）矩阵输出。矩阵输出（MATRIX）实际上是对各主要输出通道上的信号（一般是主输出和编组输出的信号）进行再次分配，它通过各主要输出通道与各个矩阵输出间相互连接的旋钮来完成分配工作。这种连接方式除可以控制信号的去向外，还能对分配到不同矩阵通道上的信号大小和分配比例进行控制。在每个矩阵输出通道上还装有一个矩阵通道衰减器，用来控制每个矩阵通道总的输出电平。

（4）辅助（AUX）输出。辅助输出是用来控制各辅助输出母线向外的信号输出，它通过连接在每一条辅助母线上的控制旋钮对输出信号进行控制。有些调音台还在每一个控制旋钮旁装有一个衰减器后（AFL）监听按键，以便了解此路信号输出大小并对此路信号进行监听。

4. 调音台的监控部分

辅助主控包括与输入组件上相同数量的辅助放大器；立体声主控包括有振荡器（OSC）、对讲器（TALK BACK）、演播室监听（STUDIO MONITOR）、调音控制室监听（CONTROL ROOM MONITOR）、监听源选择（SOURCE SELECTOR）、哑音电路（MUTE）、单独选听（SOLO）、立体声主推子（MASTER FADEE）等，它还包括一个耳机放大器（HEAD PHONE）供监听使用。

对讲器主要提供演播室和调音控制室之间的联络使用，也可以将某些提示信号录制到多轨录音机中。监听源选择、演播室监听和调音控制室监听可以选择不同的节目源及分别调整监听节目信号电平的大小，以满足不同的影视节目录音制作的需要。调音台的控制部分主要是由监听控制按键和音量调节旋钮等组成。在大型的调音台上，还装有用于内部通讯和电平显示切换的控制按键和调节旋钮，以及用于系统调整的音频振荡器，但它们本身并不直接参与调音台的信号处理工作，其功能也随品牌型号的不同有所差异。另外有些调音台上还装有控制监听扬声器输出和录音回放等功能的专用接口，更加方便了调音台的使用。

（1）哑音编组（MUTE GROUPS）。哑音编组在功能比较齐全的调音台上经常见到。哑音编组由安装在各个通道上的多个可以接通和断开通道信号的按键组成。它可以通过控制部分上的哑音总开关来对各通道上设定的哑音状态进行遥控。哑音编组主要是用来对各通道上的信号通道进行集中控制。当哑音总控的某个开关按下时，各通道上的与其标识相同的哑音按键如果已经按下，则这些通道的信号将被切断，而没有按下的通道信号将继续连通。为了保证一些不需要受哑音遍组的通道不会因误操作影响信号的传输，在每个通道的哑音编组按键上面一般还装有一个哑音安全（SAFE）按键，当此按键按下时，无论此通道的哑音编组开关是否按下，此通道的输出信号都将不会受哑音编组的总开关控制。

（2）音频振荡器。音频振荡器主要是为了在系统调试时能够通过调音台本身向各个输出通道发送测试音频信号，一般有粉红噪声信号和正弦波两种。其信号电平的大小可通过信号输出控制旋钮进行调节。大型调音台上还可以通过音频振荡器的信号分配按键，将信号选送到不同的输出通道。其中，信号振荡器主要提供给调音台一个振荡信号，以便进行各信号通路的调整和测试。一般有 100Hz、1000Hz 和 10000Hz 等几个振荡信号频率点，可输出正弦波、白噪声或粉红噪声信号。有的大型调音台的振荡器可提供全频带的振荡信号。

（3）内部通讯。调音台上的内部通讯主要是帮助调音人员在排演时能够与现场的乐队和演员进行联络，其电路部分和音频振荡器基本相同，只是将输出的音频振荡器信号换成了传声器信号。其实大多数调音台将这两个部分合二为一，只是在前端通过一个切换按键来进行转换。

（4）录音回放和监听扬声器信号输出接口。录音回放接口主要是为了不占用输入通道就可以直接回放录音机的声音。监听扬声器信号输出接口主要是为固定安装的调音台安装监听扬声器所设置的输出接口，其功能与监听耳机相同，只是监听信号是通过监听扬声器发出的。有些调音台的监听设有各通道输出信号的选择开关，可以直接监听各通道的声音。为保证监听信号的准确性，调音台上只设一路监听通道，并且有相应的辅助仪表显示音量。

5. 信号显示部分

调音台的信号显示部分主要由连接在各通道上的测量仪表和状态指示灯构成。录音人员是通过声音信号指示器来监视信号的动态，调音台中常用的声音信号指示器有两种，一种是指示准平均值的音量表（UU表），另一种为峰值表（PPM表）。有些调音台还安装有相位指示等辅助仪表。

整个调音台输入通道电平的显示比较简单，有些小型的调音台只装有一个发光二极管作为信号状态的显示。当输入信号的电平接近削波时发光二极管开始闪亮，削波时会变为全亮。大型调音台输入通道的电平显示一般多由几个或十几个二极管组成，显示精度相当准确，并且还可以通过按下衰减器前监听按键，用主输出的显示表头对其进行精确的显示。

编组输出通道的电平显示一般是通过调音台上固定的显示表头，在大型调音台上还可以通过切换开关在编组输出辅助输出和矩阵输出的通道间进行显示切换。有些调音台上常采用安装衰减器后监听按键的办法，用主通道的显示表头进行显示，由于它所显示的信号是取自辅助旋钮的后端，所以显示的信号大小实际上就是此辅助输出通道输出信号的大小。

在调音台的主输出通道上，一般都会安装与主输出通道数量一致的显示仪表。常规的立体声调音台一般有两个，分别显示在左声道和右声道的输出电平，并且还都能够与其他通道上的衰减器后监听按钮相配合，显示其所选通道上的电平大小。

在常见的模拟调音台上，大部分的信号显示仪表，不论是机电指针类表头还是发光二极管（LED）组成的表头，一般都是音量表，音量表所显示的是信号本身的有效值。峰值表是用来显示信号峰值电平的仪表，一般只安装在大型调音台上。当峰值表与音量表同时测量一个信号时，峰值表所显示的电平值与音量表所显示的电平值会相差6dB左右。现在，数字调音台安装的都是峰值表。

四、磁性录音与数字录音

（一）磁性录音

在相当长的一段时间内，人们对进行声音素材的拾取、采集、后期制作乃至最终完成的声音作品，都会记录在相应媒介上以及通过它来还音，且大多采用模拟信号磁记录技术。通过电磁原理将声音记录在磁性载体即磁带上，再通过磁电变换将磁带上存储的声音还原。但模拟磁性录音的缺点很多。由于磁带自身性能的限制，导致记录信号的动态范围仅有55～60dB，失真较大，又不易长期存储信息，造成非线性编辑繁琐等缺陷。随着时代的发展，当数字技术进入音频领域后，声音的数字化使音乐制作者达成所愿。

1967年日本广播协会NHK研制出第一台旋转磁头式数字磁带录音机R-DAT（Rotary head DAT），直接利用已有的录像带作为宽频带记录载体，把PCM数字声存入录像系统的视频磁带中。同年，英国广播公司BBC也研制出与传统开盘式模拟磁带机外形相仿的固定磁头式数字磁带录音机S-DAT。20世纪80年代以来，载体光盘也从只能重放声音发展为可改写光盘，使声音记录从磁记录飞跃到光记录，大大摆脱了载体磁带与磁头接触式的录放音，而变为磁头与载体光盘非接触式，克服了接触式录放音带来的种种弊病，同时自动检索的时间大大缩短，随即MD录像机等各种录音设备便应运而生。

1. 声音记录载体

（1）磁带。

自然界中的某些物质，当受到外界磁场作用后，会暂时或永久地具有较明显的磁性。例如：铁、钴、镍及一些合金等都是磁性材料，它们也被称为铁磁性物质。声音的记录方式由早期的光学录音，发展到后来的有载体的录音形式，磁带被一直作为记录和存储信息的媒介。按照其涂有的磁性物质不同，磁带可分为氧化铁磁带、二氧化铬磁带、铁铬磁带、掺钴氧化体磁带及由铁、镍、钴等强磁性金属构成的金属磁带。声波通过传声器，将空气分子的振动转变为电信号的波动。录音磁头的电磁铁根据通过电流的大小而产生大小不同的磁场，由于磁场的变化而把相应的信息记录在磁带上，使磁带上的磁粉排列发生变化，这样便完成录音过程。播放时，放音磁头读出印记在磁带上的磁场大小变化的情况，并转变为相应的电信号；之后这些模拟信号再继续传送至放大器和扬声器，使电信号重新转变为声音。

①磁带基本结构。带基质量的好坏直接影响磁带的机械特性，它应在高速摩擦及强拉力下保证不损坏，且应具备柔韧、光洁、抗张力强、延伸小、厚度均匀、不易老化、温度、湿度和膨胀系数小等特性。目前使用的大多是聚酯薄膜和钛酸聚乙烯薄膜。磁带是在薄膜带基上面均匀地涂敷一层很薄的磁性层，并在磁性层和带基间加入底涂层，带基背面加入背涂层。磁带的结构图如图 9-7 所示。

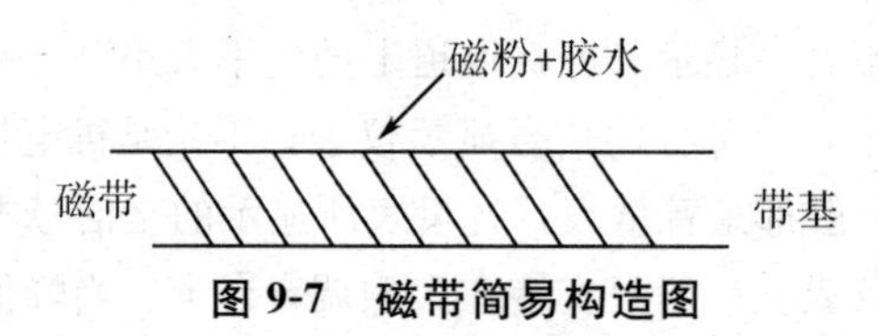

图 9-7　磁带简易构造图

磁带的性能取决于磁粉、黏合、带基的特性及磁粉涂敷技术。磁性层厚度仅为 2～6μm。上面的磁粉是记录和存储信息的主体，决定磁带的性能。磁粉要求矫顽力大，则剩磁大，分辨率高，失真小；同时，磁粉颗粒应大小均匀；磁性能要求稳定，不随时间、压力、温度及湿度的影响而发生变化。磁带及磁性层分布如图 9-8 所示。

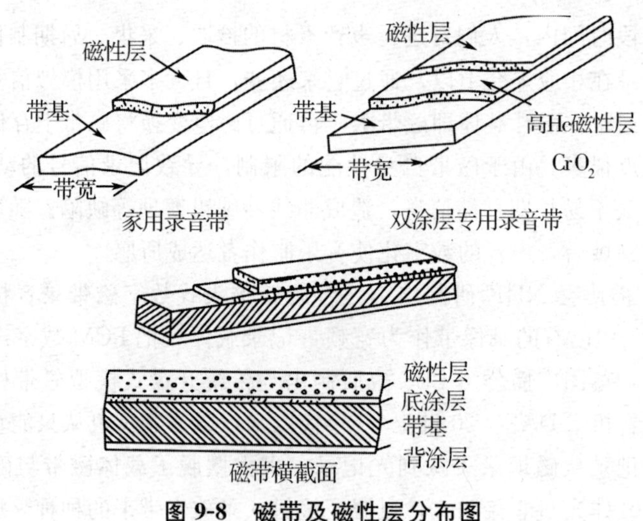

图 9-8　磁带及磁性层分布图

②磁带性能参数。参数包括电磁性能和机械性能。电磁性能有：磁平、均匀性、录音放音灵敏度、频率响应、失真度、噪声等参数。机械性能有：表面光滑度、机械强度、磁带均匀性、磨损性等参数。

（2）磁光盘。

无论是重放光盘、一次性自行记录光盘还是可改写光盘，都是以光盘作为存储媒介的。光盘的类型很多，简单介绍如下几种。

①重放专用光盘。重放专用光盘以 CD 唱片、CD-ROM 计算机软件为主要用途，利用激光束的发射拾取信号，属非接触式，因此对唱片无磨损。CD 盘面大多数使用聚氯乙烯、丙烯或者聚碳酸酯，用真空蒸镀在上面涂上一层铝反射层薄膜，然后涂上树脂保护层。一张记录 74min 的 CD 单面存储的容量约 650MB。唱片上的节目可以长久保存。此类光盘重放噪声低、信号清晰、层次鲜明，两个节目之间的间隔没有一点声音、动态范围大。

②可自行记录一次型光盘（CD-R）。使用可自行记录一次型光盘者可自己利用刻录机记录任意信息，但不能将其抹去。刻录完之后可以在盘片颜色已经更改了，有绿片、金片、蓝片等。

③可改写光盘（CD-RW）。可改写光盘（Compact Disc-Rewritable）可重复擦写，多次使用，极限约 1000 次。此类光盘记录的原理是：将磁性体加温到居里温度（约 180℃）时，矫顽力将变至最小，由外部的弱磁场（偏磁场）很容易地改变磁性体内磁单元的磁化方向，磁化方向的不同体现记录信号的极性。这样可将脉冲信号记录并存储到磁体内。消抹已记录存储的信号是采用在有激光照射下，加以与记录方向相反的外加磁场状态下进行退磁，加以激光照射的目的是为了使用较弱的外加反磁场强度。

2. 数字磁带录音机、DAT 磁带

数字磁带录音机最早是将模拟声音经 PCM 数字化成为二进制脉冲序列，送入录像机视频口，采用旋转磁头及螺旋走带将二进制脉冲序列记录在录像带上。

DAT 设备就是一个数字磁带录音器，具有与录像机相似的旋转型磁头。大多数的 DAT 设备都能以 44.1kHz、CD 音频标准，以及 48kHz 的采样率来录音。DAT 设备机器外形如图 9-9 所示（以 SONY DAT 为例）。

图 9-9 SONY 数字磁带录音机 DAT

之后将外置 PCM 处理器与旋转磁头读写系统合并为一个整体，诞生了双声道旋转式数字磁带录音机，即 R－DAT。由于 R－DAT 盒式机不能手动编辑，为了满足能与模拟机一样便于操作的要求，人们又研制专业用多轨迹、高密度固定磁头、平行走带的固定式数字磁带录音机，即S－DAT，使得目前数字磁带录音机按记录方式分为旋转磁头和固定磁头方式两大类。

（1）旋转式数字磁带录音机。

旋转式数字磁带录音机全称为：旋转磁头小型盒式磁带录音机（Rotary Head DAT）。磁带上面的磁迹有各种图形，采用旋转磁头在磁带上做螺旋扫描的方式，在磁带上形成斜向磁迹，能够记录存储更多的信息量。

（2）固定磁头式数字磁带录音机。

固定磁头式数字磁带录音机全称为：固定磁头小型盒式磁带录音机（Stationary Head DAT）。固定磁头式数字磁带录音机是开盘系统，与模拟开盘机外形相仿，其数字音频数据以纵向记录方式记录在特定格式的数字音频磁带上。

3. MD录音机

MD（Mini Disc）是1991年5月由日本索尼公司向世界公布的，其记录存储载体采用磁光盘MO，直径为64mm，装在72mm×65mm×5mm塑料保护壳内。MD录音机分为预录式（供放音专用）和可录式（裸盘）两类。MD系统兼有模拟盒式录音带和光盘介质的主要优点：尺寸小，易于操作，带盒上片，74分钟录/放音、高速随机选曲，可进行高质量的数字录音，多种编辑和随机存取。由于MD录音机采用声音压缩将导致声音音质的损伤，因此在节目制作中，通常不采用MD录音机进行数字录音，而是多用于民用或要求声音质量不很高的场合。

TASCAM MD-350（如图9-11所示）是一款MiniDisc录音机，它具有多项先进的功能，可在现场演奏、教堂、小型广播公司等多种领域使用。MD-350融合了最新的ATRAC解码技术，可在一张标准的80分钟光盘上实现长达320分钟的录音时间。同时，MD-350前控面板还带有PS/2键盘接口，并可实现对内容列表和音轨名称的编辑。MD-350的音频I/O端口可将其轻松地连接到任何音频处理系统，此外，MD-350还带有平衡、非平衡模拟信号端口和数字光纤端口，用户可以通过前控面板的数字光纤端口连接便携式数字信号播放器，避免了设备背后接口的种种麻烦。

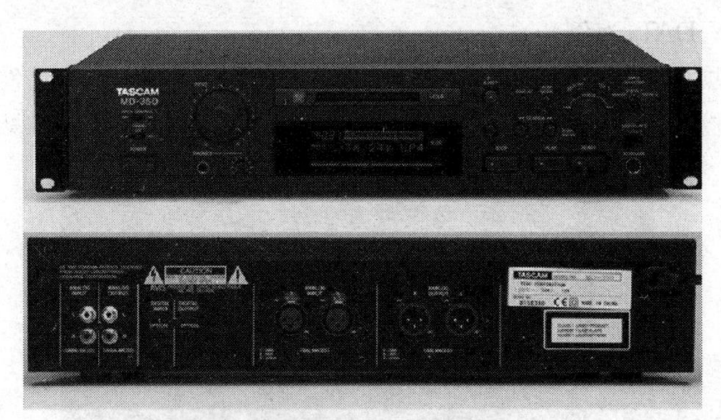

图9-10　TASCAM MD-350

TASCAM MD-350的主要功能和相关参数如下：可在一张标准的80分钟光盘上实现长达320分钟的录音时间；键盘接口可轻松地编辑音轨名称；音高控制提示功能可便于现场演奏的音效提示；Auto Cue功能可在音频信号出现时开始录制，减少了空白时段；Auto Ready功能可在每一个音轨名称处进行暂停；附带RC-32无线远程控制器。

此外，MD机还有小型便携式，方便录音样片时使用。如图9-11所示为小型MD机及其MD光盘。

图9-11 小型MD机及其载体MD光盘

（二）数字录音

1. 数字录音简介

数字录音的实现要得益于人们对音质信号高质量的追求，传统的模拟信号经由传声器拾取到进入录音设备存储及重放，在整个过程中，声音信号的质量是有损失的。但是把模拟音频转成数字音频，在电脑音乐里就称作采样，其过程所用到的主要硬件设备便是模拟/数字转换器（Analog to Digital Converter，ADC）。采样的过程实际上是将通常的模拟音频信号的电信号转换成许多称作“比特（Bit）”的二进制码0和1，这些0和1便构成了数字音频文件。通过采样、量化、编码后的模拟信号变成了数字信号。在整个的记录处理和传输过程中，数字信号都具有极高的抗干扰能力，从而保证了声音信号的质量几乎能无损地记录，并且不会出现磁带录音造成的那种杂音，音源品质非常高。无论外界的干扰多强，只要不影响二进制编码，最后就都可以通过整形电路将干扰去除，完全地还原成无杂音的原始信号。

在进行回放时，再将这些由大量数字描述而成的音乐送到一个叫做数/模转换器（Digital to Analog Converter，DAC）的线路中。它将数字回放成一系列相应的电压值，然后通过有助于稳定的保持线路，最后将信号由低通滤波器输出。这样，比较平缓的具有脉动电压的模拟信号可继续发送至放大器和扬声器，电流经过放大再转变成声音。

数字录音拥有比模拟录音更优质的使用特点：录制好的音频信号直接用数字来储存，并且数字的传输错误率相当低（甚至是可以避免的），因此多次复制后效果依然很好；而模拟信号则每传输一次就失真一次。而且，模拟录音的本底噪声很大，要想满足严谨的录音要求则需要购买复杂而又昂贵的设备，操作也十分繁琐；而使用计算机设备对数字信号进行处理时则方便了许多。

2. 数字化录音工艺

早在19世纪，声音一直延续着作为模拟信号进行处理和应用。无论传输、记录存储还是还音重放，都具有较高音质。其失真度可小至0.1%甚至于0.01%。但模拟信号仍旧存在着以下一些缺陷：信噪比低，易产生幅度失真，声音记录存储的动态范围窄，在后期制作中进行编辑时繁琐等。

数字技术，又称数码录音技术，是通过计算机中的数字音频接口，将（话筒或其他）音频信号导入到计算机，录制成波形文件进行存储，并且可以做反复修改，再通过多轨录音软件按照需要进行编辑（包括复制、剪切、粘贴），组合成人们所需要的完整文件，最后再输出录制成CD或其他音频格式。如今数字化录音技术、多轨录音技术给录音行业带入了崭新的一个阶段，制作录音制品的速度和质量都有了长足的进步。数字技术渗透到声音领域后大大改善了模拟信号处理时的不足，失真度可小于0.001%，信噪比提高、动态范围扩大。节目编辑采用数据控制码后，大大地简化了其步骤，使制作质量得以很大程度的提高。

声音数字化的优点突出。目前，数字化设备已应用于录音系统的各个环节，如数字传声器、数字式多重声音效果处理器、数字音频工作站、数字调音台、多轨MD录放像机、DAT数字磁带录像机、MD录像机、硬盘机等，设备的数字化迎来了制作的数字化。随着数字时代浪潮的到来，声音制作的工作者要搞清基本概念，掌握设备的使用，发挥出应有的优势。

而多轨录音就是通过多轨录音软件，同时在多个音轨中录制不同的音频信号（最多可实现999轨同时录音），再通过后期编辑制作、缩混等程序，最终输出一个完整的音频。有时候，还可以于不同的时间在不同的音轨上分别录制，录制成的波形文件可以进行多项编辑。现如今，多轨录音已经和数字录音密不可分、成为一体了，要掌握其中理念才能更好地应用。

如今，电影的艺术表现力由于声音元素的强大而日益展现其魅力。电影艺术也成为普通大众的崇尚品之一。尤其是数字技术在影视制作中的应用愈来愈普遍，人们对数字领域呈现高享受和娱乐消费高需求。

数字音频制作正向多声道立体声迅速演变。电影还音技术的发展，也经历了从无声到有声、从有声（单声道）到模拟立体、从模拟立体声到数字立体声的发展历程，这一切对多声道数字立体声录制工艺的要求也逐步提高。下面简单介绍一下录音工艺的基本流程。

（1）现场同期声的录制。

不论所拍摄的是何种类型的电视节目，都应坚持现场声的收录，在记录画面的同时记录现场所发出的各种真实声音。现场同期声的录制通常使用便携、稳定的数字磁带录音机、数字磁盘录音机、硬盘录音机等。由于数字录音机在防尘、防潮、防振、耐寒、耐热等方面存在缺陷，其应用受到限制，故在条件恶劣的录制现场，使用模拟录音机（如NAGRA 46.25mm）效果反而更好。

一般录制现场对白由于采用多声道数字立体声，其依赖于混录台的声道分配技术来实现，因此一般录制现场对白时采用单声道记录方式，多声道记录不利于声像定位。所用话筒是枪式强指向型还是使用室内支架型的各种高级话筒，要根据具体情况而定。

要录制背景效果及大规模的现场感强的群众声，可采用立体声记录方式（如AB制、XY制、MS制），以增加空间感、深度感和群感。考虑到多声道数字立体声的兼容性和使用模拟立体声解码器播放的可能性，建议使用XY制。有条件时使用四声道数字录音机

（如 NAGRA D）录制背景效果，将有助于多声道数字立体声的制作。

（2）转录。

大多数录制节目并不需要现场同期直播，因此许多素材需要在拍摄后进行不同程度的修改；同时，当素材量大时，更需要分门别类地去整理，这就需要对素材进行转录。现场同期声通过转录复制到视频工作站或音频工作站供剪辑，关键是转录应无损进行。一般需使用数字接口，如进行模/数转录应使模拟播放像机处于正常工作状态，并注意录制电平。对转录过程中发现的素材问题应及时记录，为日后进行对白置换做好准备。

（3）配音（补录语言）。

对那些在现场同期拍摄时无法拾取到的同期声，以及片头、片尾的语言需要，就要采用后期配音的形式。配音时应尽可能采用与现场情绪、气氛相一致的语气、语调和音色，以及与现场所用相同类型的话筒；也可根据需要适当增加当时的现场环境气氛。需要注意的是：在配音中不要试图做任何均衡、混响、延时等效果的修改，否则将无法根据标准监听做出准确判断和修饰。这里可能需要用到高档标准的调音台，这就需要掌握对设备的使用情况。

（4）编辑。

声音素材的编辑直接关系到多声道数字立体声录音的节目质量，它要求技术与艺术的结合。必须根据剧本的要求、自己的录音艺术经验展开创作，利用现场同期声素材和可能找到的素材进行剪辑。一般情况下会选用数字音频工作站进行编辑。它是以计算机控制的硬磁盘为主要记录载体的数字音频系统，通常采用专用系统来管理所有的软、硬件资源，集计算机、录音机、调音台、效果器为一身。它能将数字信号进行各种处理，包括存储、编辑复制、传输等。如今音频工作站的功能已不是简单的剪辑工具，它加入了许多声音处理器（甚至于各种数字立体声编码器等插件）以备使用。这给制作人员带来了方便，增加了创作自由度，降低了成本。

在素材剪辑中，语言和音乐编辑要编排得当。在可能的情况下，按一定规律排列声道将有利于最终节目的混合录音。

（5）预混。

由于多声道数字立体声制作过程中有许多条声轨录制有声音素材，且通常在最终混合录音时会有二百多条声轨的素材参加混录，工作繁重，故对较小规模的制作室只能进行预混，以便将所需素材分批、分期地制作成预混母带。

预混一般按对白、动作效果、资料效果、音乐等分类进行。预混所制成的母带格式应与终混节目格式一致，可记录于数字磁带、硬盘、磁光盘等。

预混通常应通过数字调音台实现。数字调音台的输入/输出接口应尽可能齐全。预混的监听系统应符合标准。如：杜比 SR/D 和 DTS 电影数字立体声均为 5.1 系统，其声道分布为左、中、右、左环绕、右环绕、超低频；声压为左、中、右，分别为 85dBc；左环绕、右环绕分别为 82dBc，超低频为 91dBc；频率响应符合 ISO 2969 标准的 B 环特性；混响时间 500Hz 时为 0.4～0.5s。如为 DVD、HDTV 等节目制作，则使用近场扬声器，声道分布同上；各声道声压均为 85dBc；频率响应 20～20kHz 尽可能平直。请注意：制作节目不是在欣赏节目，切勿选用频率特性夸张的扬声器！

首先进行的是对白预混。一般对白出现在中间声道。在预混中，对现场同期对白的降噪处理、现场同期对白与配音对白的自然衔接均可使用外部延时器、混响器、谐波器、压缩器、降噪器；特殊的对白可作声像移动；群杂声可根据需要在5个主声道中出现。动作效果的预混基本同上，可作声像移动；声音的空间感与对白一致。

音乐一般录制在多声道数字录音机（DASH）或音频工作站上。为了便于在多声道数字立体声录音中进行音乐缩混控制，不同的声音录制场所有所不同。传统乐器演奏通常在混录时间较短的强吸声录音棚中分声道录制。也可在录音棚中使用立体声话筒一次录制成直接供混录使用的二声道、四声道或六声道音乐母带。此方法要求录音人员有丰富的数字立体声录制经验，且录音控制室的监听必须与混录棚一致。由于母带为最终混录使用之合成母带，一般无法调整。而电子乐器演奏通常可在录音室中分声道录制。为了获得良好的质量，在录制时必须注意高频噪声和相位问题。音乐的预混也称缩混，需通过数字调音台将音乐元素分配到指定的输出母线，并根据创作意图调整各音乐元素的相互关系，使之合成为供混录使用的音乐母带。效果的预混与音乐类似，只是在操作上更复杂，需兼顾更多环节。

（6）混录。

混录也称终混，是录音工作的最后一道工序。混录时，将视需要对各个独立的素材进行控制，包括电平、均衡、压缩、扩张、延时、混响、声像位移等。终混录音师应以相互关联的、整体音响制作对作品的表现为出发点，客观地看待每一个独立素材，并根据经验适当地运用处理设备，最大限度地提高录音质量。对于已经预混的节目而言，混录时主要考虑预混对白、音乐、效果的比例，对最后听觉效果做出判断、修改，直至满意。终混的节目通常可录于数字磁带、硬盘、磁光盘等载体上。

终混完成后，对国际素材一般还要进行格式转换等技术处理。

多声道数字立体声录制需注意的问题如下。

①多声道数字立体声录音制作日益受到重视和推广。需要指出的是，许多情况下声音质量低劣是由不规范的监听系统造成的。作为录音制作人员应清楚地知道，一个标准的监听系统是制作多声道数字立体声的基础。在数字录音中，使用峰值表（PPM）有益于控制录音电平过载，不建议使用均值表（VU）。

②在录制多声道数字立体声节目时，注意哈斯效应和掩蔽原理仍有实际指导意义。哈斯效应认为：40ms之内的反射声只会增加直接声的响度而不会影响其声像，反射声与直接声将共同确定声像位置。利用哈斯效应可增强声音的深度感。掩蔽原理指出：当两个声音的频率范围相近时，大音量的声音将掩蔽小音量的声音。如果两个声音恰巧是一件乐器的直接声及其混响声，那么开始时的混响声将被直接声掩蔽，当直接声消失时，混响声才能被感觉到。可以利用掩蔽原理将混响在空间上与直接声分开，以同时获得声音的清晰度和空间感。

③在数字录音中，声画同步关系到节目的制作质量，也应给予充分重视。

上面所说的是一个系统的过程，在实际操作过程中还会遇到这样或者那样的问题，这就需要大家按照以往的经验逐一解决。而且很多过程可以交叉，大家把工作合理安排好，往往会节省很多资源。

在多声道录音工艺问世之前，对音乐节目的常规录制方法一般采用一次合成为单声道或一次合成为双声道立体声的方式。这种录音方式制作的节目，一般而言其层次感、清晰度、空间感都不容易做得很好，对每一个声部也不可能要求的很细致。而现代多声道录音工艺，配以录音师的艺术才华，在录音后期在对声音的音色、声像位置、声部之间的平衡，以及各声部的声音在声场中的深度和层次方面经过一系列的调整和处理以后，大大弥补了传统录制方式的不足，使得整个录制后的音响更加完美。这说明当今的音响制作已进入一个崭新的阶段。

本章思考题

1. 传声器的基本技术参数有哪些？
2. 调音台如何定义？
3. 调音台如何分类？
4. 如何对声源信号电平进行调节？
5. 信号均衡的处理有几种方式？
6. 什么是数字录音？

参考文献

［1］方德葵．电视数字摄录像技术［M］．北京：中国广播电视出版社，2005.

［2］松下电子．Panasonic AJ-D400E 型摄录一体机使用说明书.

［3］松下电子．Panasonic AJ-D250E 型数字录像机使用说明书.

［4］孟群．电视制作技术［M］．北京：电子工业出版社，2007.

［5］天津大学电视研究室．电视原理［M］．北京：国防工业出版社，1981.

［6］杜百川．数字电视［R］．中国电子学会广播电视技术分会，1998.

［7］吕秋芬，邬鸿彦，陆伟．集成电路电视机原理与维修［M］．北京：科学出版社，2002.

［8］中国电子视像行业协会．解读数字电视［M］．北京：人民邮电出版社，2008.

［9］李宏虹．电视节目制作与非线性编辑［M］．北京：中国广播电视出版社，2008.

［10］李焕芹．电视节目制作技术［M］．北京：电子工业出版社，2008.

［11］陈惠芹．数字电视编辑技术［M］．上海：复旦大学出版社，2008.

［12］王灏，孟群．电视制作技术［M］．北京：中国国际广播出版社，2008.

［13］孙建京．现代音响工程［M］．北京：人民邮电出版社，2006.

［14］朱伟．录音技术［M］．北京：中国广播电视出版社，2003.

［15］伍建阳．影视声音创作艺术［M］．北京：中国广播电视出版社，2005.

［16］姚国强．影视录音：声音创作与技术制作［M］．北京：中国传媒大学出版社，2002.

［17］韩宪柱．声音素材拾取与采集［M］．北京：中国广播电视出版社，2002.